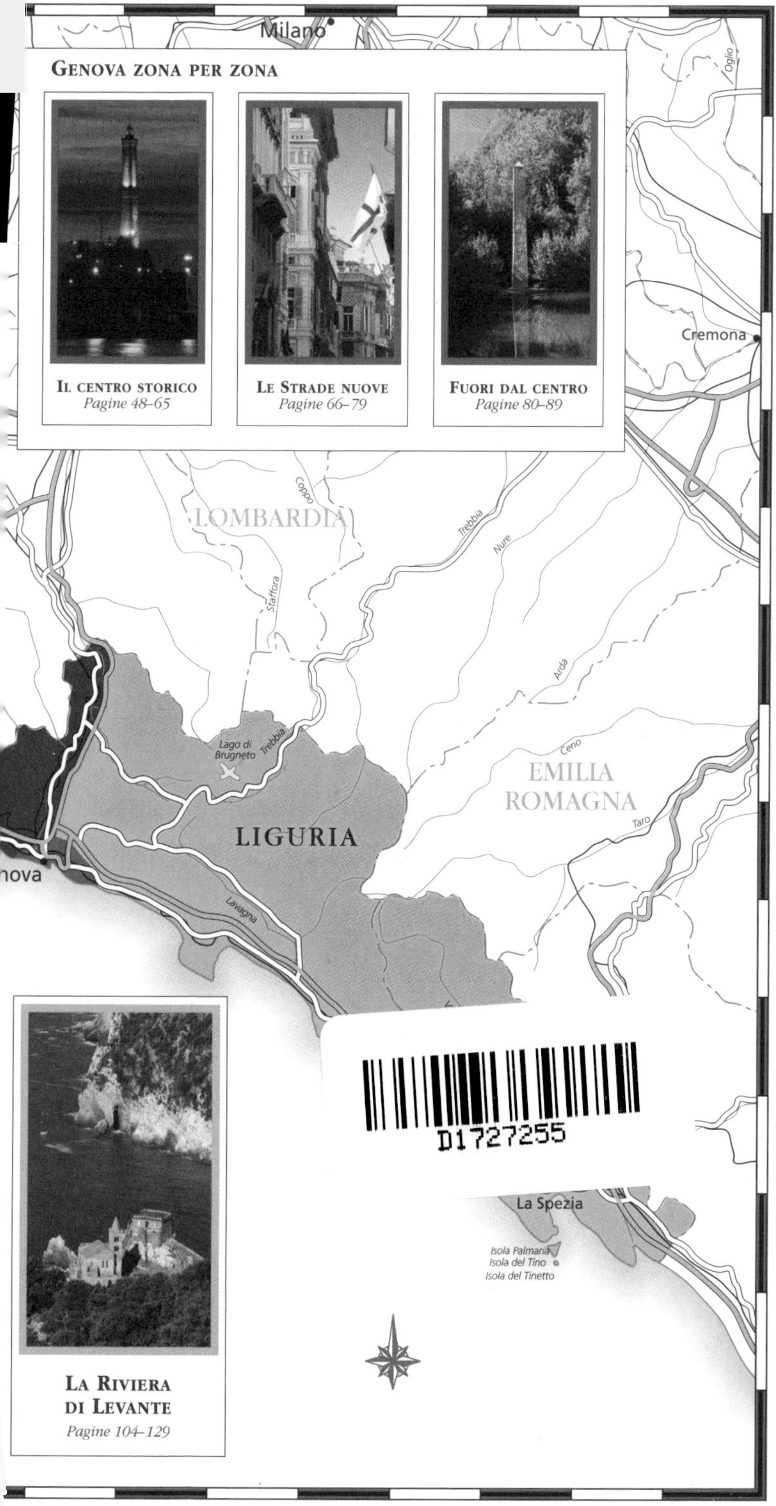
GENOVA ZONA PER ZONA
IL CENTRO STORICO
Pagine 48–65
LE STRADE NUOVE
Pagine 66–79
FUORI DAL CENTRO
Pagine 80–89
LA RIVIERA DI LEVANTE
Pagine 104–129
Milano
Oglio
Cremona
Coppo
LOMBARDIA
Trebbia
Nure
Staffora
Arda
Lago di Brugneto
Ceno
EMILIA ROMAGNA
Taro
LIGURIA
nova
Lavagna
La Spezia
Isola Palmaria
Isola del Tino
Isola del Tinetto

LIGURIA

LE GUIDE MONDADORI

LIGURIA

MONDADORI

MONDADORI

Fabio Ratti Editoria S.r.l.
Via Medici 13, Milano

Questa pubblicazione fa parte della collana
Eyewitness Travel Guide ed è stata pubblicata in accordo
con Dorling Kindersley LTD

PRIMA EDIZIONE: giugno 2003
SECONDA EDIZIONE COMPLETAMENTE AGGIORNATA: maggio 2006

TESTI
Fabrizio Ardito, Sonia Cavicchioli
Maurizia De Martin, Gianluigi Lanza

COORDINAMENTO EDITORIALE
Emanuela Damiani

REDAZIONE
Emanuela Damiani, Carmela Di Bella,
Emanuela Ferro

CORREZIONE BOZZE
Alessandra Lombardi

GRAFICA
Andrea Barison
Gianluca Fiorani

CARTOGRAFIA
Roberto Capra
Luca Signorelli

DISEGNI
Silvana Ghioni e Alberto Ipsilanti, Milano
Modi Artistici, Milano

FOTOLITO
Lineatre, Milano

STAMPA
Artes Gráficas Toledo S.A.U.

ISBN
88-370-4231-0

Gli Editori ringraziano i Musei, gli Enti e le Associazioni locali
per la collaborazione e per aver concesso il diritto di riprodurre
le loro fotografie.

Saremo lieti di inserire nella prossima edizione eventuali
correzioni e suggerimenti, da inviare a:
Fabio Ratti Editoria S.r.l., via Medici 13 - 20123 Milano
tel. 02 888 98 61; fax 02 798 873
e-mail: redazione@rattieditore.com
sito internet: www.geomondadori.com

◁ **Lo spettacolare tratto di costa tra Fiascherino e Tellaro**

***Ecce Homo* di Antonello da Messina, Palazzo Spinola, Genova**

SOMMARIO

Targa che ricorda Monet a Dolceacqua

La chiesa di Sant'Andrea a Levanto

L'incantevole panorama di Paraggi, vicino a Portofino

Il porto di Sanremo

Il pregiato olio d'oliva ligure

Il Porto Antico di Genova

COME USARE LA GUIDA

Le informazioni dettagliate e i consigli utili forniti in questa guida vi permetteranno di ottenere il meglio dal vostro soggiorno in Liguria. *Introduzione alla Liguria* presenta la regione nel suo contesto storico e culturale. La sezione *Genova zona per zona* descrive il capoluogo nelle sue mille sfaccettature, mettendo in risalto le ricchezze artistiche e architettoniche di quella che è stata giustamente soprannominata "la Superba". *La Liguria zona per zona* descrive le principali mete turistiche delle due Riviere, di Levante e di Ponente, attraverso cartine, fotografie e illustrazioni. Indicazioni su alberghi, ristoranti e attività sportive sono contenute nella sezione *Informazioni turistiche*, insieme ai locali notturni. La *Guida pratica*, infine, fornisce informazioni utili su servizi e trasporti.

GENOVA ZONA PER ZONA

Il centro di Genova è stato diviso in due zone, a ciascuna delle quali è dedicato un capitolo. *Fuori dal centro* descrive i dintorni della città. Le singole attrattive, numerate e riportate sulla *Cartina della zona*, sono descritte all'interno del capitolo seguendo l'ordine numerico.

Da vedere sono le attrattive di ciascun capitolo elencate per categoria: strade e piazze, chiese, edifici storici, parchi e giardini.

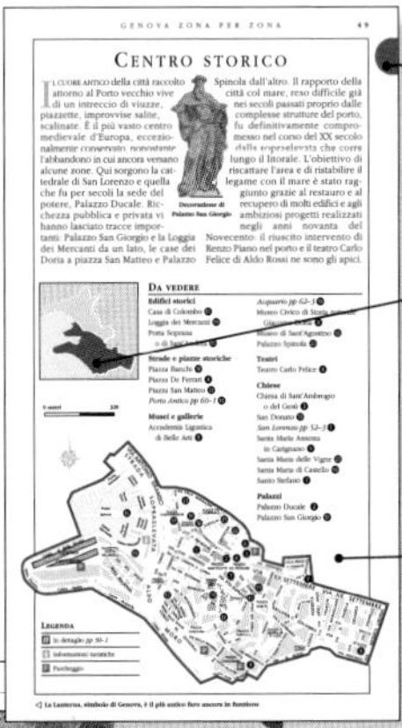

Tutte le pagine relative a Genova sono contrassegnate dallo stesso codice-colore.

Nella cartina è indicato dove siete rispetto alle altre zone del centro.

1 Cartina della zona
Tutte le attrattive trattate nel capitolo sono numerate e riportate sulla cartina.

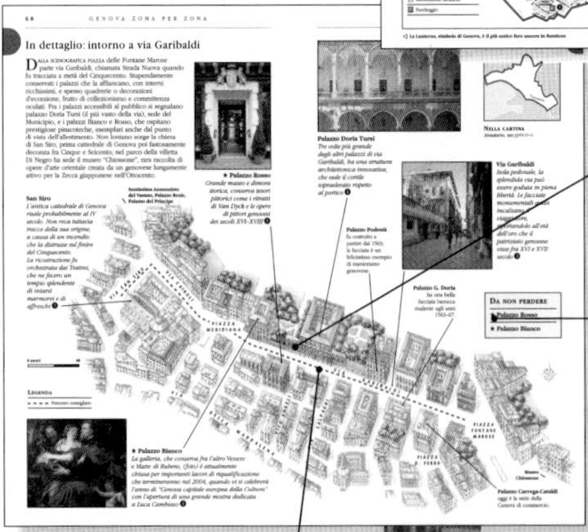

2 Cartina in dettaglio
Fornisce una veduta dall'alto della zona chiave di ciascun capitolo.

Le stelle indicano i monumenti da non perdere.

Un percorso consigliato è segnato in rosso.

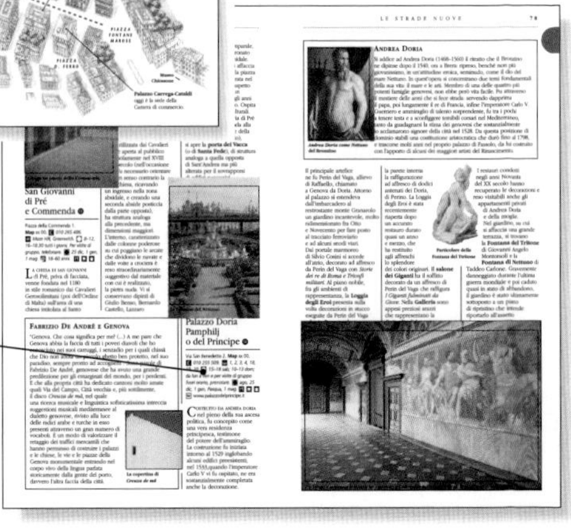

3 Informazioni su ogni attrattiva
Le attrattive di Genova sono descritte singolarmente; vengono anche forniti indirizzi, numeri di telefono, orari di apertura al pubblico.

1 Introduzione
La pagina descrive brevemente il territorio, le caratteristiche, il paesaggio e la storia della zona, oltre naturalmente ai punti di interesse per il visitatore.

LA LIGURIA ZONA PER ZONA
La Liguria è stata divisa in due zone, a ciascuna delle quali è dedicato un capitolo. Le città e i luoghi principali di ogni zona sono stati numerati nella *Cartina illustrata.*

Ogni zona è contrassegnata da un codice-colore.

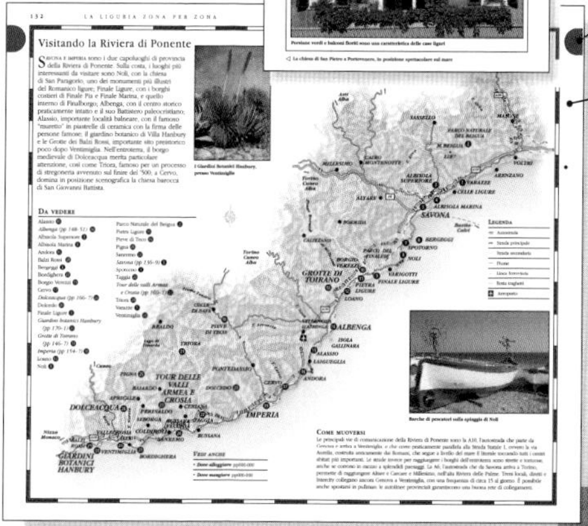

2 Cartina illustrata
Offre una veduta dell'intera zona, compresa la rete stradale. Vi si trovano inoltre l'elenco numerato di tutti i luoghi di maggiore interesse turistico e consigli su come muoversi nella zona.

Le Note informative forniscono informazioni pratiche per programmare la visita.

3 Principali attrattive
Gli edifici storici sono descritti con illustrazioni o spaccati. Sono inoltre fornite vedute dall'alto delle città e dei centri storici più importanti, con descrizioni e immagini delle attrattive di maggior interesse.

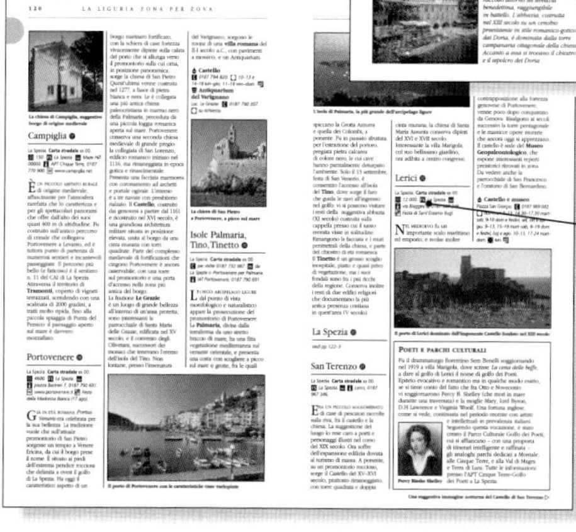

4 Informazioni dettagliate
Tutte le città e i luoghi più importanti sono descritti singolarmente ed elencati in base alla numerazione della Cartina illustrata. All'interno di ciascuna città sono fornite informazioni sui luoghi e i monumenti di maggior interesse.

Introduzione alla Liguria

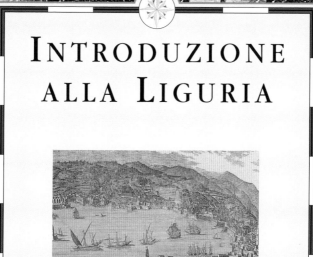

Cenni geografici

La Liguria misura 5418 kmq ed è la più piccola regione italiana dopo la Valle d'Aosta. La sua divisione amministrativa comprende quattro province: Imperia, la più occidentale, Savona, Genova, il capoluogo di regione, e La Spezia. La maggior parte del territorio ligure si trova in montagna (la cima più alta, il monte Saccarello, tocca i 2200 m) o su impervie colline e la densità di abitanti nella fascia costiera e nelle poche pianure è notevolmente alta. I corsi d'acqua che sboccano nel mar Ligure sono in genere corti e a regime torrentizio.

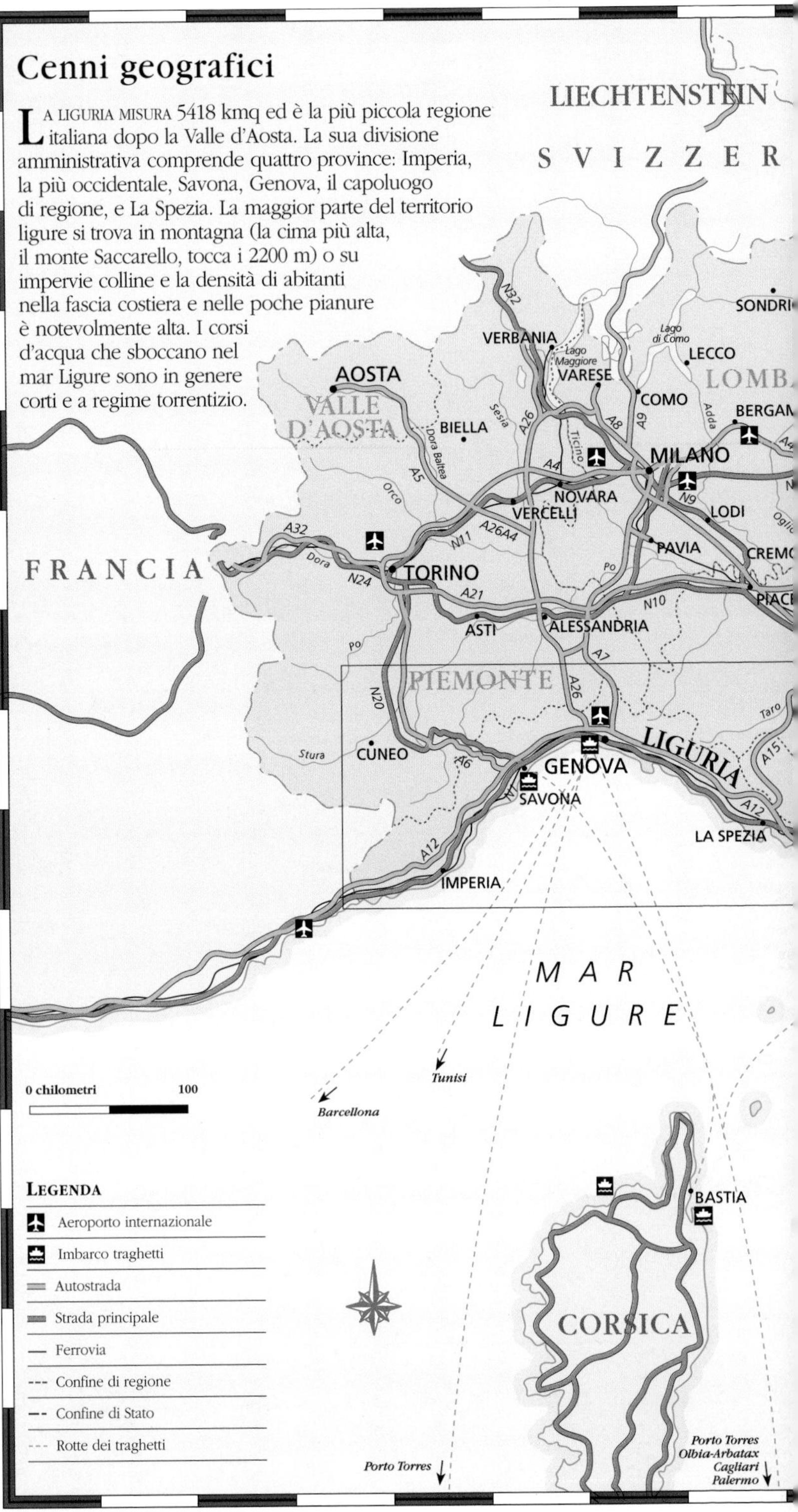

◁ **Il bellissimo mosaico bizantino all'interno del Battistero di Albenga**

AUSTRIA
ALTO ADIGE
BOLZANO
TRENTO
BELLUNO
TRENTINO
VENETO
Lago di Garda
TREVISO
VICENZA
VERONA
PADOVA
MANTOVA
ROVIGO
PARMA
FERRARA
MODENA
REGGIO NELL'EMILIA
BOLOGNA
EMILIA-ROMAGNA
RAVENNA
FORLÌ
CESENA
RIMINI
SAN MARINO
PESARO
PISTOIA
PRATO
LUCCA
FIRENZE
PISA
URBINO
ANCONA
LIVORNO
AREZZO
MACERATA
SIENA
Lago Trasimeno
PERUGIA
TOSCANA
MARCHE
ASCOLI PICENO
UMBRIA
GROSSETO
TERAMO
TERNI
RIETI
Lago di Bolsena
VITERBO
L'AQUILA
PESCARA
CHIETI
LAZIO
ABRUZZO
ROMA
FROSINONE
MOLISE
MAR ADRIATICO
MAR TIRRENO
CROAZIA
Zara Spalato
Spalato
Porto Torres Golfo Aranci Olbia-Cagliari
EUROPA
NORVEGIA
SVEZIA
FINLANDIA
DANIMARCA
GRAN BRETAGNA
EIRE
OLANDA
BELGIO
GERMANIA
POLONIA
BIELORUSSIA
REP. CECA
UCRAINA
FRANCIA
AUSTRIA
UNGHERIA
ROMANIA
Genova
ITALIA
BULGARIA
SPAGNA
PORTOGALLO
GRECIA
ALGERIA

RITRATTO DELLA LIGURIA

IL BLU DELL'ACQUA di uno dei mari più belli d'Italia lambisce la costa, fatta di rocce, macchia e dei colori pastello dei cento paesi orgogliosi della tradizione marinara ligure. Alle loro spalle, le colline – brulle o argentate di ulivi – salgono ripide verso l'Appennino, che separa la Liguria dalle altre regioni del Nord.

È difficile dire a quale area geografica italiana appartiene la Liguria. Vicina alla pianura Padana ma lontana dalla nebbia piemontese, come cantava Paolo Conte mettendo in musica lo stupore del contadino che si affaccia sul mare di Genova. Simile alla Toscana ma rocciosa e ripida al punto da non possedere neanche lo spazio per le dolci colline e le pievi medievali. Unita alla Costa Azzurra ma più severa, meno aperta e allegramente mondana della vicina regione francese.

Monumento ai marinai

Le caratteristiche della Liguria derivano, a ben vedere, dalla geologia che le ha dato la forma. I margini della regione sono chiari: i massicci delle Alpi, che in parte sono passati alla Francia dopo la seconda guerra mondiale, portano fino al varco del colle di Cadibona che, con i suoi 436 metri di quota, segna il limite oltre il quale inizia la lunga catena dell'Appennino diretto verso est e sud. Sul versante meridionale delle montagne si trova la stretta striscia di terra dove, nel corso dei millenni, si è sviluppata la civiltà ligure, aperta, come è logico, più verso il mare delle grandi isole del Mediterraneo che verso le creste alle proprie spalle.

Ma sarebbe sbagliato pensare, soffermandosi sulle acque di Portofino, Genova o Camogli, che non esista una Liguria dell'interno.

La spettacolare costa rocciosa delle Cinque Terre, a picco sul mare

◁ **Muri in pietra, stretti *carruggi* e scalinate fiorite sono una caratteristica dei piccoli borghi liguri**

Stabilimento balneare a Camogli

Tra strade ripide e passi che nei decenni precedenti alla nascita delle autostrade erano i momenti cruciali di ogni viaggio (Cadibona, Giovi, Cento Croci), i piccoli centri di Dolceacqua caro ai Doria e a Monet, di Triora, conosciuto come il paese delle streghe, o dei borghi rotondi della val di Vara sono altrettanto liguri dei blasonati porticcioli del jet set internazionale.
L'indole dei liguri varia, se così si può dire, seguendo esattamente il mutare delle forme della costa. Più aperta e solare a Ponente e più scabra, ripida e dura man mano che si procede in direzione del Levante. Grande osservatore dell'Italia degli anni '60, Guido Piovene scrisse nel suo *Viaggio in Italia* che "la diversità maggiore si scorge passando da Genova alla zona più occidentale. Qui sulla Liguria chiusa, laconica, commerciale, riservata con gli stranieri, scarsa di fantasie, soffia l'aria della Provenza. Si ha il ligure loquace, colorito, affabulatore, un anello intermedio tra il genovese e il marsigliese".
Due regioni differenti, dunque, a cui si potrebbe aggiungere anche la terza Liguria chiusa tra i monti e che, anche oggi, spesso vive in uno stato di abbandono il lento esodo verso valle dei suoi abitanti. Ma su tutte e tre queste zone ideali grava come un macigno l'età che avanza: la Liguria ha infatti il poco invidiabile primato negativo – in Italia e in Europa – della natalità. Da un lato infatti la popolazione locale invecchia, anche a causa dei giovani che cercano lavoro e fortuna altrove, dall'altro il clima mite e sereno delle riviere attrae un numero sempre maggiore di abitanti che, in Liguria, trascorrono la loro vecchiaia al sole. Gli economisti indicano come cause di questa evoluzione il fatto che l'intera regione sia divenuta oramai un'area postindustriale. Senza ciminiere e grandi macchinari – se si escludono i cantieri navali – ma anche con un'agricoltura sempre meno praticata per il valore decisamente maggiore dell'investimento immobiliare.

Anziani giocano a bocce

Se gli altri settori decrescono, il turismo è invece in costante aumento da almeno un secolo in qua. Per citare un dato significativo, si può dire che la densità di turisti in Liguria è ben cinque volte maggiore a quella media nazionale.
E i motivi di questa pacifica invasione sono tanti. Anzitutto gli oltre 300 chilometri di coste, con le loro spiagge di sabbia e ciottoli, gli scogli e le falesie, gli isolotti e i fondali amati dai subac-

Un tipico gozzo, barca dei pescatori

All'alba i pescatori, qui sulla spiaggia di Spotorno, tirano in secca le reti

quei. Poi i paesi dedicati al turismo – Sanremo non è che un esempio tra molti – e quelli dove invece il contatto con il mare si respira tra porticcioli, *carruggi*, ripide scalette che salgono e scendono tra le case pastello.

Anche se in alcuni luoghi accade di essere quasi respinti dalla troppa opulenza e ricchezza che hanno coperto come un velo gli antichi paesi dei marinai, basta qualche altro chilometro per uscire dalla Liguria dell'eccesso turistico e dell'ostentazione esagerata. Genova, al centro dell'arco della sua regione come una regina, non è facile da conoscere al primo colpo d'occhio. Lunga e complicata, la sua geografia passa di colpo dai grandi spazi del porto agli stretti vicoli cantati dalla malinconia di De André, dall'avveniristico Acquario (probabilmente il più bello d'Europa) a interi tratti del centro storico che sembrano essere stati abbandonati in attesa di un futuro non

Apricale, borgo dell'entroterra imperiese

ancora certo. Ma per le strade di Genova è facile incontrare un'anima mediterranea, fatta di sapori, profumi e linguaggi, che risale, senza mai essersi interrotta, ai secoli lontani in cui le galee della Superba erano di casa in tutti i porti del Levante.

Ultimo attore del paesaggio ligure è l'interno che, se viene abbandonato dagli agricoltori, attrae in numero sempre maggiore tutti quei turisti che amano la montagna, i boschi e le acque, i panorami vertiginosi di una regione dove la verticalità è di casa.

L'ulivo, da cui si ricava un olio tra i migliori d'Italia

Scoprire il territorio ligure significa, oggi più che mai, conoscere anche i suoi prodotti tipici e tradizionali. Che, a partire da un olio che può competere con i migliori d'Italia, comprendono i sapori della cucina del mare e dei tradizionali piatti contadini, le focacce e le farinate e i vini decisamente mediterranei, e che sono solo uno dei mille volti per una regione che, anche per i più incalliti amanti del mare, sarebbe sbagliato considerare solo una meta balneare.

Il paesaggio della Liguria

PER MOLTI, la Liguria significa solo mare, piccoli paesi e scogli affacciati – da Ponente a Levante – sulle onde del Mediterraneo. La realtà è abbastanza diversa: alle spalle della costa le valli sono strette e i versanti aspri. Qui l'agricoltura – soprattutto la coltivazione secolare dell'ulivo e la moderna industria dei vivai – sono di casa. Continuando verso l'alto esiste anche una Liguria delle montagne, fatta di paesi isolati, di foreste silenziose e di neve che, in inverno, imbianca le cime a poche decine di chilometri dal tepore della costa.

La costa rocciosa di Portovenere

LA COSTA

La Liguria possiede una costa lunga più di 300 chilometri ma, a voler essere pignoli e seguire la linea della riva tra calette e isole, si raggiunge la lunghezza di 440 chilometri circa. A Ponente, verso la Francia e la Costa Azzurra, le spiagge sono più ampie e il rilievo più dolce. A Levante invece la geologia ha dato vita a un paesaggio di scogliere e montagne che rendono rare le spiagge e frequenti i panorami vertiginosi.

Il delfino *è presente nel mar Ligure, soprattutto nel tratto di mare aperto verso la Corsica, insieme a capodogli e a qualche esemplare di tartaruga marina. Non è raro vedere branchi di questi simpatici tursiopi seguire le scie delle imbarcazioni producendosi in allegri volteggi e capriole.*

La palma *è così diffusa sulla costa ligure che ha dato il nome a un tratto della Riviera di Ponente. Importata dall'Africa settentrionale, si è ben acclimatata in Liguria.*

LE PIANURE COSTIERE

Anche se i tratti pianeggianti occupano solamente l'1% del territorio ligure, da sempre hanno avuto una funzione di grande importanza. Il clima è estremamente temperato e favorevole all'agricoltura e le pianure liguri sono sature di coltivazioni e industrie che non possono essere localizzate in zone più scoscese. Si tratta delle zone più antropizzate della regione che, nonostante larghe aree naturali abbandonate o protette, supera la densità media di 300 abitanti per chilometro quadrato.

La mimosa*, originaria dell'Australia sud-occidentale, con i suoi fiori di un giallo vivo colora parchi e giardini soprattutto in primavera.*

Le serre *caratterizzano il paesaggio ligure. La floricoltura, infatti, è una delle risorse principali dell'economia di questa regione.*

Uno stormo di gabbiani

LA FAUNA LIGURE

Il capriolo, presente sulle colline

Gli ambienti naturali sono molto vari e altrettanto si può dire delle specie animali che popolano la Liguria. La fauna marina comprende capodogli e delfini nella zona di mare che si protende verso la Corsica e molte specie di uccelli (berte, sule, gabbiani e rondini di mare). La collina è il regno dei piccoli mammiferi come la volpe, la faina, il tasso e il cinghiale. In alcune aree sono stati reintrodotti caprioli e daini. Alle quote più alte, in seguito alla lenta ricolonizzazione della montagna appenninica, sono tornati a essere presenti i lupi.

LE COLLINE

Le statistiche geografiche dicono che il 30% del territorio della regione è costituito dalla fascia collinare, dove l'economia si regge sulla coltivazione dell'olivo (con una produzione olearia di alta qualità), delle piante ornamentali e da fiore e della vite. Dove non ci sono coltivazioni, sulle colline liguri domina la macchia mediterranea, seguita nelle fasce più elevate da pinete, boschi di castagno e querce.

***L'ulivo** è coltivato sui terrazzamenti delle colline, spesso a picco sul mare come nel caso delle Cinque Terre. La varietà di oliva più apprezzata è la taggiasca, da cui si ricava un ottimo extravergine.*

***La volpe**, come altri piccoli mammiferi, è una presenza abituale nei boschi collinari. Non è raro che si avventuri nei centri abitati in cerca di cibo.*

I RILIEVI

Le Alpi Liguri a Ponente e l'Appennino più a est compongono la gran parte del territorio della Liguria: ben il 69% dell'estensione regionale si trova infatti al di sopra dei 1000 metri di quota. Molto interessante dal punto di vista botanico è l'incontro frequente tra specie differenti che caratterizzano le Alpi e la costa, che spesso avviene nell'arco di poche decine di metri. Nei tratti più alti del rilievo dominano le conifere (pino silvestre, abete bianco e rosso e larice).

***La stella alpina**, o* Leontopodium alpinum, *si trova alle quote più alte, dove si può ammirare nel periodo di fioritura, tra luglio e agosto.*

***Il lupo** (*Canis lupus*) è la presenza sicuramente più significativa del Parco Naturale Regionale dell'Aveto, nel cui territorio è ricomparso recentemente.*

Parchi e aree protette

Il paesaggio ligure offre numerosi ambienti diversi tra loro, dalle coste fino alle montagne alpine e appenniniche. Le aree naturali più selvagge si trovano nell'interno della regione, su colline e monti dove lo spopolamento dovuto alla crisi dell'agricoltura in quota è all'ordine del giorno. La maggior parte delle riserve è quindi costituita da territori montani molto diversi tra loro (dalle valli alpine al confine con il Piemonte alle alture che si avvicinano al confine toscano) che vedono costanti miglioramenti nel popolamento di animali selvatici. All'urbanizzazione della costa fanno eccezione una serie di riserve marine e costiere che, dopo i decenni del grande sviluppo turistico delle riviere, hanno lo scopo di preservare gli ultimi frammenti intatti della costa ligure.

Il Parco del Finalese (p 144), *di prossima istituzione tra Finale Ligure e Noli, è ricco di fenomeni carsici superficiali e profondi.*

L'Alta Via dei Monti Liguri

I sentieri dell'Alta Via dei Monti Liguri permettono splendide escursioni

Strano parco, nato attorno a una serie di lunghe mulattiere che percorrono i rilievi di tutta la regione e attraversano più di un parco regionale, è l'Alta Via dei Monti Liguri, un itinerario escursionistico protetto lungo quasi 400 chilometri, percorribile a piedi o in mountain bike.

L'isola Gallinara *(p 151)* e Bergeggi *(pp 140–1)*, già riserve naturali regionali, diverranno riserve marine.

Il Parco del Monte Beigua (pp 134–5), *caratterizzato da aspri rilievi, comprende, oltre alla cima omonima, anche una serie di alture che sorgono a soli sei chilometri dalle spiagge di Arenzano e Cogoleto e superano i mille metri di altezza. Verso il confine piemontese la vegetazione è di tipo alpino mentre scendendo di quota i pini e i larici lasciano spazio alla foresta di castagno e poi alla macchia mediterranea.*

Legenda parchi

- Parco Nazionale
- Parco Naturale Regionale
- Aree protette
- Aree protette marine
- — Alta Via dei Monti Liguri

La val d'Aveto *è protetta dall'omonimo parco* (pp 114–5) *che tutela le più alte cime dell'Appennino ligure e le valli dove l'agricoltura e la pastorizia in quota furono introdotte nel Medioevo dalle antiche comunità di monaci. La riserva della foresta delle Lame è ricca di laghi e ospita una fauna particolare legata alla ricchezza d'acque.*

Sulla dorsale montuosa *che separa l'alta valle Scrivia dalla val Trebbia si trova il Parco dell'Antola* (p 108)*. Fra le tante escursioni possibili, il percorso ad anello attorno al bacino artificiale del lago del Brugneto.*

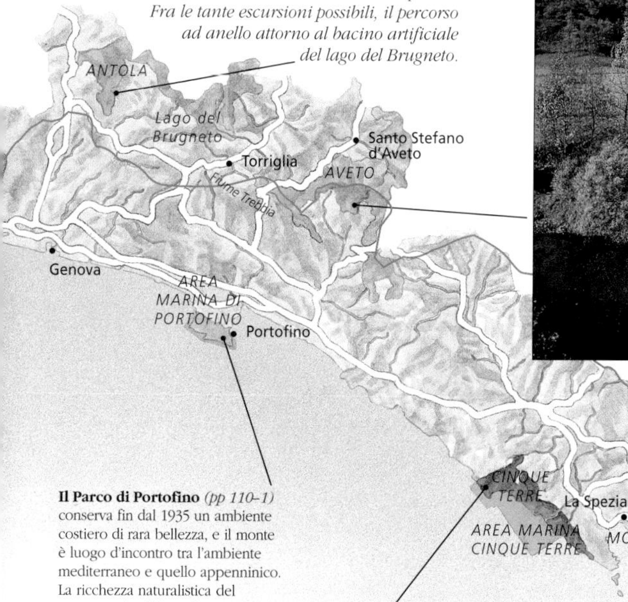

Il Parco di Portofino *(pp 110–1)* conserva fin dal 1935 un ambiente costiero di rara bellezza, e il monte è luogo d'incontro tra l'ambiente mediterraneo e quello appenninico. La ricchezza naturalistica del promontorio di Portofino non si esaurisce sulla terraferma: dal 1999 è stata creata una riserva marina che ne tutela i fondali.

Il Parco Montemarcello Magra (p 126) *comprende l'estuario del Magra al confine con la Toscana e chiude a est il golfo della Spezia. Dalla sommità del promontorio il panorama spazia dalle Alpi Apuane a Portovenere. La ricca flora del parco, oltre alla macchia mediterranea, comprende piante rare come il cisto bianco (nella foto).*

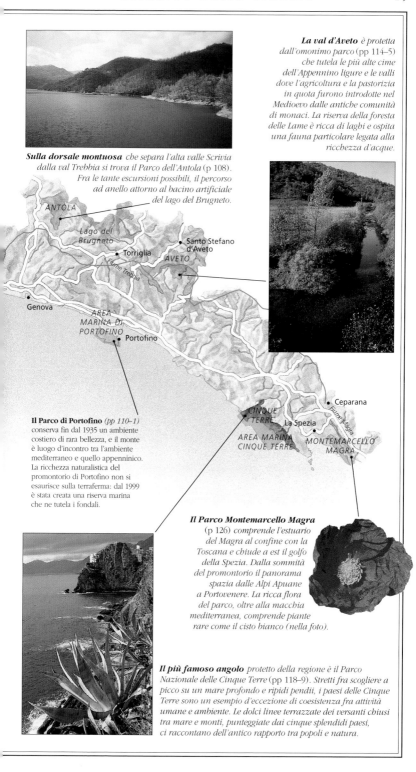

Il più famoso angolo *protetto della regione è il Parco Nazionale delle Cinque Terre* (pp 118–9)*. Stretti fra scogliere a picco su un mare profondo e ripidi pendii, i paesi delle Cinque Terre sono un esempio d'eccezione di coesistenza fra attività umane e ambiente. Le dolci linee terrazzate dei versanti chiusi tra mare e monti, punteggiate dai cinque splendidi paesi, ci raccontano dell'antico rapporto tra popoli e natura.*

Le coste della Liguria

A VEDERLA SU UNA CARTA GEOGRAFICA, la costa ligure può sembrare tutta uguale: una lunga striscia di paesi, strada e ferrovia stretta tra le montagne e il mare. Ma le forme del paesaggio sono differenti a Ponente e a Levante. Più ampia e solare, con spazi aperti alle spalle dei paesi la costiera di Ponente. Selvaggia e a tratti verticale la riviera più orientale.

I dintorni di Savona sono caratterizzati da una riva generalmente bassa dove, tra Albissola, Celle Ligure e Varazze, si alternano ciottoli e sabbia fino a raggiungere Arenzano, oramai alle porte della lunghissima città di Genova.

***La costiera rimane** quasi pianeggiante fino a Bordighera e, dopo la mole di capo Nero, si apre nel golfo di Sanremo, interrotto dal promontorio dell'Arma di Taggia.*

Oltre il confine con la Francia, il primo tratto della costa è ripido e roccioso, con il massiccio dei Balzi Rossi che si affaccia sul mare fino alla bassa Ventimiglia, addolcita dalle piane foci del Roia e del Nervia.

LEGENDA

- Autostrada
- Strada principale
- Strada secondaria
- Fiume

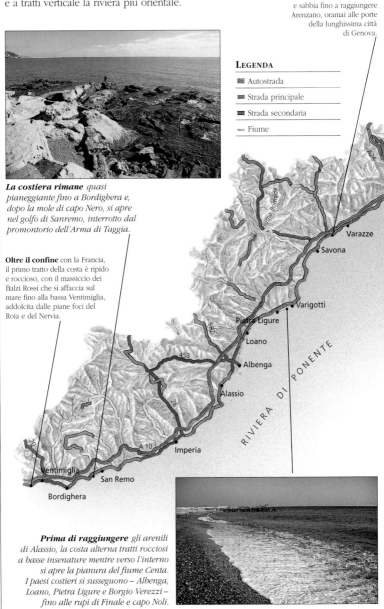

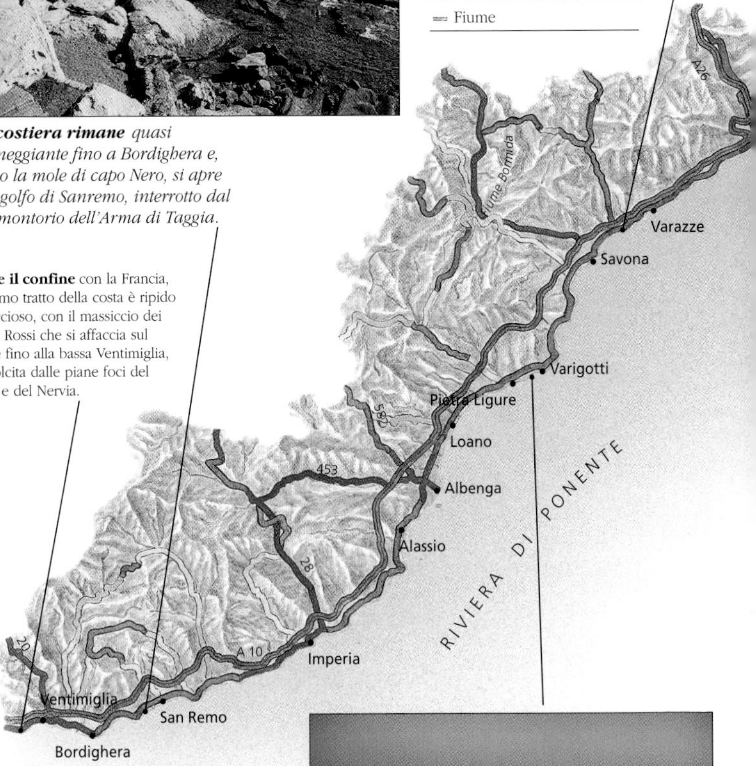

***Prima di raggiungere** gli arenili di Alassio, la costa alterna tratti rocciosi a basse insenature mentre verso l'interno si apre la pianura del fiume Centa. I paesi costieri si susseguono – Albenga, Loano, Pietra Ligure e Borgio Verezzi – fino alle rupi di Finale e capo Noli.*

Entrati nella provincia *della Spezia, la costiera diviene nuovamente alta e rocciosa (con le insenature di Deiva Marina, Bonassola e Levanto) e conduce ai 20 chilometri di costa vertiginosa dei paesi delle Cinque Terre.*

Appena usciti dall'estremità orientale della grande Genova, la costa alta ha di nuovo il sopravvento: siamo nella zona di Bogliasco, Pieve Ligure, Recco e Camogli, dove ogni singolo brandello di terra pianeggiante è stato sfruttato e terrazzato da secoli.

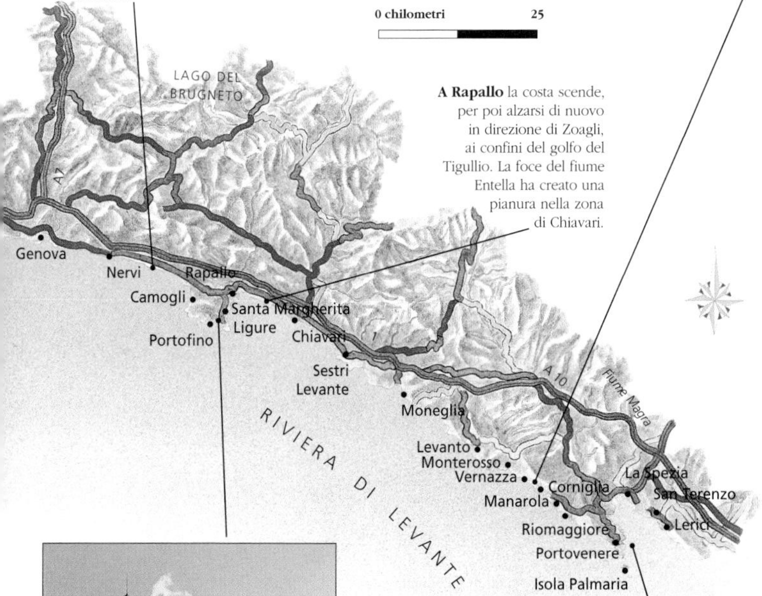

A Rapallo la costa scende, per poi alzarsi di nuovo in direzione di Zoagli, ai confini del golfo del Tigullio. La foce del fiume Entella ha creato una pianura nella zona di Chiavari.

Il monte di Portofino, *dopo l'abbazia di San Fruttuoso, conduce a due dei paesi più celebrati della Riviera di Levante: Portofino e Santa Margherita Ligure.*

Portovenere *dà infine accesso al golfo della Spezia, frastagliato a occidente e più dolce a oriente con le spiagge di Lerici e Tellaro. Il promontorio di Punta Bianca permette di affacciarsi sulla piana della foce del Magra, oltre la quale si entra in Toscana.*

Arte in Liguria

FINO DALL'EPOCA DEL DOMINIO ROMANO, la Liguria è sempre stata una regione importante e talvolta ricca, ma che non si è mai trovata al centro degli eventi sia politici sia culturali e artistici. Sotto Roma, sulla lunga costa ligure non fiorirono grandi città e questa particolarità "periferica" del territorio sarebbe rimasta viva per lunghi secoli a seguire. A creare il quadro composito dell'arte ligure contribuì anche la frammentazione politica che, per lunghi secoli, vide la regione divisa nei domini di varie città indipendenti e spesso in competizione tra loro.

L'ANTICHITÀ

I ROMANI non ebbero vita facile in Liguria, una regione molto frammentata in borghi (*pagi* e *conciliaboli*), per essere facilmente controllata e percorsa dalle strade e dalle legioni. Nell'*Antiquarium* di *Luna* rimangono una serie di testimonianze della scultura dei secoli a cavallo dell'anno zero, anche se si tratta più di artigianato di ottima fattura (legato ovviamente alla lavorazione del marmo) che di opere di grandissimo rilievo artistico.

Cristo Crocefisso nel Duomo di Sarzana (XII sec.)

IL MEDIOEVO

IL MEDIOEVO LIGURE, fatto di borghi murati collegati tra di loro più dal mare che dalle vie di terra, fu in realtà povero di pittura ma non nel campo dell'architettura. I primi episodi artistici figurativi importanti di quest'epoca provengono dalla Lunigiana e dalla sua cultura strettamente legata all'arte toscana, come il *Cristo Crocefisso*, conservato nel Duomo di Sarzana; opera di un toscano dal nome Mastro Guglielmo, probabilmente è l'unica opera significativa del XII secolo ligure. Non è un caso se nei secoli tra il '200 e il '400 nelle Assemblee delle Arti era più facile incontrare i nomi di pittori toscani che liguri. Nel campo della scultura, una delle opere più significative dell'epoca è il monumento funebre di Margherita di Brabante, conservato nel Museo genovese di Sant'Agostino, che fu commissionato dall'imperatore Arrigo VII al toscano Giovanni Pisano. Nello stesso museo di Sant'Agostino si possono ammirare i resti della statua del XIV secolo di Simone Boccanegra che fu il primo doge della Superba. Le vicende politiche e territoriali andarono aprendo sempre di più le città liguri alle influenze (e alle presenze) di artisti lombardi e fiamminghi: la *Crocifissione* del pavese Donato de' Bardi, conservata a Savona nella Pinacoteca Civica, fu una delle prime opere "nordiche" a trovare la via delle ricche città liguri. I contatti commerciali con le Fiandre e la Borgogna portarono a Genova una serie di pittori (David, Provost, Van Cleve) che sparsero sul territorio e nelle chiese della regione le loro opere d'ispirazione religiosa.

Monumento funebre di Margherita di Brabante

***Ritratto equestre di Gio Carlo Doria* di Rubens**

IL RINASCIMENTO

NEL '500, MENTRE le più ricche famiglie genovesi erano impegnate a fondo nel grande giro d'affari della finanza internazionale, giunsero in Liguria nuovi stimoli artistici, come l'affresco, che probabilmente iniziò a mutare con i suoi colori anche l'aspetto severo dei borghi liguri affacciati sul mare. Fra gli autori di affreschi del periodo si ricorda Luca Cambiaso, nato a Moneglia nel 1527 e attivo soprattutto a Genova. I suoi lavori si possono ammirare nella Cappella Lercari della cattedrale di San Lorenzo, a Genova, ma anche nei dintorni di Chiavari, nel Santuario della Madonna delle Grazie. Nel '600 Genova era una città ricca sia di finanze sia d'arte, anche se i mecenati delle nobili famiglie patrizie preferivano in genere scegliere opere di artisti stranieri. In questo periodo affluirono verso la Liguria le opere dei maestri fiamminghi

L'*Annunciazione* di Paolo di Giovanni Fei (XIV secolo)

come testimonianza dell'influenza culturale e commerciale che i Paesi Bassi ebbero, anche dal punto di vista finanziario, sui mercanti liguri. Nella Galleria genovese di Palazzo Spinola si conservano alcuni capolavori internazionali che risalgono all'epoca dello splendore delle grandi casate locali come l'*Ecce Homo* di Antonello da Messina e il *Ritratto equestre di Gio Carlo Doria* di Rubens. Nella Galleria di Palazzo Rosso, sempre a Genova, le opere più interessanti sono *La cuoca* di Bernardo Strozzi, *Giuditta e Oloferne* del Veronese, *Cleopatra morente* del Guercino e *San Sebastiano* di Guido Reni, insieme ai ritratti realizzati da Dürer, Pisanello, Paris Bordon e Van Dyck.
Opere interessanti si trovano anche nella Pinacoteca Civica di Savona (Donato De' Bardi, Taddeo di Bartolo, Vincenzo Foppa) dove sono esposte anche delle eccezionali collezioni di ceramiche da farmacia realizzati intorno alla metà del '600.
La Spezia offre ai suoi visitatori, da pochi anni, l'eclettica raccolta del Museo Amedeo Lia, donato alla città nel 1995. Si tratta del lavoro lungo decenni di un industriale-collezionista che offre però una serie di oggetti e di opere di grande valore. Tra queste un ritratto realizzato da Tiziano e L'*Annunciazione* di Paolo di Giovanni Fei, opere di grandi maestri del Cinquecento (Pontormo, Lotto, Sebastiano del Piombo, Raffaello, Veronese per citarne solo alcuni). Battezzato con affetto il "Louvre della Liguria", il museo è oggi una delle attrattive più interessanti della città industriale dei cantieri del golfo.

DAL '600 A OGGI

Il '600 è stato il secolo d'oro della pittura ligure: De Ferrari, Assereto, Parodi e Domenico Piola hanno lasciato in tutta la Liguria tracce dell'arte dell'affresco. Poi, a causa della sempre maggiore dipendenza politica dal grande vicino del nord, anche l'arte ligure, soprattutto nella Riviera di Ponente, s'immedesimò sempre di più nelle tendenze della pittura piemontese. Tra le raccolte più significative d'arte moderna della Liguria si possono ricordare quelle situate nei parchi di Nervi: il Museo Raccolte Frugone (Villa Grimaldi Fassio) che ospita opere di Segantini e De Nittis, Boldini, Fattori e Signorini, e la Galleria d'Arte Moderna (Villa Saluzzo Serra), che ospita più di 4.500 opere tra dipinti, sculture, disegni e incisioni, che spaziano dagli inizi dell'Ottocento al XX secolo.
Formatosi dal nucleo della raccolta del principe

***Ritratto della Contessa de Byland* di Boldini (1901)**

Oddone di Savoia, che venne donata alla comunità nel 1866, da successivi lasciti e campagne d'acquisti alle più importanti esposizioni, il museo ha una fisionomia regionale con aperture sulle opere di artisti nazionali e internazionali. Un altro dei luoghi di notevole interesse per gli amanti dell'arte moderna è senza dubbio il Museo d'arte Sandro Pertini di Savona. Nelle sue sale si incontrano tele di Morandi e Guttuso, Birolli e Rosai, mentre per la scultura sono presenti opere di Pomodoro, Sassu, Moore e Miró. Il museo, dedicato al presidente Sandro Pertini che nacque a Savona, è ospitato nel Palazzo della Loggia all'interno della fortezza del Priamàr.

Affresco di Cambiaso nel Santuario della Madonna delle Grazie, Chiavari

L'architettura in Liguria

PIÙ CHE SULLA TELA o nella scultura, la vera arte del passato ligure sta, probabilmente, nella capacità eccezionale di adattare le strutture architettoniche alle forme di un paesaggio difficile e aspro. Arroccate sul mare e chiuse alle spalle dalle montagne dell'Appennino, le città liguri si svilupparono seguendo forme e dislivelli del tutto particolari. E qui, soprattutto a Genova, la caratteristica principale della città fu il punto d'incontro tra il porto, centro dei traffici commerciali, e le vie della città.

Gioco di marmi policromi sulla facciata di San Lorenzo a Genova

L'architettura delle origini

I primi esempi di strutture particolari furono i castellari dell'Età del bronzo che, pur con delle similitudini con le altre strutture megalitiche della stessa epoca, introdussero l'elemento di novità di una fortificazione ampia e atta a difendere uomini e attività economiche. L'epoca romana portò alla nascita o allo sviluppo di varie città, tra cui *Luna* (fondata nel 177 a.C.), *Genua* e *Albingaunum* (Albenga) che vennero dotate delle infrastrutture caratteristiche dell'epoca: ponti e acquedotti, anfiteatri e moli commerciali nei porti. L'anfiteatro più imponente della regione si trova nell'area archeologica dell'antica *Luna*, ai piedi delle Alpi Apuane. I resti di una strada romana modificata nel corso del Medioevo si trovano tra Albenga e Alassio.

***I castellari** sono fortificazioni d'altura costituite da cerchi concentrici di muraglioni a secco poste a protezione di villaggi e pascoli.*

Le abitazioni erano di solito capanne.
Mura difensive

Il Medioevo

L'architettura del Medioevo ligure presenta molti paralleli con quella sviluppata in altre zone del Tirreno dalla repubblica rivale di Pisa. Sul territorio, la rete delle comunicazioni tra borghi e paesi era assai labile, giacché si privilegiava quasi sempre la possibilità di collegamento offerta dal mare. L'indole commerciale e l'abitudine al viaggio, al contatto con l'oltremare fanno sì che quelle genovesi siano colonie semplici, in cui l'architettura è più dedicata alla praticità che alla celebrazione. I centri minori conservarono a lungo la loro struttura altomedievale. A Genova, la principale forma di architettura fu per un lungo periodo quella della costruzione delle dimore delle ricche famiglie di mercanti, raggruppate in piccoli quartieri a cui facevano capo tutte le famiglie legate tra loro da rapporti commerciali. Le chiese genovesi scandite da strisce bianche e nere, fitte di materiali riutilizzati di epoche precedenti, si trovano in Liguria ma anche in Corsica e Sardegna.

***La chiesa di San Lorenzo** a Genova* (pp 52–3)*, iniziata nel 1118, è il più famoso esempio di gotico ligure.*

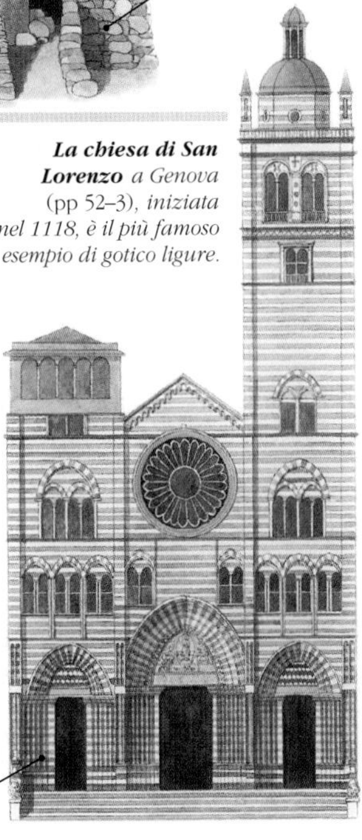

I portali sono affiancati da ricche decorazioni in marmo.

Il Rinascimento dei palazzi

Nel '500, probabilmente come tentativo di dare un segno della maggiore importanza del potere cittadino rispetto a quello delle case dei mercanti, a Genova venne costruito il Palazzo Ducale che, per ironia della sorte, sorse riutilizzando le strutture delle dimore Fieschi e degli Abati del Popolo. A Genova, nell'epoca di Andrea Doria, venne progettata la Strada Nuova, grande esempio di pianificazione urbanistica a livello cittadino. Lungo quest'asse monumentale, dopo lunghe vicissitudini, vennero eretti ben 14 palazzi, sedi e simbolo del potere e delle grandi famiglie genovesi. Un altro intervento imponente è la costruzione dell'imponente Molo Nuovo del porto genovese, realizzata negli anni a cavallo tra il 1636 e il 1640. Nell'epoca d'oro dell'architettura vennero ridisegnate tutte le fortezze liguri, nacque la famosa Lanterna del porto di Genova e architetti genovesi esportarono forme e materiali dei loro palazzi in Spagna, Francia e nord Europa.

Palazzo Doria Tursi (p 71), *costruito a partire dal 1565, oggi ospita spazi espositivi del comune di Genova. È tre volte più grande degli altri palazzi di via Garibaldi.*

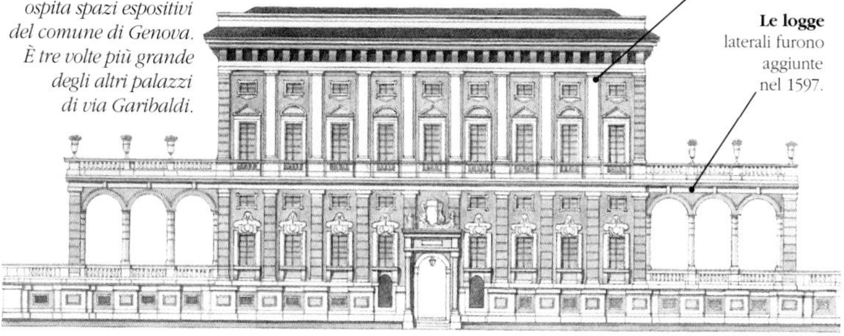

Decorazioni in marmo bianco e pietra rosa

Le logge laterali furono aggiunte nel 1597.

L'architettura di oggi

Dopo i decenni della crisi, i lunghi anni dell'abbandono a se stesso del suo eccezionale centro storico, oggi Genova ha ritrovato l'orgoglio e la capacità di progettare in grande e le ultime modifiche all'area del porto sono il segno della nuova vitalità della città. Sulla scia del recupero delle aree portuali che per secoli erano state separate dal cuore vivo della città, nel 2004 è stato inaugurato il Galata-Museo del Mare e l'area di Caricamento è diventata una grande piazza collegata tramite via San Lorenzo a piazza De Ferrari in un unico percorso pedonale.

La colossale struttura del Bigo (p 60) *progettata da Renzo Piano ricorda le gru del passato mercantile di Genova, mentre la sfera è una serra che racchiude rari esemplari di felci. L'Acquario fu realizzato nel 1992 in occasione delle celebrazioni dedicate a Cristoforo Colombo.*

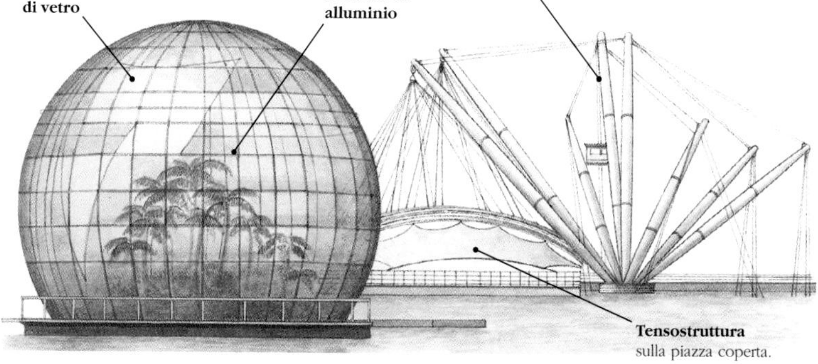

Le "braccia" reggono un ascensore panoramico.

Pannelli di vetro

Struttura in alluminio

Tensostruttura sulla piazza coperta.

Letteratura e musica

FREQUENTATA E AMATA DA LIGURI, italiani e stranieri, la Liguria è stata narrata, cantata e dipinta forse più d'ogni altra regione italiana. Dai versi di Dante e da quelli di Ariosto in poi, sui paesi liguri e sui loro panorami è facile scoprire pagine d'eccezione. Mentre la tradizione della moderna musica dei cantautori liguri, legata alle suggestioni francesi degli *chansonniers*, ha fatto da colonna sonora alla vita delle ultime generazioni di italiani.

Beppe Grillo durante uno dei suoi spettacoli teatrali

Il cantautore genovese Gino Paoli in una recente esibizione

MUSICA

ALL'INIZIO furono le note di Niccolò Paganini. Il grande violinista genovese, nato nel 1782 e morto nel 1840, esordì a soli 12 anni e conquistò velocemente l'intera Europa con la sua tecnica mirabile.
Negli anni '60 forse le note più amate e canticchiate sono state quelle de *La gatta* di Gino Paoli. Il giovane cantautore, insieme a Luigi Tenco e Bruno Lauzi ha composto moltissimi successi, importando in Italia la suggestione di una musica con testi d'autore che aveva grande seguito e successo nella Francia di Brassens.
Partendo dalle stesse sensibilità, il percorso artistico di Fabrizio De André si è spinto oltre, mescolando impegno sociale e contaminazioni musicali, riscoprendo melodie e dialetti che, più che a Genova, hanno il loro cuore nel Mediterraneo. Anche Ivano Fossati, negli ultimi anni, rappresenta un esempio importante della mai esaurita scuola dei cantautori liguri. La Liguria inoltre, grazie al Festival della canzone italiana di Sanremo, è da mezzo secolo la capitale della canzone popolare del nostro paese. Nel 1974 fu Amilcare Rambaldi, uno degli inventori della kermesse canora più famosa d'Italia, che ebbe l'idea di dare vita al Premio Tenco, riservato ai cantautori e dedicato alla figura di Luigi Tenco, morto suicida dopo una bocciatura ricevuta dalle giurie del festival maggiore. Sul palco di questo vero e proprio concorso parallelo sono passati tutti i principali interpreti della musica italiana d'autore – De Gregori, Guccini, Venditti, Branduardi, Paoli, Finardi, Benigni – e la partecipazione straniera è sempre più importante e qualificata. Negli ultimi anni sono giunti a Sanremo personaggi del calibro di Tom Waits, Chico Buarque, Elvis Costello, Anastacia, Madonna e Michael Bublé.

L'interno del teatro Carlo Felice di Genova

TEATRO

A GENOVA il teatro è di casa in due luoghi fondamentali. Il Teatro Carlo Felice, nato con la sua prima pietra il 29 marzo del 1826, venne inaugurato due anni dopo con l'opera *Bianca e Fernando* di Bellini e con il balletto *Gli adoratori del fuoco*. Ristrutturato in varie occasioni, tra cui il 1892, quattrocentesimo anniversario della scoperta dell'America, il Carlo Felice venne distrutto dai bombardamenti dell'ottobre 1942, dell'agosto 1943 e del settembre 1944. Per oltre quarant'anni si sarebbe discusso della sua ricostruzione.
Il Teatro dell'Archinvolto, invece, è l'unico teatro ottocentesco genovese ancora in attività: tutti gli altri

L'attore Paolo Villaggio

sono scomparsi nel quadro di ristrutturazioni urbanistiche o a causa dei bombardamenti della seconda guerra mondiale. La scena teatrale genovese è molto viva e, tra i personaggi più famosi delle scene contemporanee, si possono ricordare Carlo Dapporto (nato a Sanremo), Lina Volonghi (nata a Quarto nel 1916), Paolo Villaggio, Tullio Solenghi e Beppe Grillo, autore di caustici monologhi in cui la satira ha una parte importante. Vittorio Gassman, tra gli attori di prosa è stato uno dei grandi mattatori della scena teatrale italiana dell'ultimo secolo.

LETTERATURA

I GRANDI LETTERATI LIGURI, a cavallo tra l'Ottocento e il Novecento, sono stati Edmondo De Amicis (nato a Oneglia nel 1846 e morto a Bordighera nel 1908) ed Eugenio Montale, premio Nobel per la letteratura nel 1975. Del primo, intere generazioni di scolari hanno letto e studiato le pagine di *Cuore* (anche se De Amicis ha lasciato splendidi reportage di viaggi). Il secondo, dopo la notorietà raggiunta con *Ossi di seppia*, scrisse *Le occasioni* e, dopo un lungo periodo trascorso al "Corriere della Sera", morì a Milano nel 1981. Scrittori e viaggiatori stranieri frequentarono la Liguria con entusiasmo e, durante i loro lunghi periodi sulle riviere, hanno scritto di queste terre al confine con il mare. Montesquieu narrò di Genova, Andersen, Nietzsche e Dickens lasciarono pagine e pagine di descrizioni ammirate della natura e dei villaggi liguri. "Fuori dai villaggi c'erano i vigneti" scrisse Ernest Hemingway nel 1922 "le case erano bianche e gli uomini, nei loro vestiti della domenica, giocavano a bocce in mezzo alla strada. Contro i muri di qualche casa erano piantati dei peri, parevano candelabri sullo sfondo di bianche facciate...". Ma la traccia forse più profonda è quella lasciata nel golfo di Lerici dal turbolento gruppo di scrittori e poeti inglesi che qui sbarcarono nel 1821. Villa Magni, a Lerici, era divenuta il ritiro di un gruppo di inglesi rivoluzionari e anticonformisti che non avevano tardato a gettare nello scompiglio il paese di pescatori. Insieme a Shelley e alla moglie, del gruppo facevano parte il figlio William, la sorellastra di lei, Claire Clairmont, gli amici Edward e Jane Williams e John Trelawny. Lo scandalo derivava dalle abitudini del gruppo: ricchi, colti e spregiudicati, si nutrivano con una dieta poverissima e fatta soprattutto di tè, frutta e pane, ma nelle giornate del poeta non mancavano mai massicce dosi di laudano. Per gli inglesi gli abitanti, che pure vivevano in un luogo troppo bello, che non sembrava di questa terra, erano dei rozzi villici che parlano un dialetto detestabile. Dell'incontro-scontro tra i poeti inglesi e il paese del golfo rimangono oggi una lapide sulla facciata di Villa Magni e i versi delle *Lines Written in the Bay of Lerici* di Shelley.

Edmondo De Amicis, autore di *Cuore* e di numerosi libri di viaggi

Il poeta Eugenio Montale

I DIALETTI DELLA LIGURIA

È facile, nei paesi liguri, fermarsi ad ascoltare una discussione in dialetto. Difficile comprendere le parole di queste lingue che risalgono a un passato lontano e conservano dentro di sé parole, suoni e suggestioni provenienti da tutto il Mediterraneo. Più simile al francese è il dialetto del Ponente, mentre nella provincia della Spezia ci si avvicina alla lingua toscana per la cadenza e il vocabolario. Tracce della parlata dei mercanti genovesi si trovano ancora lontano dalla regione. È il caso di Bonifacio, nell'estremo sud della Corsica, e di Carloforte e Calasetta in Sardegna.

Gilberto Govi, interprete del teatro dialettale genovese

La Liguria nelle quattro stagioni

Il clima gradevole e mite tipicamente mediterraneo, il contrasto di luci e colori, la suggestione di un territorio incantevole lungo la costa quanto affascinante nell'entroterra fanno della Liguria una ambita meta turistica sin dalla metà del XIX secolo. Ogni periodo dell'anno, dal Levante al Ponente, offre motivi per lasciarsi affascinare dalla limpidezza del mare che contrasta con il chiarore di spiagge e scogliere, dalla vegetazione ricca e profumata tipica della macchia mediterranea, dal patrimonio storico e architettonico. Sono inoltre numerosi gli eventi culturali, le feste tradizionali, le rievocazioni e le regate storiche, le sagre e gli appuntamenti gastronomici, dove gustare i genuini prodotti di questa terra.

Locandina della Battaglia di fiori

La sagra del pesce a Camogli si svolge a metà maggio

Primavera

La temperatura mite e l'aria tersa caratterizzano la primavera ligure, che accoglie il visitatore con colori e profumi indimenticabili. Le splendide fioriture contrastano con il blu del mare e, spesso, le cime delle Alpi Liguri sono ancora imbiancate.

Marzo

Fiera di San Giuseppe (19 marzo), a La Spezia. Frequentatissima sagra del santo patrono con oltre 800 bancarelle di artigiani e ambulanti.

L'insegna del teatro che ospita il Festival della canzone italiana

Milano-Sanremo, classica corsa ciclistica; si tiene il primo sabato dopo il 19 marzo.
Festival della canzone italiana, a Sanremo. Annuale rassegna canora, ove si esibiscono anche ospiti internazionali.
Rassegna dell'olio d'oliva, a Balestrino. Il paese può vantare 17 qualità diverse di olive. Durante la rassegna il pubblico è invitato ad assaggiare i diversi tipi di olio e di olive. Si svolge una sagra con prodotti gastronomici tipici.

Aprile

Processioni del Venerdì Santo. Molto sentita, soprattutto nel Ponente, questa festività viene celebrata con processioni in cui sfilano le "Confraternite", con le "casse", sculture in legno scolpito che ritraggono momenti della Passione. Molto seguite quelle della città di Savona, ma si svolgono anche nell'entroterra.
Settimana Santa, a Ceriana. Processioni delle Confraternite e rappresentazioni della Calata della Croce, accompagnata da canti sacri.

Maggio

Sagra del pesce, a Camogli. Ogni seconda domenica di maggio in una padella gigantesca viene preparata una grandiosa frittura di pesce, offerta ai numerosissimi visitatori.
Sagra della focaccia con il formaggio (quarta domenica), a Recco. Frequentata sagra con distrubuzione e degustazione gratuita della celebre focaccia recchese.

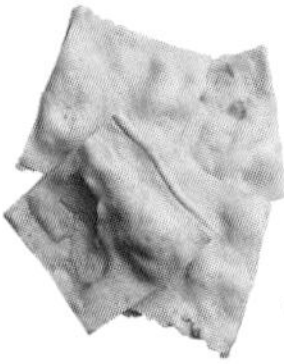
La tipica e gustosa focaccia di Recco

Regata delle antiche repubbliche marinare, a Genova, ogni quattro anni (mag–lug). Regata storica di equipaggi provenienti dalle città delle antiche repubbliche marinare,che si fronteggiano su imbarcazioni d'epoca. La manifestazione non si svolge sempre a Genova, ma tocca a rotazione ai luoghi interessati.

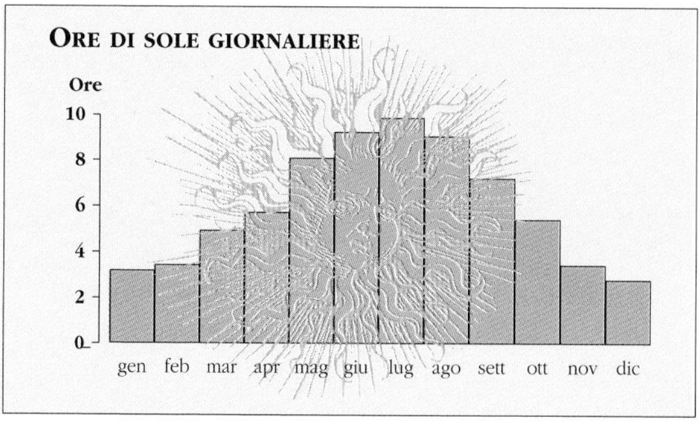

Ore di sole giornaliere
In primavera e in estate le lunghe giornate di sole, mai torride, invogliano ai bagni e alle attività marine. I colori e la luce autunnali sono assai suggestivi, mentre una tersa giornata invernale permette di scorgere all'orizzonte il profilo imbiancato delle Alpi.

Estate

Stagione turistica per eccellenza, l'estate, calda e soleggiata lungo la costa e più fresca e piovosa nell'entroterra, offre molti appuntamenti da non perdere.

Giugno

Infiorate. In occasione del Corpus Domini, in numerose località vengono organizzate lungo le strade percorse dalle processioni; le più suggestive si svolgono a Sassello, Imperia, Diano Marina, Pietra Ligure, Brugnato val di Vara; da non perdere anche la **Battaglia di fiori**, a Ventimiglia.
Festa di San Giovanni, a Genova: festeggiamenti e celebrazioni, con fuochi d'artificio in onore del santo patrono. Si tiene anche a Laigueglia, con la posa in mare di 5000 lumini accesi.
Festa e Palio di San Pietro, a Genova. Luminarie e palio su gozzi tradizionali.

Ragazza in costume storico

Luglio

Cristo degli Abissi, a San Fruttuoso di Camogli. Celebrazione di una messa notturna e fiaccolata dei subacquei alla statua del Cristo sul fondale.
Festa di Santa Maddalena, a Taggia. Salutati da uno scoppio di mortaretti, i Maddalenanti si recano in processione, a piedi o a dorso di mulo, all'eremo di Santa Maria Maddalena del Bosco.
Sagra delle rose, a Pogli d'Ortovero. Vi si celebra ogni anno questa manifestazione dedicata alle rose, coltivate in questa località. Tra le specialità locali si gustano le anguille.
Raduno delle Fiat 500, a Garlenda. Centinaia di partecipanti giungono da tutta Europa a bordo della famosa utilitaria.

Agosto

Palio marinaro del Tigullio, a Zoagli. Si svolge in più regate, organizzate durante tutta l'estate.

Il Muretto di Alassio, in occasione del concorso di bellezza

Stella Maris, a Camogli, tradizionale processione di barche, con migliaia di piccoli ceri lasciati galleggiare sulle onde.
Torta dei Fieschi, a Lavagna, rievocazione, con un corteo storico e il taglio di una enorme torta, del matrimonio tra Opizzo Fieschi e Bianca de' Bianchi.
Sagra dei Gumbi, a Toirano. Percorso gastronomico nei vicoli del borgo e mostra–mercato di prodotti agricoli e artigianali.
Festa della Madonna Bianca (17 ago), a Portovenere. Alle 21 vengono accese fiaccole durante la processione lungo il promontorio di San Pietro.
Miss Muretto, ad Alassio. Viene eletta la più avvenente ragazza, col titolo dedicato al celebre "Muretto" delle celebrità.
Castelli di sabbia, ad Alassio, concorso nazionale per il miglior castello costruito sulla spiaggia.
Regata storica dei rioni, a Noli. I quattro rioni della città (Purtellu, Maina, Burgu, Ciassa) si sfidano in una gara di voga sul mare; cortei in costume storico e sagre.

Uno sgargiante tappeto di fiori allestito durante un'Infiorata

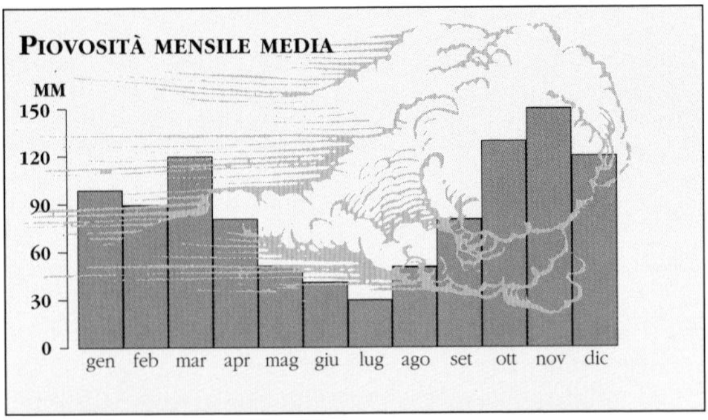

Piogge
La Liguria si caratterizza per una discreta piovosità, soprattutto durante il periodo autunnale, quando possono verificarsi violenti temporali e talora esondazioni di fiumi e torrenti. L'area del Ponente è, comunque, più asciutta e soleggiata.

Barche a vela d'epoca ormeggiate in banchina a Imperia

AUTUNNO

L'AUTUNNO, con i suoi colori caldi e le giornate ancora tiepide e soleggiate, è la stagione ideale per recarsi in Liguria. Le località, meno affollate, offrono maggiori possibilità di alloggio e una tranquillità che permette di conoscere gli scorci più suggestivi, i monumenti, i borghi, la cultura e la gastronomia ligure.

SETTEMBRE

Sagra del fuoco, a Recco, in onore della santa patrona, Nostra Signora del Suffragio.
Sagra della lumaca, a Molini di Triora. Vengono messi sul fuoco enormi padelloni di lumache, seguendo la ricetta originale in uso per molto tempo presso le famiglie nobili del paese, che lo presentavano come piatto forte di sontuosi banchetti, per le virtù magiche che si attribuivano alle lumache. Accompagnate da vino e pane appena fatto, vengono distribuite ai numerosi ospiti.
Raduno di vele d'epoca, a Imperia. Ogni due anni si svolge questa suggestiva manifestazione che raccoglie centinaia di barche d'epoca provenienti da tutto il mondo per sfidarsi in regata.

Bottiglia di vino bianco Pigato

Commemorazione della battaglia napoleonica, a Loano. Convegni, conferenze e mostre per commemorare la battaglia che si svolse nel 1795, durante la quale l'esercito francese rivoluzionario riuscì a mettere in rotta l'esercito austriaco. Vengono organizzate anche cerimonie e parate in costume d'epoca.
Sagra del Pigato, a Salea di Albenga: sagra del vino Pigato, con esposizioni di prodotti e di attrezzi agricoli, padiglioni gastronomici, serate danzanti, e giochi sportivi.
Sagra dell'uva, a Varazze. Tradizionale sagra con degustazioni e vendita di prodotti vinicoli. Si tiene una sagra anche a Vezzano Ligure (ultima settimana di settembre), con una serie di prove fra i diversi rioni per aggiudicarsi lo "Strazo", ossia il palio.
Festa della Madonna della Villa, a Ceriana. Si svolgono solenni processioni a lume di candela e si tiene un festival delle musiche di terra, nella piazza del paese con corali che interpretano canti tradizionali.
Sagra dell'uva, a Vezzano Ligure. I diversi rioni devono aggiudicarsi lo "Strazo", ossia il Palio; seguono la sfilata in costume, la disfida in dialetto e la gara dei vendemmiatori.

OTTOBRE

Salone Internazionale della Nautica a Genova. La più grande fiera della nautica del Mediterraneo, espone imbarcazioni a vela a motore, gommoni

Un motoscafo in legno esposto al Salone di Genova

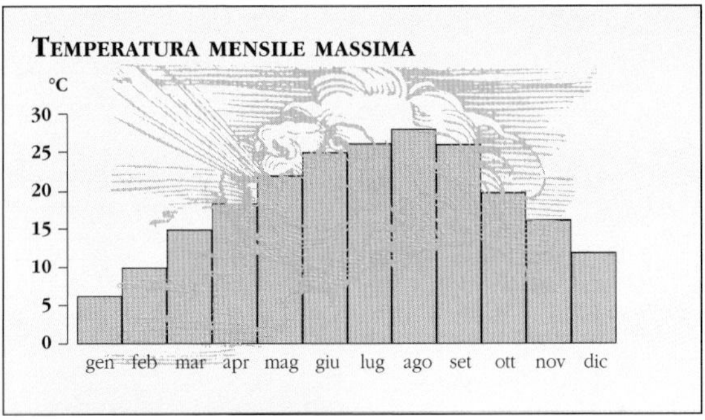

Temperatura
La fascia costiera, esposta a sud, risente delle brezze marine, che rinfrescano le estati più calde e soleggiate e mitigano le temperature invernali, peraltro mai troppo rigide neppure nell'entroterra. Autunno e primavera offrono giornate tiepide e terse.

Festa dei furgari a Taggia

INVERNO

ANCHE SE VENTOSO, l'inverno ligure offre sempre giornate di pieno sole, ideali per apprezzare i numerosi borghi medievali e conoscere la loro storia e, perché no, per acquistare i prodotti artigianali di questa regione.

DICEMBRE

Natale Subacqueo (24 dic), a Tellaro. Il paese viene illuminato con 1000 fiaccole e a mezzanotte i sub emergono con la statua di Gesù Bambino, accolta con fuochi d'artificio.
"U Confogu", Confuoco, a Pietra Ligure. Tradizionale cerimonia con sfilata di gruppi storici e accensione del ceppo propiziatorio di alloro: dalla forma delle fiamme si traggono auspici per l'anno.

GENNAIO

Festa di Capodanno, a Genova. Fra i *carruggi* affollati e nel Porto Antico, al suono delle sirene delle navi, un indimenticabile inizio anno.

FEBBRAIO

Festa dei furgari a Taggia. Dedicata a San Benedetto, prevede l'accensione dei "furgari", canne di bambù piene di polvere da sparo; banchetti e festeggiamenti per tutta la notte.
Fiera di Sant'Agata, a Genova. Fiera di bancarelle che vendono chincaglieria e dolciumi, la domenica prossima al 5 febbraio.
Carnevale a Loano, sfilata nel *carruggio* con i carri allegorici accompagnati da gruppi in costume, al termine si tiene il **Palio dei Borghi**.
Sagra della mimosa a Pieve Ligure. Carri floreali e cortei in costume.

e tutto per la nautica.
Sagra della farinata, a Voltri. Degustazione della tipica specialità genovese.

NOVEMBRE

Olioliva, a Imperia. Nella terra della Taggiasca, vengono organizzati visite ai frantoi, mercatino di prodotti tipici a Oneglia, menu speciali nei ristoranti.

FESTIVITÀ

Capodanno (1 gen)
Epifania (6 gen)
Domenica di Pasqua
Lunedì dell'Angelo
Anniversario della Liberazione (25 apr)
Festa del lavoro (1 mag)
Festa della Repubblica (2 giu)
Ferragosto (15 ago)
Ognissanti (1 nov)
Immacolata Concezione (8 dic)
Natale (25 dic)
Santo Stefano (26 dic)

La mimosa fiorita colora i giardini dell'entroterra

NOTE STORICHE

NELLA PREISTORIA, LE MONTAGNE, *le colline e le baie della Liguria furono frequentate e contese dalle popolazioni più antiche. Dai gioielli delle sepolture alle incisioni rupestri, dalle scabre rocce delle fortezze ai primi villaggi costieri con le loro necropoli, quella della Liguria prima di Roma è una storia lunga, complessa e affascinante, che non cessa di riservare sorprese agli archeologi.*

Il clima e la geografia della Liguria sono stati nel passato remoto estremamente favorevoli alla presenza umana. Le coste erano adatte agli stanziamenti e alla navigazione a vista, mentre il transito verso l'attuale Costa Azzurra e la Francia erano resi facili dalle basse quote delle colline costiere. Per questo motivo, il popolamento di quest'area del Mediterraneo è stato molto diffuso, prova ne sono i numerosi ritrovamenti, nelle grotte e sui colli della regione, di tracce, sepolture e focolari che costituiscono una linea quasi ininterrotta dalla Liguria alla Provenza.

Anfora romana ad Albenga

Al termine della preistoria, durante l'Età del bronzo, fecero la loro comparsa i primi liguri che, in un'epoca di migrazioni e lotte per assicurarsi gli insediamenti migliori, si fortificarono per difendere con le loro mura villaggi, pascoli e sbocchi verso il mare. Questo popolo venne citato per la prima volta – con il nome di *Ligyes* – nel corso del VII secolo prima di Cristo da fonti greche, che narrano che i territori controllati dagli antichi liguri si estendevano ben oltre i confini attuali della regione, fino ai limiti della Catalogna e delle Cevenne. Mentre sulla costa e attorno ai valichi del Nord era in corso una complessa partita di spostamenti e scontri, sulla costa ligure si affacciarono i popoli che, all'epoca, erano i veri padroni del Mediterraneo e dei suoi mercati: i greci, oramai solidamente insediati a Marsiglia, che cercarono spazio anche tra le valli liguri, e gli etruschi, le cui città marinare e commerciali si trovavano sulla costa toscana.

In quest'epoca nacquero una serie di centri che oramai si possono definire veri e propri paesi e di cui rimangono, per esempio a Chiavari, Genova e Ameglia, vestigia delle necropoli nelle quali venivano inumate le ceneri dei defunti.

Giunse infine il momento dei romani. L'arrivo delle legioni dell'Urbe, verso il 218 a.C., rappresentò per la regione un cambiamento ben più significativo di quelli provocati in passato dai popoli di viaggiatori e mercanti. Per Roma la Liguria rappresentava infatti una via di transito fondamentale per l'espansione verso la vicina Gallia.

CRONOLOGIA

240.000 a.C. Prima sepoltura della grotta dei Balzi Rossi

80.000–60.000 a.C. Presenza dell'uomo di Neandertal nei siti liguri

12.340 a.C. Datazione dei segni di mani e piedi della grotta di Toirano

218 a.C. I romani stabiliscono la loro prima base in Liguria

300.000 a.C.	100.000 a.C.	50.000 a.C.	10.000 a.C.	1.000 a.C.	100 a.C.

Reperti del museo dei Balzi Rossi

36.000–10.000 a.C. Epoca dell'*Homo sapiens sapiens*

Orme nella grotta di Toirano

primo millennio a.C. Epoca d'oro dei liguri e loro contatti con greci e fenici

◁ **Un particolare degli affreschi di Perin del Vaga nella Loggia degli Eroi di Palazzo del Principe, Genova**

La preistoria in Liguria

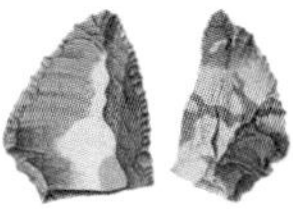

Reperti litici dei Balzi Rossi

UNA LUNGA COSTA ROCCIOSA, con falesie verticali affacciate sul mare, ha fatto della Liguria una meta particolarmente favorevole per i nostri antenati più antichi. Il salire e scendere del livello del mare, nel corso dei millenni, ha portato all'emersione e alla scomparsa di centinaia di grotte e caverne che, fin dall'epoca preistorica, furono frequentate dall'uomo. Alla facilità di trovare riparo sulla costa, ricca di cibo e possibilità di pesca, la Liguria univa una serie di punti di transito verso l'entroterra e le zone pianeggianti della pianura Padana. Al termine della lunga fase preistorica, in Liguria l'uomo ha frequentato assiduamente la zona montagnosa e impervia del monte Bego e della valle delle Meraviglie. Nel Ponente, intanto, era apparsa una nuova organizzazione urbana e militare: gli insediamenti detti castellari, che proteggevano villaggi e pascoli da invasioni di popolazioni giunte dal mare per espandere il proprio dominio nell'entroterra ligure.

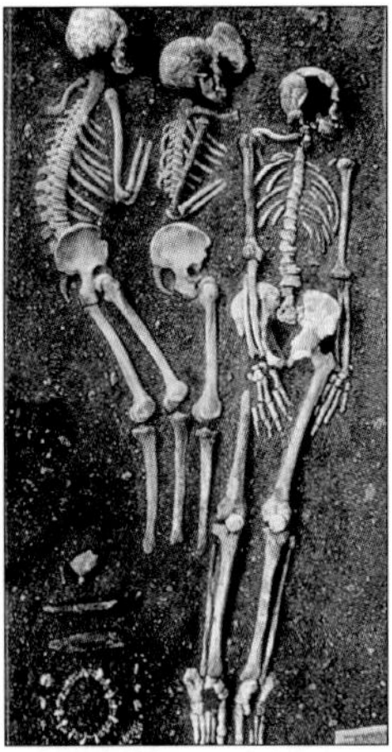

La Triplice Sepoltura *scoperta nella Barma Grande nel 1892, è una delle più importanti testimonianze sulla presenza umana nella zona. Gli scheletri di due uomini e una ragazza erano accompagnati da un ricco corredo funerario.*

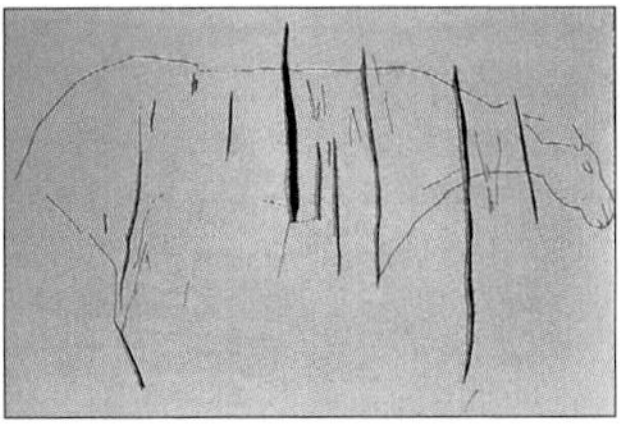

Questa raffigurazione *di un cavallo, noto come Cavallo di Przewalskii e vissuto all'epoca della glaciazione del Würm, è l'unica incisione a carattere naturalistico trovata ai Balzi Rossi.*

Le grotte dei Balzi Rossi si aprono nella parete calcarea di colore rossastro, a strapiombo sul mare. In tutto si contano nove cavità.

La grotta dei Balzi Rossi

La più remota antenata delle donne liguri morì in una grotta nella zona dei Balzi Rossi circa 240.000 anni fa ma, anche dopo la fine della sua epoca, questo complesso di grotte continuò a essere frequentato anche dall'uomo di Neandertal. Questi gruppi di cacciatori e raccoglitori abitarono molte altre cavità liguri: a Sanremo come all'Arma di Taggia, a Toirano come alla Grotta delle Fate di Finale Ligure. Con il passare dei millenni, il nostro antenato più vicino – *Homo sapiens sapiens* – si stanziò in Liguria, dove tracce del suo passaggio sono state trovate ai Balzi Rossi, a Toirano e nella grotta delle Arene Candide, dove gli archeologi hanno scoperto la sepoltura cosiddetta del Giovane Principe.

L'interno del museo dei Balzi Rossi

Dove vedere la Liguria preistorica

Alcuni dei siti più interessanti della preistoria della Liguria sono mete interessanti per una visita o un'escursione. Come il sito dei Balzi Rossi e il suo museo *(p 169)*, il Museo di Archeologia Ligure di Genova Pegli e le Grotte di Toirano *(pp 146–7)*, senza dimenticare un'escursione mozzafiato lungo i sentieri alpini della valle delle Meraviglie e del monte Bego, al confine con la Francia.

***Nella valle delle Meraviglie** e nella zona del del monte Bego, montagna sacra, gli uomini della preistoria hanno lasciato sulle rocce arrotondate e scolpite dallo scorrere di antichi ghiacciai più di 100.000 incisioni rupestri di significato religioso.*

La villa romana di *Alba Docilia*, l'odierna Albisola

La Liguria romana

La presenza romana, dapprima discreta e limitata a qualche punto di appoggio per mercanti e navi, divenne sempre più significativa. Il piccolo mercato di Genova, utilizzato dai liguri come sbocco verso il mare e i suoi traffici, divenne una città confederata con Roma nel II secolo avanti Cristo.

La spedizione in Italia delle truppe cartaginesi, al comando di Annibale e di suo fratello Magone ebbe come alleate le tribù degli intumeli, degli ingauni e dei sabazi e assalì e distrusse Genova nel 205 a.C. Una volta respinta la minaccia dei punici, i romani continuarono la loro espansione in Italia attaccando le tribù galliche e dando grande impulso alla rete stradale, che sarebbe divenuta l'ossatura portante dell'impero. La *via Postumia* toccò *Genua* nel 148 a.C., anche se la città venne poi tagliata fuori dal nuovo tracciato della via *Emilia Scauri* che scendeva da Tortona ad Acqui, attraverso il colle di Cadibona verso la Provenza.

Savona, intanto, dopo essere stato un mercato dei liguri sabazi, dopo l'alleanza con Cartagine divenne anch'essa romana e, fortificata, fu un importante centro fino al 109 a.C. La scarsa importanza della Liguria romana fu causata quindi dalla lontananza dalle principali vie di comunicazione e dalla scelta di porti commerciali e militari posti al di fuori del suo territorio.

Le invasioni barbariche

Anche se non era certo una provincia centrale dell'impero, la Liguria ebbe una serie di importanti città sotto il dominio della Pax Romana e i suoi confini erano il corso del Po a nord, il Varo a ovest, i corsi del Trebbia e del Magra a oriente. Tra queste le principali furono *Ingaunum* (Albenga), *Vada Sabatia* (Vado), *Alba Docilia* (Albisola), *Genua*, *Portus Delphini* (Portofino) e *Segesta Tigulliorum* (Sestri Levante).

Provenienti dal Nordafrica, gli eserciti dei visigoti guidati da Alarico raggiunsero la Liguria nel 409 e dopo di loro la regione venne toccata dalle scorrerie degli eruli e dei goti. In questo viavai di eserciti, comunque, le principali città liguri sopravvissero e divennero sedi vescovili intorno al V secolo.

Rotari, re dei longobardi giunti in Liguria nel 641

Con il mutare continuo della situazione politica e militare in Italia, dopo il periodo delle invasioni si aprì una parentesi abbastanza lunga di pace sotto il dominio di Bisanzio, che diede alla Liguria il nome di *Provincia Maritima Italorum.*

Il dominio dell'impero d'Oriente ebbe termine con il sopraggiungere dei longobardi guidati da re Rotari (641-643). Le città liguri divennero parte di una contea franca che comprendeva anche una serie di territori che oggi fanno parte della Toscana. Durante il regno di Berengario, infine, la regione si trovò a

Cronologia

205 a.C. Genova, alleata di Roma, viene distrutta dai punici

Ritratto di Annibale

IV secolo Genova diviene *Provincia Maritima Italorum* dell'impero bizantino

100 a.C. | 400 | 600

409 Invasione dei Visigoti di Alarico

Stemma di Alarico

641–643 Conquista longobarda da parte delle truppe di Rotari

essere divisa nelle tre marche dell'*Obertenga* a ovest, dell'*Aleramica* al centro e dell'*Arduinica* a est.

Nasce la potenza di Genova

Per circa 100 anni, dall'890 in poi, i porti liguri vennero insidiati e spesso attaccati dalle scorrerie saracene che partivano dalle *enclaves* che gli arabi tenevano saldamente in pugno nel Sud della Francia. Durante una di queste incursioni, nel 935, anche Genova venne saccheggiata dai corsari provenienti dalla zona dell'attuale Saint Tropez. Intorno all'anno Mille iniziò anche in Liguria l'epoca d'oro dei liberi comuni, che vedevano in genere tra le loro attività principali il commercio marittimo e l'armatura di flotte commerciali o militari. In questo momento di sviluppo economico e politico s'iniziò ad affermare il predominio genovese, grazie anche alla scelta della città come sede arcivescovile e al riconoscimento dell'indipendenza del comune da parte dell'impero, avvenuto nel 1162. Genova iniziò rapidamente a competere con Pisa per il controllo delle isole del Mediterraneo (Corsica e Sardegna), si schierò con i Re Cattolici per la *Reconquista* spagnola e arrivò a sbarcare in Marocco a Ceuta. Alle crociate per la liberazione del Santo Sepolcro parteciparono sia navi genovesi sia vascelli di Noli e Savona.

Combattimento con i saraceni in una miniatura del XIV sec.

L'espansione di Genova lungo la costa

Al crescere del suo potere sul mare, Genova affiancò una continua espansione commerciale e militare sulla terraferma che la portò a controllare città, valli e i valichi che mettevano in comunicazione la costa con la valle del Po. Verso l'interno il suo dominio si estendeva fino alle regione di Asti e a parte della pianura Padana, assolutamente necessaria alla repubblica che dipendeva dai suoi approvvigionamenti agricoli. Come risultato di un secolo di scontri, battaglie, alleanze e trattati, nel 1232 oramai tutta la costa di Levante (fino a Levanto) poté essere considerata sottomessa a Genova. Tra le città che si scontrarono più violentemente con il comune genovese vanno ricordate Ventimiglia (caduta nel 1262) e Savona che, dopo secoli di disperata lotta per l'indipendenza, capitolò solamente nel 1528.

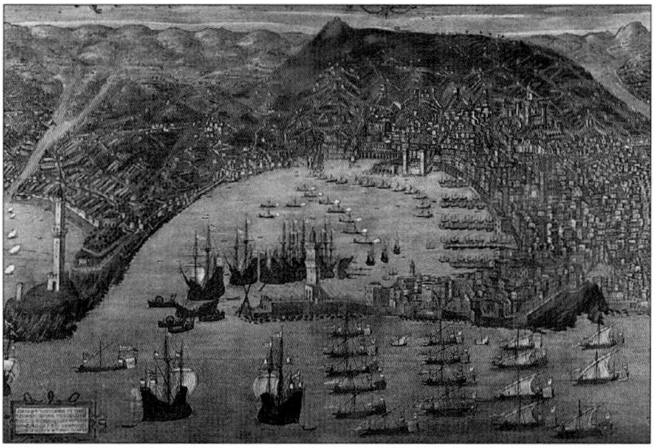

Veduta del porto di Genova in un dipinto del XVI secolo

890 Inizio delle scorrerie dei pirati saraceni

984 I benedettini ricostruiscono l'abbazia di San Fruttuoso

1099 Stipula della Compagna Communis, patto tra i quartieri genovesi

1133 Genova diviene sede di un arcivescovo

800

1000

935 Sacco di Genova da parte degli arabi

Croce di un cavaliere che partecipò alla prima Crociata

1097 Genova contribuisce alla prima Crociata con dieci galee

1162 L'imperatore riconosce l'autonomia di Genova; scoppia la guerra contro Pisa

L'apogeo di Genova

Il Genovino d'oro, coniato a partire dal XIII secolo

LE IMPRESE E I COMMERCI delle grandi famiglie di armatori fecero di Genova una potenza mediterranea a partire dal XII secolo; le iniziative delle nobili casate come quella dei Doria portarono i genovesi in tutti gli angoli dei mari conosciuti. La crescita della potenza genovese si consolidò con i rapporti sempre più stretti con le altre città liguri, spesso sottomesse, con l'astigiano e con la Provenza, indispensabili fornitori di sale, grano e prodotti agricoli. Dopo lo scontro tra i guelfi Fieschi e Grimaldi contro i ghibellini Doria e Spinola, Simone Boccanegra divenne il primo doge a vita nel 1339 ma il potere più forte della Genova dell'età dell'oro era saldamente nelle mani del Banco di San Giorgio, che in una città percorsa dalle violente lotte tra fazioni rivali, manteneva una posizione neutrale. A Genova, in quest'epoca, avevano sede floride casate commerciali di tutt'Europa, e gli emissari del Banco di San Giorgio erano di casa nelle tesorerie dell'impero, di Borgogna e di Francia.

La repubblica marinara *di Genova e si trovava alle prese con due potenti rivali, Pisa e Venezia. Sconfisse la prima alla Meloria, e con l'avanzata dei turchi, che avrebbe portato alla caduta di Bisanzio, Genova vide sempre più minacciati i suoi possedimenti in Oriente e scoppiarono accese rivalità con la concorrente Venezia.*

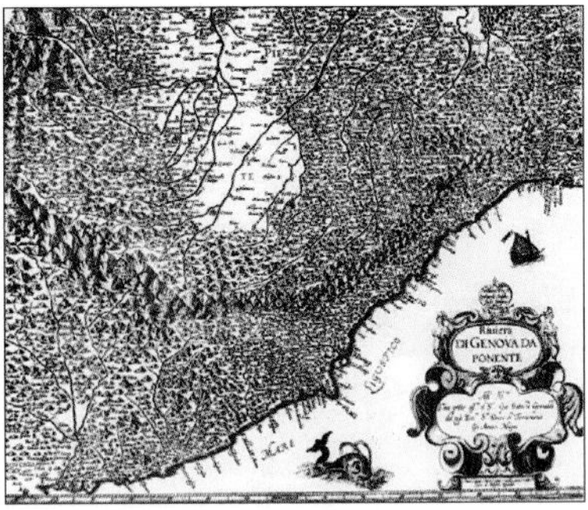

Molte città della Riviera di Ponente *erano all'epoca nell'orbita di Genova, come Albenga, che fu costretta a firmare convenzioni sempre più restrittive, fino alla definitiva sottomissione del 1251, con la nomina di un podestà e di un giudice genovesi. Ventimiglia cedette nel 1261, seguita nel 1276 da Porto Maurizio. Qui sopra, un'incisione di Magini del 1613 illustra la "Riviera di Genova da Ponente".*

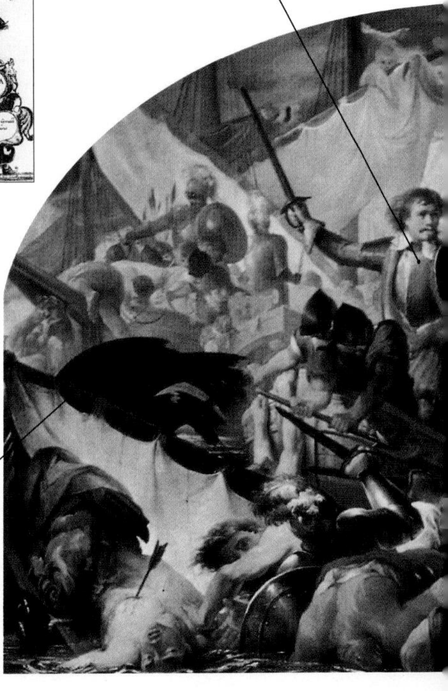

Oberto Doria, capostipite dell'illustre famiglia genovese, acquistò nel 1270 il borgo di Dolceacqua.

La flotta pisana era composta da 72 galee. La sconfitta di Pisa fu drammatica: i morti furono 5000 e 11.000 prigionieri vennero tradotti in catene a Genova.

Presa di Gerusalemme nella prima Crociata (1096–99)

Genova alle crociate

Le due spedizioni di crociati che avrebbero portato alla conquista di Gerusalemme videro i genovesi schierati in prima linea nei trasporti via mare, con il loro condottiero Guglielmo Embriaco. Nei porti delle città di Tiro, Acri e Haifa sorsero quartieri e depositi gestiti dai mercanti genovesi e chiese dedicate a San Lorenzo, patrono della città. Nella sua epoca d'oro, la città di Acri aveva 50.000 abitanti ed era ornata da 38 chiese divise nei quartieri dei grandi ordini militari o delle repubbliche marinare italiane e fu l'ultimo luogo della Terrasanta a essere conquistato dagli arabi nel 1291. Nel periodo della crisi dei regni cristiani in Terrasanta, Genova fu spesso alleata con i Cavalieri di San Giovanni, degli armeni e perfino dei tartari nella sua lotta contro Venezia, Pisa, i Templari e i signori mamelucchi d'Egitto.

Il Banco di San Giorgio, fondato all'inizio del XV secolo, non solo gestiva il tesoro interno, ma si occupava direttamente delle colonie lontane, come Caffa e Famagosta. Nella foto, la moneta "8 Reali" coniata dal Banco.

La flotta genovese era composta da 93 galee.

Gli scogli della Meloria si trovano al largo di Livorno, in direzione della Corsica, a circa 7 km dalla terraferma.

La Meloria fu scenario anche di un'altra battaglia, nel 1241, in cui i pisani, affiancati all'imperatore Federico II, sconfissero i genovesi.

La battaglia della Meloria

Uno degli eventi che sancirono il dominio genovese nel Mediterraneo fu senz'altro la battaglia della Meloria, che vide Genova sconfiggere la rivale Pisa per il possesso della Corsica. Nell'agosto del 1284, una flotta genovese, comandata da Oberto Doria, si presentò davanti a Porto Pisano. La battaglia fu violenta e incerta fino all'arrivo di un secondo gruppo di galee genovesi, che colse gli avversari di sorpresa e decise le sorti della battaglia. Nell'immagine, Giovanni David, *Battaglia della Meloria*, Palazzo Ducale, Genova.

Andrea Doria in un ritratto di Sebastiano del Piombo

Lo scontro con le altre repubbliche marinare

I secoli della grande espansione geografica e commerciale delle repubbliche marinare italiane nel Mediterraneo videro Genova attiva in tutte le direzioni. Con le crociate – dalla prima che si concluse con la presa di Gerusalemme fino alla sfortunata spedizione di San Luigi in Nordafrica – Genova acquisì porti e *maone*, associazioni per il finanziamento di imprese commerciali, in tutti gli angoli del Mediterraneo, per poi ampliare il suo raggio di azione verso est e i porti del mar Nero, uno dei terminali commerciali più importanti della Via della Seta.

In queste operazioni, il gioco delle alleanze e degli scontri divenne sempre più duro: se si può dire che Genova sia riuscita a eliminare l'influenza pisana dal Tirreno e dalle sue isole maggiori (conquistando anche il definitivo controllo sulla Corsica) sconfiggendo Pisa alle secche della Meloria, la lotta contro Venezia fu ben più lunga. Dopo la battaglia di Curzola in cui i genovesi sconfissero nell'Adriatico la flotta della Serenissima nel 1298, Genova non riuscì a cogliere i frutti della vittoria e a mutare a suo favore la situazione in Oriente. Dove poi la pressione turca portò a un'alleanza con Venezia (1343) che però durò molto poco. L'ultima guerra tra Genova e Venezia, causata dalle mire di entrambe le città su Cipro, venne combattuta sia in mare che in terra. Le battaglie di Pola (1379) e Chioggia (1380) portarono alla pace di Torino che avrebbe sancito il definitivo tramonto dell'egemonia genovese.

L'imperatore Carlo V, alleato di Andrea Doria

La Repubblica di Genova

Il periodo delle grandi lotte continentali tra papato e impero non risparmiò certamente Genova e le città liguri. Nelle contese locali intervennero come avvoltoi anche principi stranieri, come i Visconti invocati dai ghibellini del Ponente oppure Roberto D'Angiò che intervenne a favore dei guelfi.

In questo periodo Genova venne governata per quasi due secoli dalla figura del doge a vita, inaugurata nel 1339 da Simone Boccanegra. Nel 1522 il potere giunse nelle mani di Andrea Doria, che venne nominato padre della patria e, con un colpo di mano, il 12 settembre del 1528 pose la città sotto la protezione dell'imperatore spagnolo Carlo V.

Nel 1553, per una serie di motivi legati allo scontro mondiale che contrapponeva Francia e Spagna, i fran-

Cronologia

1245–1252 Costruzione della basilica dei Fieschi di San Salvatore

1251 Savona viene attaccata da Genova

1252 Viene coniato il genovino, prima moneta d'oro europea

1262 Ventimiglia, sconfitta, entra nella sfera d'influenza genovese

1284 Vittoria di Genova contro Pisa alla Meloria

Battaglia della Meloria

1298 Vittoria di Genova contro Venezia a Curzola

1339 Simone Boccanegra è il primo doge di Genova

1361 Sanremo diviene libero comune

1250 — 1300 — 1350

cesi decisero uno sbarco nella Corsica dominata da Genova, al fine di garantirsi una solida base nel Mediterraneo. Una dopo l'altra, le rocche genovesi caddero: Bastia, Saint Florent, Corte, persino l'imprendibile Bonifacio. Ma un trattato di pace costrinse i francesi a ritirarsi.
Il periodo che seguì la grande sconfitta delle flotte ottomane a Lepanto, avvenuta nel 1571, fu anche il momento in cui le incursioni dei pirati divennero più violente e sanguinose, in Corsica come sulle coste liguri.
Il '600 in Corsica trascorse tra scoppi di rivolta e i normali fatti legati all'amministrazione coloniale. Ma il declino di Genova e il diffuso sentimento di insoddisfazione dei corsi per lo status quo covavano e avrebbero scatenato, nei primi decenni del '700, una serie di rivolte che avrebbero portato la Corsica prima all'indipendenza e poi alla definitiva annessione alla Francia.

La battaglia di Lepanto in una raffigurazione del XVI secolo

Lo sviluppo delle altre città liguri

La vita di Albenga fu strettamente legata a Genova da una serie di convenzioni sempre più strette che, dopo il definitivo scontro tra guelfi e ghibellini, la videro entrare definitivamente nell'orbita genovese.

Ritratto bronzeo di Barbarossa

Dapprima acquistato dai Doria, il borgo di Sanremo riuscì a riscattarsi nel 1361, divenendo un libero comune federato con la repubblica genovese. La città venne distrutta nel 1544 da parte dei corsari di Barbarossa.
Dopo gli anni dell'autonomia comunale, Savona venne sconfitta dai genovesi nel 1528 e il primo gesto dei conquistatori fu il riempimento del suo porto. Nacque una nuova grande fortezza, il Priamàr, a controllo della città e la popolazione iniziò a diminuire sensibilmente. Sottomessa a Genova e dal 1371 sede del Vicariato della Riviera di Levante, La Spezia venne fortificata da Genova intorno alla fine del Trecento e rimase un'appendice del capoluogo fino all'inizio dell'Ottocento.
Un ruolo importante, nel panorama di una regione dominata da Genova, fu ricoperto dalle piccole città che, come Camogli (il cui nome deriva dal fatto di essere popolato quasi solo di mogli di marinai), Portofino e Chiavari, vissero sul mare e prosperarono sui loro cantieri navali.

1407 Fondazione del Banco di San Giorgio

1451 Nasce Cristoforo Colombo

Cristoforo Colombo

1522 Nascita della Repubblica di Genova

1543 Costruzione della Lanterna, che diverrà il simbolo della città di Genova

1400 — **1450** — **1500**

1458 Inizia a Genova la breve sottomissione alla Francia

Caravella

1492 Colombo scopre l'America

1528 Andrea Doria al potere

Il bombardamento di Genova da parte della flotta francese nel 1684

del Seicento e Settecento riuscì a sopravvivere, nonostante la perdita definitiva della Corsica (avvenuta nel 1768) ma entrò in conflitto con l'espansionismo del vicino Piemonte. Occupata nel 1746 dagli austriaci e dai piemontesi, Genova rispose con la rivolta scatenata dal gesto del Balilla, un adolescente che diede inizio all'insurrezione scagliando un sasso contro un cannone austriaco.

Il declino di Genova

Anche se la città si diede due importanti costituzioni nel 1528, con la salita al potere di Andrea Doria, e nel 1576, che sancirono la struttura gerarchica composta dal doge, dai Serenissimi Collegi e da una serie di magistrature particolari, Genova nel '600 fu decisamente più importante per il potere finanziario esercitato dalle sue banche che non per la sua potenza politica e militare. Segno eclatante del diminuito ruolo politico della Superba fu il bombardamento del 1684 da parte della flotta francese di Luigi XIV.

Con il diminuire della potenza genovese, nella regione si svilupparono una serie di entità politiche autonome, come la Magnifica Comunità degli Otto Luoghi, nata nel 1686 attorno a Bordighera. In un'Europa in cui cresceva il ruolo preponderante degli stati nazionali non c'era più spazio per dei poteri autonomi. E il capitale dei ricchi genovesi si allontanò sempre più dal commercio per riversarsi sugli investimenti finanziari. Lo stato aristocratico

Giuseppe Mazzini, genovese illustre

La Liguria piemontese

La discesa in Italia delle truppe francesi di Napoleone Bonaparte coinvolse in pieno gli equilibri politici liguri. Nel 1794 le truppe di Massena e Bonaparte conquistarono i valichi che permettevano l'accesso all'Italia, nel 1797 nacque la Repubblica Democratica Ligure, che poi sarebbe entrata a far parte dell'impero napoleonico nel 1805. La sconfitta di Waterloo e il Congresso di Vienna del 1815 posero per sempre fine all'indipendenza di Genova e della Liguria: la regione venne infatti assegnata al Piemonte ed entrò nello stesso anno a far parte del Regno di Sardegna.

Forse figli di contrasti tradizionali tra liguri e piemontesi, i moti risorgimentali furono particolarmente forti e sentiti in Liguria: Mazzini era nato a Genova e proprio dalla Liguria salpò verso sud la spedizione dei Mille di Garibaldi che avrebbe portato alla nascita del Regno d'Italia, in cui la Liguria entrò nel 1861. Unico porto di una certa importanza del regno

Cronologia

1576 Seconda Costituzione di Genova

1686 Attorno a Bordighera nasce la Magnifica Comunità degli Otto Luoghi

1768 Perdita definitiva della Corsica

1550 | 1600 | 1650 | 1700 | 1750

Luigi XIV re di Francia

1684 La flotta francese bombarda Genova provocando gravi danni

1746 Balilla dà il via alla rivolta popolare contro gli austro-piemontesi

sabaudo prima dell'unità d'Italia, Genova venne collegata al Piemonte e alla Francia dalle prime vie di comunicazione e profondamente modificata dagli architetti di casa Savoia. Nel 1828 Carlo Barabino realizzò il Teatro Carlo Felice e, nel 1874, iniziò la costruzione del nuovo porto di Genova che sarebbe stato ampliato anche nel 1919 e nel 1945.

L'architetto Renzo Piano

L'INVENZIONE DEL TURISMO E LA LIGURIA DI OGGI

La realizzazione della linea ferroviaria costiera, che seguiva il tracciato della via Aurelia, rappresentò un momento fondamentale in quello che sarebbe stato lo sviluppo futuro della regione. I borghi minori – Bordighera, Sanremo, Alassio, Santa Margherita, Lerici – divennero la meta per un turismo sempre più numeroso anche se composto principalmente da nobili e benestanti europei. Per modificare la città di Genova iniziarono negli anni '30 i grandi sventramenti dell'epoca mussoliniana nel cuore del centro storico che sarebbero proseguiti con i piani degli anni '60 e '70. I porti delle città liguri vennero duramente colpiti durante la seconda guerra mondiale e, nelle valli e sulle montagne dell'Appennino, la Resistenza combatté duramente contro l'occupazione tedesca. Il dopoguerra è stato segnato da un tentativo di sviluppo dell'industria e delle strutture portuali che si è avviato di pari passo con l'accettazione del modello della Liguria come regione dedita al turismo. La crisi di molte industrie – anche se i porti, pur con alterne vicende, sono oggi in fase di grande rilancio – non ha fatto altro che dirottare investimenti sempre più importanti sul terziario e sull'industria dell'accoglienza. La realizzazione dell'autostrada, che risale al termine degli anni '60, ha reso ancora più veloce lo sviluppo delle due riviere liguri, oggi affollate di italiani e stranieri per buona parte dell'arco dell'anno. Più la costa è divenuta ricca e in alcuni casi opulenta (come nei borghi di Portofino o Santa Margherita Ligure), più i piccoli paesi dell'interno, trascurati da sviluppo e investimenti, hanno preso la via opposta. Fatta di abbandono – non bisogna dimenticare che l'invecchiamento della popolazione ligure è il più veloce d'Europa – e di tenue ricerca di nuove prospettive per il futuro, che in parte potrebbero venire da un'espansione dell'interesse turistico verso l'interno e in direzione dei parchi e delle riserve naturali. Nel 1992, in occasione delle Colombiadi, Genova vede una serie di grandi interventi funzionali e urbanistici: viene costruito l'Acquario su progetto dell'architetto Renzo Piano. Negli ultimi anni la città si è notevolmente rinnovata e ha puntato con successo sul turismo culturale soprattutto in occasione del 2004 quando è stata Capitale Europea della Cultura.

L'autostrada ha dato grande impulso al turismo

782 ...asce a ...enova ...iccolò ...aganini

1805 Nasce a Genova Giuseppe Mazzini

1827 Nasce a Genova Goffredo Mameli

1874 Viene iniziata la costruzione del nuovo porto di Genova

1940–45 Genova dilaniata dai bombardamenti della II guerra mondiale

2001 Riunione del G8 a Genova. Durante il summit, Genova è devastata da gravi scontri di piazza che si concludono con la morte di uno studente

1800 — 1850 — 1900 — 1950 — 2000

1797 Nasce la Repubblica Democratica Ligure

1815 La Liguria entra a far parte del Regno di Sardegna che diverrà nel 1861 il Regno d'Italia.

1860 Da Quarto parte la spedizione dei Mille

Garibaldi parte da Quarto

1992 Colombiadi a Genova

Logo delle Colombiadi

2004 Genova Capitale Europea della Cultura

GENOVA
ZONA PER ZONA

Veduta d'insieme

Capoluogo della regione che per secoli ha dominato sul piano commerciale e politico, Genova la Superba vive di contrasti affascinanti e immediatamente percepibili. Nata a ridosso del mare, attorno al bacino del Porto Antico, ottimo approdo, ha poi fatto i conti con la presenza incombente dei monti. Alle strutture industriali del porto si addossa il labirinto dei *carruggi*, i vicoli della città medievale; a questi fanno seguito le grandi vie tracciate nel Cinquecento e Seicento, prospettive monumentali su cui si affacciano i grandiosi palazzi delle famiglie mercantili, mentre i quartieri della città ottocentesca e moderna si arrampicano sul pendio, adattandosi all'andamento del terreno. L'impressione d'insieme di una grande città alle prese con un territorio che impone leggi inflessibili è spettacolare, arricchita dalla sorprendente ricchezza di monumenti e dal rinnovato dinamismo di cui Genova ha dato prova a partire dall'Expo del 1992 e ancora nel 2004 come Capitale Europea della Cultura.

Palazzo Reale (p 77) *costruito nel '600, appartenuto ai Balbi, ai Durazzo e infine ai Savoia, è oggi sede della Galleria Nazionale.*

Il Palazzo del Principe (pp 78–9), *residenza privata del grande ammiraglio e uomo politico cinquecentesco Andrea Doria, conserva gli appartamenti decorati e i dipinti realizzati su sua commissione da artisti quali Perin del Vaga e Sebastiano del Piombo.*

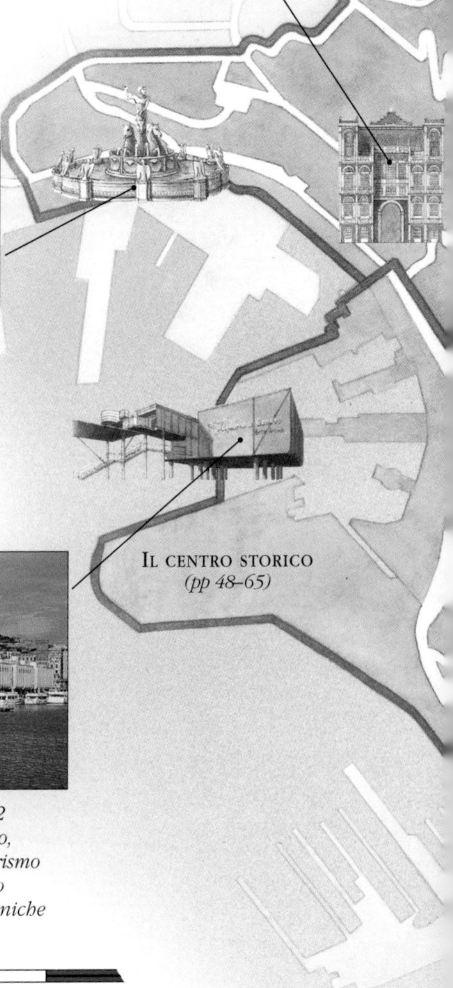

L'Acquario (pp 62–3), *aperto nel 1992 nel suggestivo scenario del Porto Antico, si è imposto fra le mete preferite del turismo in Italia per la qualità dell'allestimento e la ricchezza di specie animali e botaniche che rende accessibili al pubblico.*

◁ **Il Porto Antico di Genova, con la Sfera di Renzo Piano e il "Matitone"**

Fuori dal centro
(pp 80–9)

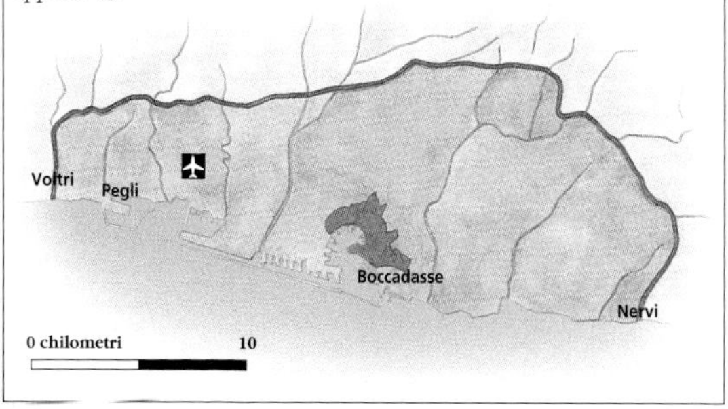

Via Garibaldi (pp 68–9) *fu tracciata nel 1550 per diventare il quartiere residenziale delle principali famiglie patrizie di Genova. Celebrata per secoli dai viaggiatori, si è conservata in modo mirabile fino a oggi.*

San Lorenzo (pp 52–3) *è la cattedrale di Genova, edificata in forme romanico-gotiche dal secolo XI al XIII. Pregevoli le sculture esterne e, all'interno, soprattutto le due cappelle Lercari e di San Giovanni Battista.*

Palazzo Ducale (p 54) *era la sede principesca del doge di Genova, e acquistò dimensione grandiosa nel Cinquecento. Attualmente i vasti spazi a disposizione vengono utilizzati per grandi mostre.*

IL CENTRO STORICO

Decorazione di Palazzo San Giorgio

IL CUORE ANTICO della città raccolto attorno al porto vecchio vive di un intreccio di viuzze, piazzette, improvvise salite, scalinate. È il più vasto centro medievale d'Europa, eccezionalmente conservato, nonostante l'abbandono in cui ancora versano alcune zone. Qui sorgono la cattedrale di San Lorenzo e quella che fu per secoli la sede del potere, Palazzo Ducale. Ricchezza pubblica e privata vi hanno lasciato tracce importanti: Palazzo San Giorgio e la Loggia dei Mercanti da un lato, le case dei Doria a piazza San Matteo e Palazzo Spinola dall'altro. Il rapporto della città col mare, reso difficile già nei secoli passati proprio dalle complesse strutture del porto, fu definitivamente compromesso nel corso del XX secolo dalla sopraelevata che corre lungo il litorale. L'obiettivo di riscattare l'area e di ristabilire il legame con il mare è stato raggiunto grazie al restauro e al recupero di molti edifici e agli ambiziosi progetti realizzati negli anni Novanta del Novecento: il riuscito intervento di Renzo Piano nel porto e il Teatro Carlo Felice di Aldo Rossi ne sono gli apici.

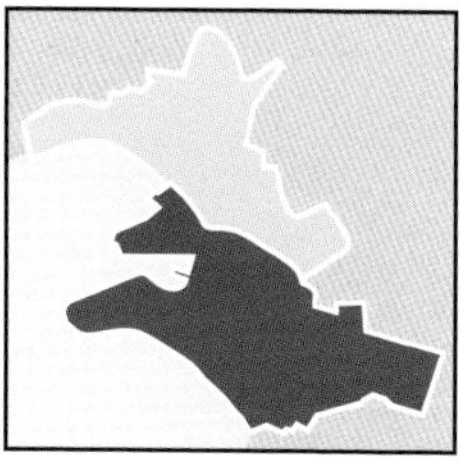

DA VEDERE

Edifici storici

Casa di Colombo ⓫
Loggia dei Mercanti ⓳
Porta Soprana o di Sant'Andrea ⓾

Strade e piazze storiche

Piazza Banchi ⓲
Piazza De Ferrari ❹
Piazza San Matteo ㉒
Porto Antico pp 60–1 ⓯

Musei e gallerie

Accademia Ligustica di Belle Arti ❺
Acquario pp 62–3 ⓰
Museo Civico di Storia Naturale Giacomo Doria ❽
Museo di Sant'Agostino ⓬
Palazzo Spinola ⓴

Teatri

Teatro Carlo Felice ❻

Chiese

Chiesa di Sant'Ambrogio o del Gesù ❸
San Donato ⓭
San Lorenzo pp 52–3 ❶
Santa Maria Assunta in Carignano ❾
Santa Maria delle Vigne ㉑
Santa Maria di Castello ⓮
Santo Stefano ❼

Palazzi

Palazzo Ducale ❷
Palazzo San Giorgio ⓱

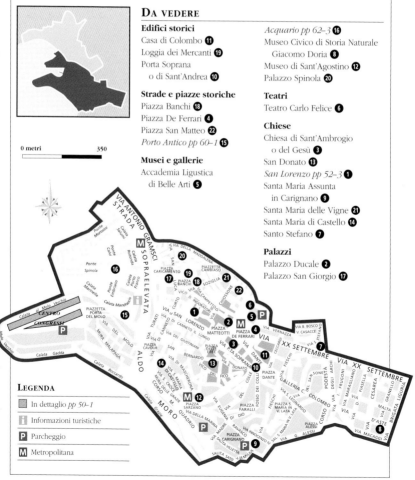

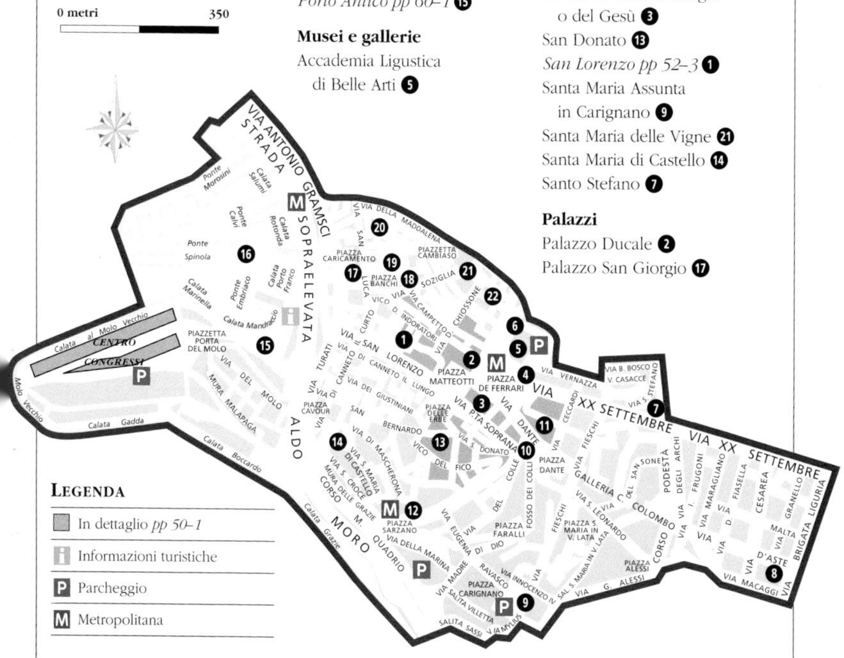

LEGENDA

In dettaglio *pp 50–1*
Informazioni turistiche
Parcheggio
Metropolitana

◁ La Lanterna, simbolo di Genova, è il più antico faro ancora in funzione

In dettaglio: intorno a piazza Matteotti

NEL FITTO TESSUTO URBANO del centro storico, il sagrato di San Lorenzo e la piazza Matteotti davanti a Palazzo Ducale aprono ampi squarci, con i quali confina piazza De Ferrari, importante realizzazione ottocentesca concepita per collegare quest'area con via XX settembre, il nuovo centro del commercio e degli affari. In questo intrico di strade non si ha quasi sentore del mare, se non quando se ne scorge a sorpresa la prospettiva azzurra. Innumerevoli i luoghi e i monumenti ricchi di suggestione: le chiese di antica origine, quali Santa Maria di Castello, Sant'Agostino, Santa Maria delle Vigne; gli spazi pubblici destinati alle funzioni più varie (piazza Banchi, piazza San Matteo, via di Sottoripa), e gli edifici privati e pubblici. Fra questi, la presunta casa di Colombo, l'aristocratico Palazzo Spinola, e il Palazzo San Giorgio, il cui prospetto affrescato offre un eccezionale colpo d'occhio dal mare.

★ Piazza San Matteo
Punto centrale della zona abitata per secoli dai Doria, la piazza conserva il suo assetto originale. Bellissima la chiesa di San Matteo, affiancata da un chiostro trecentesco 22

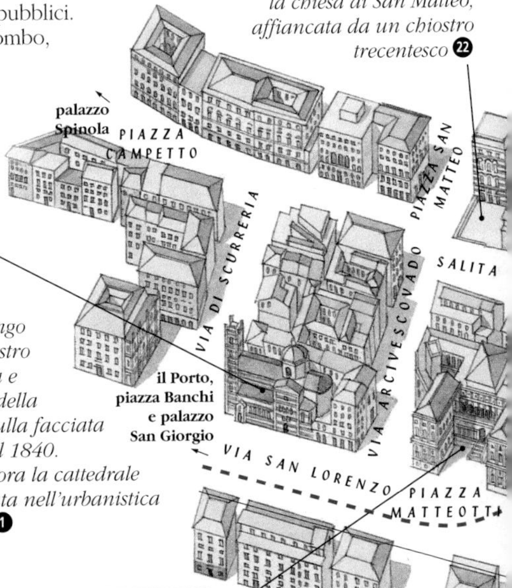

★ San Lorenzo
L'apertura di via San Lorenzo lungo il fianco destro della chiesa e l'aggiunta della scalinata sulla facciata risalgono al 1840. Fino ad allora la cattedrale era inglobata nell'urbanistica medievale 1

★ Palazzo Ducale
Sede del doge di Genova, ebbe origine nel Medioevo, ma deve le forme attuali al Cinquecento e al Settecento. Distribuito attorno a due vasti cortili porticati, ospita importanti mostre d'arte 2

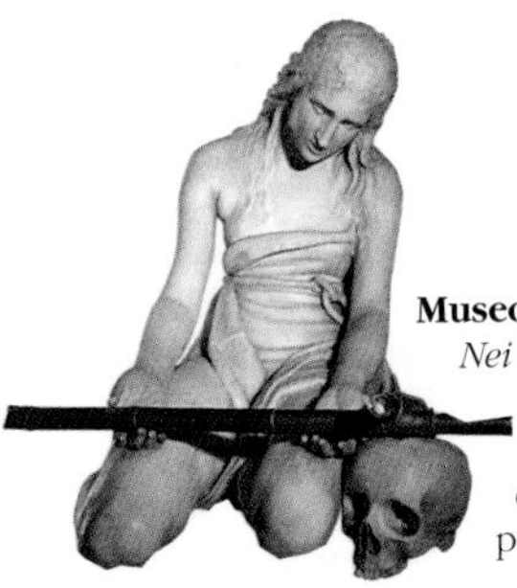

Museo di Sant'Agostino
Nei chiostri della distrutta chiesa di Sant'Agostino è allestito il Museo di Scultura e Architettura Ligure, che ospita la straordinaria Maddalena penitente *di Antonio Canova (nella foto)* 12

Chiesa del Gesù
Ricostruita su una chiesa preesistente dai gesuiti (fine del XVI secolo), ricorda con il suo fasto il "secolo d'oro" dei genovesi. Marmi intarsiati, stucchi e affreschi fanno da cornice a due tele importantissime di Rubens, il genio pittorico fiammingo che fu attivo per i patrizi genovesi ❸

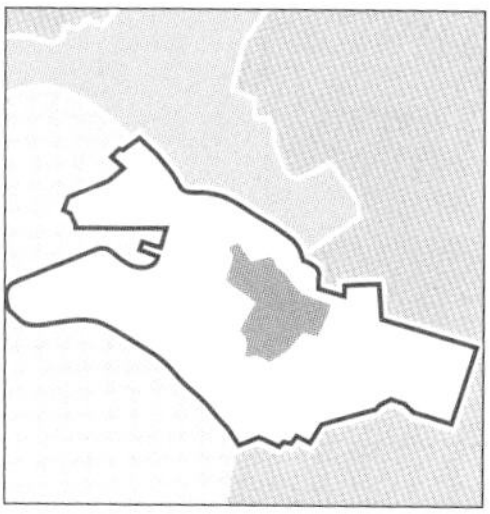

Nella cartina
Stradario, tavv 2, 3, 5 e 6

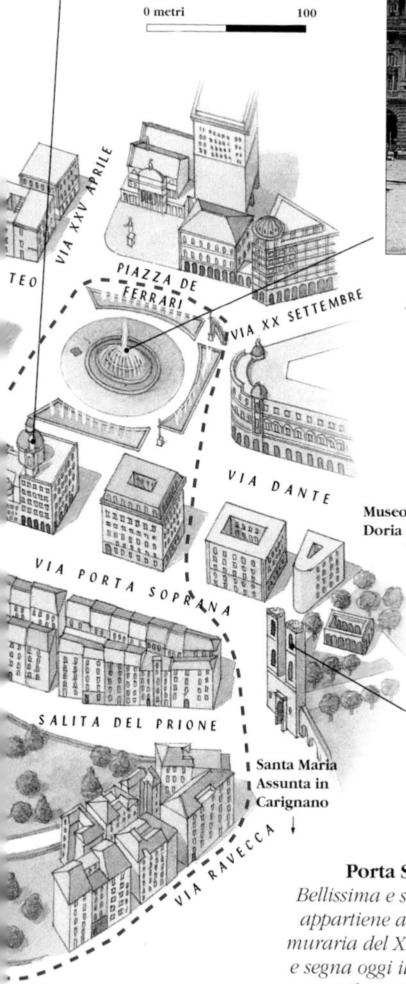

Piazza de Ferrari
La fontana al centro della piazza fu progettata nel 1936 da Giuseppe Crosa di Vergagni e donata alla città da Giuseppe Piaggio. Nel 2001 la piazza è stata ampiamente ridisegnata e trasformata in isola pedonale ❹

Da non perdere

★ **Palazzo Ducale**

★ **Piazza San Matteo**

★ **San Lorenzo**

Porta Soprana
Bellissima e svettante, appartiene alla cinta muraria del XII secolo, e segna oggi il confine tra il centro storico e la parte moderna della città. Non lontano sorge la casa di Colombo ❿

Legenda

- - - - Percorso consigliato

San Lorenzo ❶

La cupola della cappella di San Giovanni

RISALGONO AL IX SECOLO le prime notizie relative a San Lorenzo, quando la chiesa divenne cattedrale. Scelta perché ritenuta sicura, in quanto compresa entro la cinta muraria, venne riedificata all'inizio del XII secolo. Fu però nei primi decenni del Duecento che assunse l'aspetto attuale, prevalentemente gotico. Monumento affascinante e composito, la cattedrale reca importanti segni degli interventi succedutisi da allora: la parte alta della facciata, col rosone quattrocentesco e il coronamento delle torri laterali (XV e XVI secolo); le volte a botte delle navate e la cupola di Galeazzo Alessi, in sostituzione delle antiche capriate e tiburio; le cappelle di San Giovanni Battista e Lercari, e gli affreschi del coro, preziose aggiunte che datano dal XV al XVII secolo.

NOTE INFORMATIVE

Piazza San Lorenzo. **Tav** 5 C3.
Museo del Tesoro *010 247 18 31.* *9–12, 15–18 lun–sab; 15–18 prima dom del mese.* *su pren.*
www.museosanlorenzo.it
Museo Diocesano
Via Reggio 20r. *010 254 12 50.* *15–19 mart–dom (anche 10–13 mart, sab).* *su pren.*

Il campanile ha un coronamento del 1522.

Il rosone fu rifatto nel 1869; di quello originale, del 1476, restano i simboli dei quattro evangelisti.

★ Bassorilievi del portale maggiore
Punto nodale del percorso liturgico, nelle chiese medievali il portale introduce il fedele a importanti contenuti dottrinari. In San Lorenzo sono illustrate Storie di Maria *e l'*Albero di Jesse *sugli stipiti;* Cristo coi simboli degli evangelisti *e il* Martirio di San Lorenzo *nella lunetta.*

I leoni
I due leoni stilofori sono opera di Benedetto Antelami (XII secolo), mentre quelli ai lati della scalinata (nella foto) furono aggiunti nel 1840.

La volta del presbiterio e l'abside recano due affreschi di Lazzaro Tavarone (*San Lorenzo indica nei poveri il tesoro della Chiesa, Martirio del Santo,* 1622– 24); nell'abside si trova un bel coro ligneo cinquecentesco.

Cupola di Galeazzo Alessi (1556)

Nell'abside destra, cappella Senarega, il *Crocifisso con Maria, Giovanni e San Sebastiano* di Federico Barocci (1597).

★ Cappella di San Giovanni Battista
*Fu realizzata da Domenico ed Elia Gagini (attivi dal 1451 al 1465). Ha un prospetto marmoreo riccamente decorato, con coronamento gotico fiorito, e un interno impreziosito di marmi, che presenta alle pareti, entro nicchie, sei statue di Matteo Civitali (1496), e due (*Madonna, Il Battista, *1504) di Andrea Sansovino.*

★ MUSEO DEL TESORO

Aperto nel 1953, è una realizzazione museologica molto originale di Caterina Marcenaro e Franco Albini, e propone soluzioni fra le più raffinate del XX secolo.
Si sviluppa in ambienti sotterranei, quattro *tholoi* aperte su un ambiente centrale a pianta esagonale, rivestite di pietra di Promontorio, lo scuro materiale da costruzione tipico della Genova medievale.
Entro questa cornice suggestiva, isolati dall'illuminazione, sono esposti oggetti legati al culto e alla storia di Genova.
Tra i reperti più significativi, il Sacro Catino, opera di manifattura islamica del IX secolo, tradizionalmente identificato con il Graal, ossia il piatto usato da Gesù nell'Ultima Cena; la Croce degli Zaccaria, reliquiario bizantino del XII secolo in oro e gemme; il piviale di papa Gelasio, in broccato tessuto a fili d'oro e d'argento (XV secolo); l'Arca delle Ceneri di San Giovanni Battista (in argento sbalzato, XII secolo), forse donata alla cattedrale dall'imperatore Federico Barbarossa.

La Croce degli Zaccaria

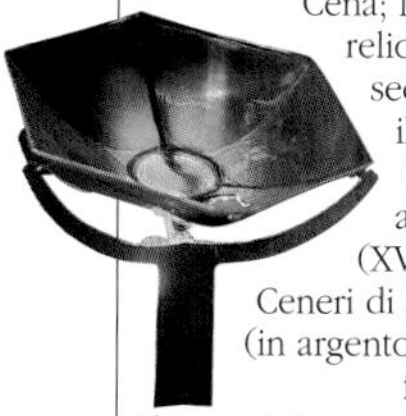

Il Sacro Catino, IX secolo

DA NON PERDERE

- ★ **Bassorilievi del portale maggiore**
- ★ **Cappella di San Giovanni Battista**
- ★ **Museo del Tesoro**

Palazzo Ducale ❷

Piazza Matteotti 9. **Tav** 5 C3.
010 557 40 00.
gli orari variano a seconda delle esposizioni. *lun.* *solo esterni.*
www.palazzoducale.genova.it

IL PALAZZO, costruito nel corso del Medioevo, è così chiamato dal 1339, quando vi ebbe luogo l'elezione del primo doge, Simon Boccanegra. Venne portato alle dimensioni attuali fra il 1591 e il 1620 circa da Andrea Ceresola, detto il Vannone, architetto camerale.
Il palazzo presenta due prospetti principali: quello su piazza De Ferrari mostra una vivace decorazione ad affreschi; quello su piazza Matteotti spetta all'architetto neoclassico Simone Cantoni, che ricostruì la parte del palazzo distrutta da un incendio nel 1777. La facciata settecentesca, a due piani con attico, è ritmata da coppie di colonne e presenta statue e trofei nel coronamento. L'edificio si organizza attorno all'atrio, che dà adito al piano nobile mediante uno scalone a due rampe ornato da affreschi di Lazzaro Tavarone e Domenico Fiasella, e ai vasti ed eleganti cortili porticati ai lati. Al piano superiore alcuni degli ambienti di rappresentanza sono di grande pregio: **la cappella** è affrescata da Giovanni Battista Carlone (1655) con scene della storia di Genova volte a celebrare la gloria della città, tema cui è dedicata anche la decorazione delle **sale del Maggiore** e del **Minore Consiglio**.
Nel **salone** la decorazione architettonica spetta a Simone Cantoni; quella pittorica, fra gli altri, a Giovanni David (1780 circa). Dopo il restauro effettuato in occasione dell'esposizione colombiana del 1992, Palazzo Ducale è diventato sede di grandi mostre.

Battiporta a forma di tritone sul portale

Chiesa di Sant'Ambrogio o del Gesù ❸

Via Francesco Petrarca 1. **Tav** 5 C4.
010 251 41 22. *10.30–12, 16–19 tutti i giorni, dom fino alle 21.30.* *con autorizzazione.*

FU EDIFICATA DAI GESUITI a partire del 1589 sulla preesistente chiesa di Sant'Ambrogio, e intitolata al nome di Gesù. La facciata, corrispondente al progetto originario di Giuseppe Valeriani, fu tuttavia completata solo alla fine del XIX secolo. L'interno è ad aula unica con cupola.

***Sant'Ignazio guarisce un'ossessa*, Rubens, chiesa del Gesù**

Preziose decorazioni a marmi policromi ornano il pavimento, i pilastri e le pareti delle cappelle laterali, completate da stucchi dorati e da affreschi di Giovan Battista Carlone, risalenti alla seconda metà XVII secolo, nella parte alta delle pareti. Fra i preziosi dipinti che la chiesa conserva vanno ricordate le opere di Guido Reni, tra cui un'*Assunzione*, e di Simon Vouet, e soprattutto le tele commissionate dai Pallavicino a Pieter Paul Rubens: la *Circoncisione* (1605) e *Sant'Ignazio guarisce un'ossessa* (prima del 1620), capolavori che precorrono lo stile barocco.

Uno dei grandi cortili interni di Palazzo Ducale

Piazza De Ferrari ❹

Tav 6 D4.

APERTA ALL'INIZIO del '900 per fungere da snodo viario fra il centro storico e il Ponente, fu organizzata attorno ai preesistenti prospetti dell'Accademia Ligustica e del Teatro Carlo Felice di Carlo Barabino, realizzati negli anni venti dell'Ottocento, cui si aggregarono palazzi di stile eclettico (palazzo del Credito Italiano e della Borsa fra gli altri). La realizzazione del nuovo teatro (conclusa nel 1991), distrutto nel corso dell'ultima guerra, ne ha modificato l'aspetto. Ulteriori interventi sono stati effettuati nel 2001.

Accademia Ligustica di Belle Arti 5

Largo Pertini 4. **Tav** 6 D3.
010 581 957. *15–19 mart–dom.* *lun.* *su prenotaz.*
con autorizzazione.
www.accademialigustica.it

FONDATA NEL 1751 da un gruppo di aristocratici e studiosi come scuola di Belle Arti, l'Accademia ha sede nel palazzo appositamente costruito da Carlo Barabino (1826–31). L'edificio ospita al primo piano il museo, che dal 1980 espone dipinti e disegni acquisiti grazie a numerose donazioni. Nelle sale si susseguono opere dal '400 all'800: fra esse dipinti dei maggiori artisti liguri (Bernardo Strozzi, il Grechetto, Gregorio De Ferrari fra gli altri) o attivi a Genova (Perin del Vaga, Anton Raphael Mengs).

Il *Polittico di Sant'Erasmo* di Perin del Vaga

Teatro Carlo Felice 6

Passo Eugenio Montale 4. **Tav** 6 D3.
010 538 11, biglietteria 010 589 329 oppure 010 591 697.
lun per visite.
www.carlofelice.it

Il palcoscenico del Teatro Carlo Felice

IL PRONAO NEOCLASSICO e il portico di Carlo Barabino, sopravvissuti ai bombardamenti del 1943–44, introducono alla parte moderna, costruita su progetto di Ignazio Gardella, Aldo Rossi, Fabio Reinhart (1991), e dominata dall'enorme costruzione squadrata punteggiata di piccole finestre. Ben quattro piattaforme mobili costituiscono la scena, manovrata attraverso un complesso sistema computerizzato: questo rende il teatro uno dei più innovativi in Europa.

Santo Stefano 7

Piazza Santo Stefano 2. **Tav** 6 E4.
010 587 183. *15.30–18.30 mart–sab; 15.30–17 dom.* *lun.*

COSTRUITA ALLA FINE del XII secolo in stile romanico, sorge sul sito di un'abbazia benedettina esistente fin dal Mille. Ha subìto importanti restauri in seguito ai danni riportati nell'ultima guerra. Sulla facciata a fasce marmoree bianche e nere, caratteristiche del romanico pisano e ligure, si apre un portale strombato sormontato da un grande oculo e da una bifora. Di grande interesse è la parte absidale, in laterizio, ornata da archi ciechi sormontati da arcatelle. La torre campanaria e il tiburio trecenteschi sono in mattoni a vista. All'interno, nel presbiterio, si conservano il *Martirio di Santo Stefano*, capolavoro di Giulio Romano (1524), e dipinti di vari artisti genovesi e lombardi fra cui Valerio Castello, Gregorio De Ferrari, Giulio Cesare Procaccini.

Museo Civico di Storia Naturale Giacomo Doria 8

Via Brigata Liguria 9. **Tav** 6 F5.
010 564 567. *9–19 mart–ven; 10–19 sab e dom.* *lun.*
su prenotazione.
www.museodoria.it

NATO NEL 1867 per iniziativa del marchese Giacomo Doria, che ne fu direttore per oltre quarant'anni, il museo occupa la sede attuale dal 1912. Possiede importanti reperti zoologici: al pianterreno, nel Salone di paleontologia si conserva lo scheletro di *Elephas antiquus italicus*, rinvenuto a Viterbo nel 1941, cui seguono dieci sale dedicate ai mammiferi, in cui è ricostruito l'habitat degli animali. Al primo piano sono esposte le importanti raccolte di uccelli, rettili, anfibi, farfalle e insetti. Il museo svolge intensa attività didattica, promuovendo di frequente conferenze e mostre.

La chiesa di Santo Stefano, con il trecentesco campanile in mattoni a vista

Basilica di Santa Maria Assunta in Carignano 9

Piazza di Carignano. **Tav** 3 A4.
010 540 650. *7.30–11.30, 16–18,30 tutti i giorni.*

FU PROGETTATA sulla collina prossima al centro della città da Galeazzo Alessi, grande architetto perugino, a partire dal 1549. Venne però terminata solo cinquant'anni più tardi da maestranze che portarono a esecuzione i disegni. Una monumentale scalinata, prevista da Alessi ma realizzata nell'Ottocento, precede l'ampia facciata, affiancata da due campanili e sormontata da una cupola con alto tamburo e da quattro più piccole. Il ricco decoro scultoreo della facciata, spettante a Claude David (XVIII secolo), comprende la statua dell'*Assunta* sul portale e quelle dei Santi Pietro e Paolo nelle nicchie laterali. Sui tetti e attorno alla cupola corre una balconata, che sfrutta la posizione panoramica della chiesa. All'interno prosegue l'armonioso motivo delle paraste con capitelli corinzi dell'esterno. Come nella basilica di San Pietro a Roma, i quattro enormi pilastri che reggono la cupola sono ornati da nicchie che ospitano statue (fra queste *San Sebastiano e Beato Alessandro Sauli* di Pierre Puget); al secondo altare destro il *Martirio di San Biagio* di Carlo Maratta, al sesto sinistro la celebre *Pietà* di Luca Cambiaso (1571 circa). Altri dipinti, talvolta adattati per trovare collocazione nella chiesa, spettano a Domenico Fiasella, Aurelio Lomi, il Guercino. Notevole anche l'organo, del 1656.

La statua dell'*Assunta*, Santa Maria in Carignano

Le due maestose torri di Porta Soprana, nella parte orientale delle mura

Porta Soprana o di Sant'Andrea 10

Via Di Ravecca 47 nero. **Tav** 6 D4.
010 246 53 46.
10–18 sab, dom e festivi. *giorni feriali, solo gruppi su prenotazione, a pagamento.*
con autorizzazione.
PortaSoprana@libero.it

CORRISPONDE A UN VARCO aperto nelle mura del IX secolo per collegare Genova al Levante, ma la struttura attuale è parte della cinta costruita nel 1155 per difendere Genova da un possibile attacco di Federico Barbarossa. È simile alla Porta di Santa Fede, sul versante opposto del centro. I restauri condotti fra Otto e Novecento hanno liberato la porta dalle sovrastrutture aggiunte nei secoli, e riportato alla luce l'arco a sesto acuto affiancato da due imponenti torri cilindriche merlate, ornate da arcatelle e da cornici marcapiano in rilievo.

Casa di Colombo 11

Vico dritto di Ponticello. **Tav** 6 D4.
010 246 53 46.
10–18 sab, dom e festivi. *(minimo 20 persone), su prenotazione.*

SECONDO LA TRADIZIONE, nei pressi di Porta Soprana sorgerebbe la modesta casa nella quale il grande navigatore, nato nel 1451, avrebbe trascorso la giovinezza. Quella che si visita attualmente è una ricostruzione settecentesca, seguita alla distruzione durante i cannoneggiamenti francesi del 1684, della

La modesta abitazione di Cristoforo Colombo

casa dove si presume che Cristoforo Colombo abbia vissuto. Il restauro effettuato in occasione delle celebrazioni colombiane (1987–88) ha riguardato anche l'attiguo **chiostro di Sant'Andrea**, unico resto di un monastero benedettino demolito all'inizio del Novecento.

Museo di Sant'Agostino ⓬

Piazza Sarzano 35 rosso. **Tav** 5 C5.
010 251 12 63. *9–19 mart–ven; 10–19 sab e dom.*
lun.

LA CHIESA duecentesca, unica superstite nel centro storico di tante distrutte dai bombardamenti, o prima ancora per far posto agli ampliamenti ottocenteschi, funge attualmente da auditorium. Presenta una facciata a fasce bianche e nere, caratteristiche tipiche del romanico ligure, e un campanile, sulla destra, con coronamento rivestito di maioliche dalla vivace policromia. Gli ambienti dell'ex convento degli Agostiniani e i chiostri (quello triangolare dei sec. XIV–XV, e quello rettangolare del Settecento, completamente ristrutturato e spostato dagli architetti Franco Albini e Franca Helg per realizzare l'esposizione negli anni 1977–80) ospitano il **museo**, che raccoglie sculture, affreschi staccati, frammenti architettonici, testimonianze dell'arte a Genova dall'Alto Medioevo al XVIII secolo. Pregevolissime due sculture di età diversa: i resti del monumento funebre di Margherita di Brabante, eseguito a Pisa da Giovanni Pisano nel 1313–14 in onore della moglie dell'imperatore Arrigo VII, morta a Genova nel corso di un viaggio, in precedenza conservato nella chiesa di San Pietro in Castello, e la *Maddalena penitente*, opera di Antonio Canova (1796).

Monumento funebre di Margherita di Brabante

San Donato ⓭

Piazzetta San Donato 10. **Tav** 5 C4.
010 246 88 69. *8–12, 15–19.*
16–30 ago.

È FRA I MIGLIORI esempi di architettura romanica a Genova, costruita nel corso del XII secolo. La facciata reca notevoli segni dei rifacimenti di fine Ottocento, eseguiti da Alfredo D'Andrade, che aggiunse il rosone e il protiro, mentre è originale e di grande bellezza il portale strombato con arco spezzato, nel quale è inserito un architrave romano riutilizzato. L'elemento più interessante dell'edificio, perché caratteristico degli inizi dell'architettura romanica, è la torre nolare, ovvero il campanile, costruita all'incrocio dei bracci della chiesa. A pianta ottagonale, con tre ordini di bifore (il terzo è un'aggiunta ottocentesca), è stata scelta come modello dai progettisti della Torre nord di San Benigno, il cosiddetto "Matitone". Sul fianco destro della chiesa, l'edicola con la statua della *Madonna col Bambino*, del XVIII secolo, è una delle tante che ornano (e in passato ornavano in numero ancora maggiore) il centro storico. Il suggestivo interno è a tre navate con colonne corinzie, sormontate da una galleria di bifore: alcune delle colonne sono romane. Importanti la *Madonna col Bambino* di Nicolò da Voltri, datata 1401, all'altare dell'abside destra e, nella cappella di San Giuseppe nella navata sinistra, il bellissimo trittico a sportelli del fiammingo Joos van Cleve, che raffigura nella tavola centrale l'*Adorazione dei Magi* (1515 circa).

Il campanile di San Donato

ARTE CONTEMPORANEA A VILLA CROCE

Villa Croce, immersa nel verde

Il Museo d'Arte Contemporanea è stato inaugurato nel 1985 nella villa di fine Ottocento in stile classicheggiante donata dalla famiglia Croce nel 1951. L'edificio, circondato da un grande parco che si affaccia sul mare, possiede attualmente circa tremila opere che documentano in particolare la grafica italiana e l'arte astratta fra gli anni 1930 e 1980 (con nuclei importanti soprattutto di Fontana e Licini). Segue inoltre la ricerca artistica genovese e ligure contemporanea e la promozione di giovani talenti, attraverso la raccolta di opere, l'organizzazione di mostre e l'attività dell'archivio digitalizzato, che raccoglie proprio materiali relativi alla situazione locale.

Via Jacopo Ruffini 3. *010 580 069.* *9–13 mart–sab; mostre: 9–19 mart–ven, 10–19 sab e dom.* W www.museovillacroce.it

Santa Maria di Castello ⓮

Salita Santa Maria di Castello 15 . **Tav** 5 B4. *010 246 87 72.*
9–12, 15.30–18.30 lun–sab; 15.30–18.30 dom e festivi.

SORGE SUL COLLE del *Castrum*, attorno al quale si sviluppò il nucleo più antico della città, ed è tra le chiese genovesi dal passato più illustre. Venne riedificata su un precedente luogo di culto nel XII secolo, età di grande fervore edilizio, nelle forme romaniche che ancora conserva. A metà del Quattrocento, quando tutta Genova viveva un momento di grande mecenatismo dei privati, venne affidata ai domenicani che fecero costruire il convento e i suoi tre chiostri, la cui decorazione (voluta dai Grimaldi) fece del complesso un punto di riferimento per la cultura artistica cittadina, destinato a essere confermato nei secoli seguenti dall'affidamento delle cappelle laterali della chiesa a famiglie aristocratiche, che ne patrocinarono la decorazione. La facciata è tripartita da lesene e coronata da una cornice di archetti ciechi. Nel portale centrale è riutilizzato un architrave romano. L'interno è a tre navate, con colonne in granito rosso ornate da capitelli corinzi, per la maggior parte provenienti da edifici romani. L'abside, le cappelle laterali e la cupola sono frutto degli ampliamenti succedutisi dal Quattro al Settecento.

La Loggia dell'Annunciazione, Santa Maria di Castello

Nella **cappella del Battistero** si conserva un sarcofago di origine romana; nella cappella del transetto sinistro *La Vergine con le Sante Caterina e Maddalena e l'effigie di San Domenico* del Grechetto. All'altare maggiore è collocato il gruppo marmoreo di Domenico Parodi raffigurante l'*Assunzione* (fine del XVII secolo). La loggia del secondo chiostro, detta **Loggia dell'Annunciazione**, presenta sulla volta tondi con *Sibille* e *Profeti*, e sulla parete destra l'*Annunciazione*, affresco di Giusto di Ravensburg, firmato e datato 1451. Nel **museo**, collocato in una sala del convento, sono esposte opere come *Il Paradiso* e *La conversione di San Paolo* di Ludovico Brea (1513); l'*Immacolata Concezione*, scultura lignea di Anton Maria Maragliano, e la *Madonna con Bambino*, tavola di Barnaba da Modena (XIV secolo). A sinistra della chiesa la **Torre degli Embriaci**, del XII secolo, svetta per ben 41 metri sulla discesa antistante. È testimonianza della potenza medievale della famiglia omonima, che in questa zona, come altre consorterie patrizie, aveva il proprio quartiere.

Porto Antico ⓯

Vedi pp 60–1.

Acquario ⓰

Vedi pp 62–3.

La facciata affrescata di Palazzo San Giorgio

Palazzo San Giorgio ⓱

Via della Mercanzia 2. **Tav** 5 B3. *010 241 26 25.*
su prenotazione. Per mostre ed esposizioni chiedere telefonicamente gli orari di visita.

È TRADIZIONALMENTE identificato con la prigione nella quale Marco Polo, dopo la battaglia di Curzola che aveva opposto veneziani e genovesi (1298), avrebbe iniziato a dettare al compagno di cella Rustichello il *Milione*. È costituito da due edifici nettamente distinti: una parte medievale rivolta verso la città, costruita da fra' Oliverio nel 1260 come sede del governo e divenuta successivamente Palazzo della Dogana e poi del Banco di San Giorgio (1407), e un ampliamento realizzato nel 1570 verso il mare. Questa porzione monumentale si affaccia sul porto con il prospetto, messo in luce dal restauro del 1990, affrescato da Lazzaro Tavarone (1606–8) e ripreso agli inizi del Novecento da Lodovico Pogliaghi. L'allargamento del palazzo, che comportò anche grandi ristrutturazioni

Particolare della facciata di Palazzo San Giorgio

della parte antica (pesantemente restaurata da Alfredo D'Andrade alla fine dell'Ottocento) fu motivato dal fatto che il Banco di San Giorgio, che amministrava i ricavi delle gabelle riscosse dalla Repubblica e ne gestiva le colonie, era diventato potentissimo. Ora è sede del Consorzio Autonomo del Porto di Genova. All'interno il **Salone delle Compere** è ornato dalle statue dei Protettori del Banco (XVI secolo) collocate in nicchie, dallo *Stemma di Genova con i simboli della Giustizia e della Fortezza* (Francesco De Ferrari, 1490–91) e dalla tela raffigurante la *Madonna regina di Genova e San Giorgio* di Domenico Piola. La **Sala dei Protettori** presenta un monumentale camino, opera di Gian Giacomo Della Porta (1554). Sono visitabili anche la Manica Lunga e la Sala del Capitano del Popolo.

Piazza Banchi ⓲

Tav 5 B3.

Lungo piazza Caricamento, su cui si affaccia la parte cinquecentesca di Palazzo San Giorgio, corre la caratteristica strada porticata di **Sottoripa**, che risale al XII secolo e fu concepita in stretto rapporto col mare, al quale era vicinissima. Attualmente ospita, come in passato, botteghe in cui è possibile acquistare disparate specialità alimentari. Da qui la via al Ponte Reale porta a **piazza Banchi**, centro commerciale della città fino al Settecento e fondamentale incrocio fra l'asse viario che dal porto conduce verso l'interno e il lungo percorso parallelo al porto delle vie Canneto il Curto e San Luca.
Nella piazza già nell'Alto Medioevo si teneva un fiorente mercato del grano, e presto vi si installarono i banchi di cambio, dove affluivano mercanti di ogni paese. Dopo un incendio provocato dalle fazioni cittadine in lotta nel 1398 si provvide a sistemare i banchi nella loggia (più tardi murata) del **Palazzo Di Negro**, posto di fronte alla **chiesa di San Pietro in Banchi**.
Distrutta dall'incendio della piazza, la chiesa venne ricostruita a partire dal 1570 circa su progetto di Bernardino Cantone, con una forma di autofinanziamento che comportò la costruzione e la successiva vendita di alcune botteghe al piano terra. La chiesa è quindi sopraelevata su una terrazza raggiunta da una scenografica scalinata, è a pianta centrale sormontata da una cupola ottagonale con tre pinnacoli (dei quattro previsti dal progetto) e presenta sulla facciata affreschi di Giovanni Battista Baiardo (circa 1650), restaurati negli anni Novanta del XX secolo.

Piazza Banchi con la chiesa di San Pietro in Banchi sullo sfondo

La cinquecentesca Loggia dei Mercanti in piazza Banchi

Loggia dei Mercanti ⓳

Piazza Banchi. **Tav** 5 B3.
010 557 111.
per mostre ed esposizioni.

Costruita fra il 1589 e il 1595 su progetto di Andrea Ceresola, il Vannone, per ospitare l'attività dei banchieri, completa organicamente la piazza. La loggia era la tipica struttura degli edifici destinati ai commerci nel Medioevo, di cui restano molteplici tracce nel centro storico: quella di piazza Banchi ha pianta rettangolare e volta a botte sostenuta da archi su colonne binate, ed è aperta solamente su due lati, cui furono aggiunte le vetrate nel corso dell'Ottocento. L'esterno è decorato da un fregio di Taddeo Carlone (XVI secolo); l'aula interna da un affresco di Pietro Sorri raffigurante la *Madonna con Bambino e i Santi Giovanni Battista e Giorgio*.
Nel 1855 divenne sede della prima Borsa merci italiana; attualmente viene utilizzata dal comune come sede espositiva.

Porto Antico ⓯

SEPARATO PER SECOLI dalla città, per uno dei tanti paradossi di Genova, il Porto Antico è stato sede dell'Expo delle celebrazioni colombiane nel 1992, divenute l'occasione per recuperare il suo rapporto con il centro storico. Il progetto dell'architetto Renzo Piano ha fatto di questa zona un polo di grande interesse, attraverso il ripristino e l'adattamento a nuova funzione di edifici in disuso, come gli ottocenteschi Magazzini del cotone, e la costruzione di opere come il Bigo, il Padiglione Italia e l'Acquario, la cui struttura evoca usi propri della marineria, contribuendo a esaltare la memoria e il significato di questo luogo.

Porta del Molo
Detta anche Porta Siberia, fu realizzata nel 1553 da Galeazzo Alessi. Nel XVI secolo era baluardo difensivo del porto e luogo per la riscossione dei dazi. All'interno il Museo Luzzati.

★ Bigo
L'ascensore panoramico, progettato da Renzo Piano, si ispira all'alberatura di un veliero. Dall'altezza di circa 60 metri offre una vista spettacolare sul bacino portuale e la città.

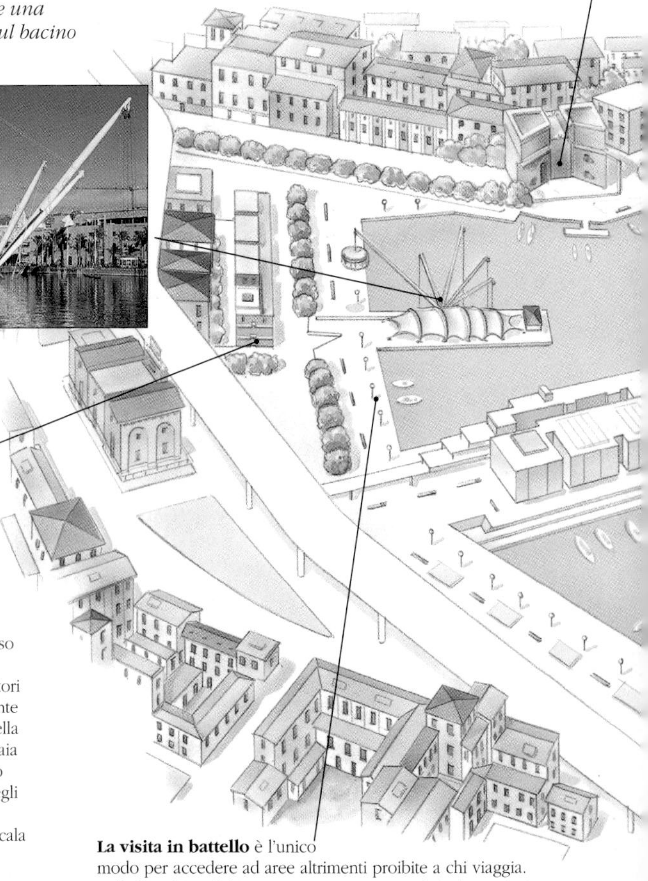

Il Museo Nazionale dell'Antartide "Felice Ippolito" è collocato nel quartiere Millo (1876), restaurato in occasione delle Colombiadi. Il percorso espositivo porta a conoscenza dei visitatori i caratteri del continente antartico e l'attività della missione italiana di Baia Terra Nova, attraverso ricostruzioni fedeli degli ambienti di vita degli animali e modelli in scala della base italiana.

La visita in battello è l'unico modo per accedere ad aree altrimenti proibite a chi viaggia. Dalle banchine del Porto Antico si muovono le imbarcazioni per una visita guidata della durata di 45 minuti. Di grande interesse le attività e le strutture del porto, il panorama mozzafiato di Genova che si gode dal mare.

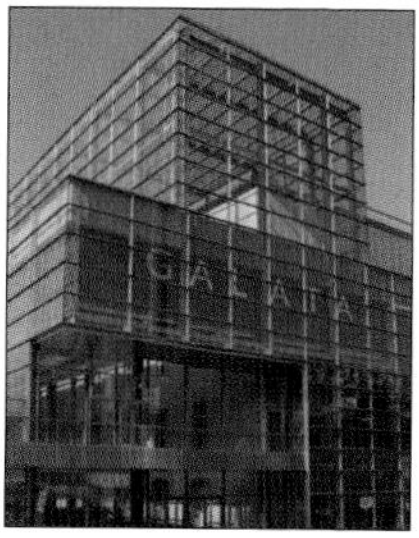

★ Galata Museo del Mare

Inaugurato nel 2004 è il più grande museo marittimo del Mediterraneo e unisce vocazione storica e innovazione, dalle sale dedicate a Cristoforo Colombo alla ricostruzione di una galea seicentesca: grazie a simulazioni, effetti sonori, video e suggestive ambientazioni, si rivive l'emozione della vita di bordo.

La Città dei Bambini è il principale spazio ludico-didattico (2700 mq) esistente in Italia, pensato per bambini e ragazzi. Lungo vari percorsi, installazioni e animatori portano i visitatori a "fare o fare insieme per scoprire e apprendere divertendosi". Al piano superiore, la Biblioteca Internazionale per ragazzi E. De Amicis, tra le più importanti in Italia.

NOTE INFORMATIVE

Tav 5 A2. 📞 010 234 51.
W www.portoantico.it
Galata Museo del Mare 📞 010 234 56 55. ☀ mar–ott: 10–19.30 mart–dom; nov–feb 10–18 mart–ven, 10–19.30 sab, dom e fest.
Museo Luzzati 📞 010 253 03 28. ☀ variabile. **Museo Nazionale dell'Antartide** 📞 010 254 36 90. ☀ ott–mag: 9.45–17.30 mart–ven, 10–18 sab, dom e fest; giu–set: 10.30–18.30 mart–dom.
Città dei Bambini 📞 010 247 57 02. ☀ ott–giu: 10–18; lug–set: 11.30–19.30. ● lun. **Sfera** ☀ 9.30–tramonto mart–dom.
Giri turistici in battello Alimar 📞 010 256 775. Cooperativa Battellieri 📞 010 265 712.

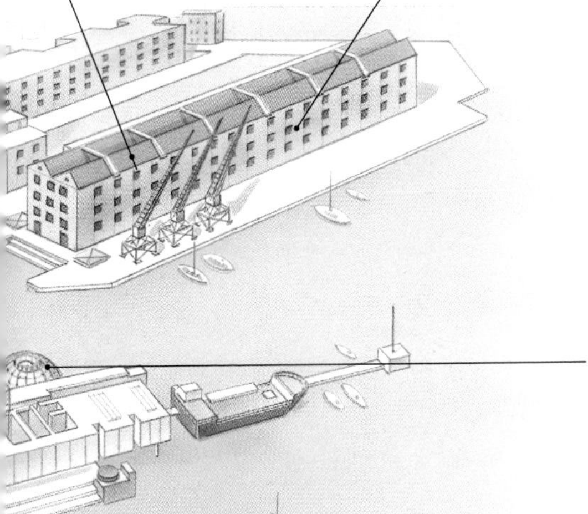

La Sfera di Renzo Piano

Costruita accanto all'Acquario nel 2001, questa serra ospita rari esemplari di felci e felci arboree. Realizzata in metallo e pannelli di vetro, ha una superficie totale di oltre 200 mq.

Galata Museo
del Mare

DA NON PERDERE

★ Bigo

★ Galata Museo del Mare

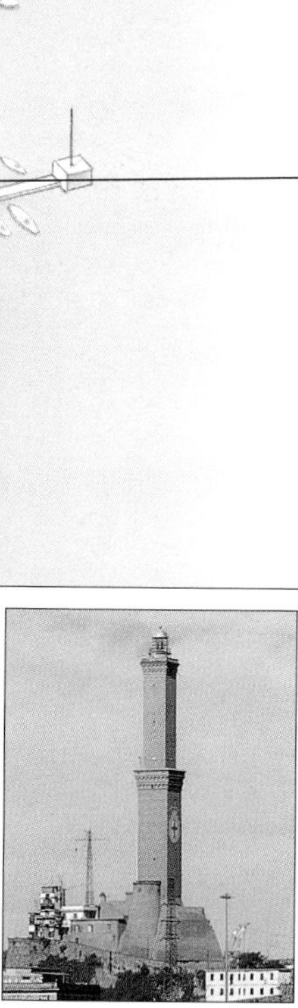

LA LANTERNA

È il simbolo di Genova, uno dei più antichi fari in funzione. Il faro originario risale al XII secolo; distrutto dall'esercito francese di Luigi XIII, fu ricostruito nelle forme attuali, a due torri sovrapposte, nel 1543 sul colle di San Benigno, poi demolito per fare posto al porto. Il faro ha una portata di 33 miglia. Oggi ospita un museo multimediale.

Acquario ⓰

La tartaruga verde Ari

Creato in occasione dell'Expo '92 su progetto di Renzo Piano e dell'architetto americano Peter Chermayeff per la parte più strettamente tecnica, ha la forma di un vascello ancorato nel porto e proteso verso il mare aperto. È il più grande acquario d'Europa, visitato ogni anno da più di un milione di persone. Far scoprire e amare il mare e rendere consapevoli i visitatori di quanto la vita degli uomini sia legata agli oceani sono gli scopi, pienamente raggiunti, che lo staff si propone. Ci si muove fra spettacolari ricostruzioni dei più diversi ecosistemi del pianeta, che rendono possibile una visione ravvicinata e inedita di animali, ambienti, fondali.

★ Foresta dei colibrì
Riproduce una lussureggiante foresta pluviale, habitat dei più piccoli uccelli del mondo, incantevoli per l'iridescenza delle piume e stupefacenti per la velocità del battito d'ali.

Scogliera corallina del Madagascar
Il corallo è habitat ideale per innumerevoli specie di pesci, fra i quali la murena e il pesce palla. Di fronte è allestito il nuovo terrario con specie endemiche dell'isola.

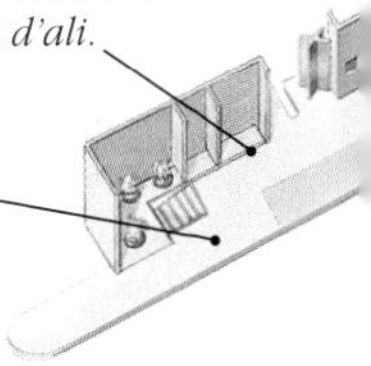

Scogliera mediterranea

La Grande Nave Blu
è una vera nave di cui l'Acquario si è arricchito nel 1998. Ben 2500 mq di esposizione, con 19 vasche.

La Foresta umida del Madagascar
ricostruisce l'habitat di quest'isola africana, paradiso dei naturalisti, che abbonda di specie vegetali e animali uniche al mondo. In questa zona dell'Acquario è ospitato il coccodrillo del Nilo.

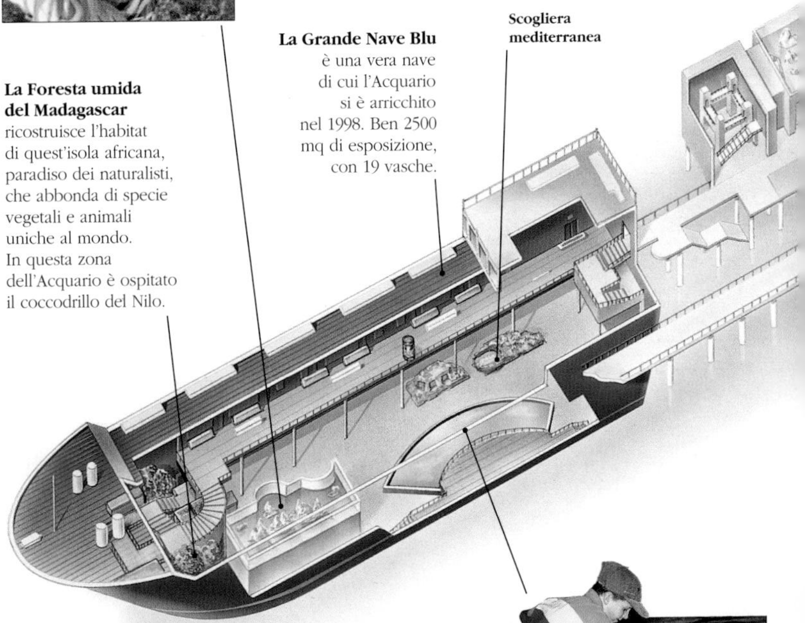

★ Vasca tattile
Una delle attrazioni più affascinanti: consente di toccare con mano razze, gallinelle, rombi e altri pesci, che si avvicinano con grande confidenza alle mani che sporgono per accarezzarle.

★ Vasca degli squali
La grande vasca ospita squali grigi, squali toro e, ultimo arrivo, il pesce sega (nella foto).

NOTE INFORMATIVE

Porto Antico, ponte Spinola.
Tav 5 A2. *010 234 56 78.*
www.acquariodigenova.it
mar–giu, set–ott: 9–19.30 lun–ven, 9–22 gio, 9–20.30 sab, dom, fest e prefest; lug–ago: 9–23; nov–feb: 9.30–19.30 lun–ven, 9.30–20.30 sab, dom, fest e prefest.

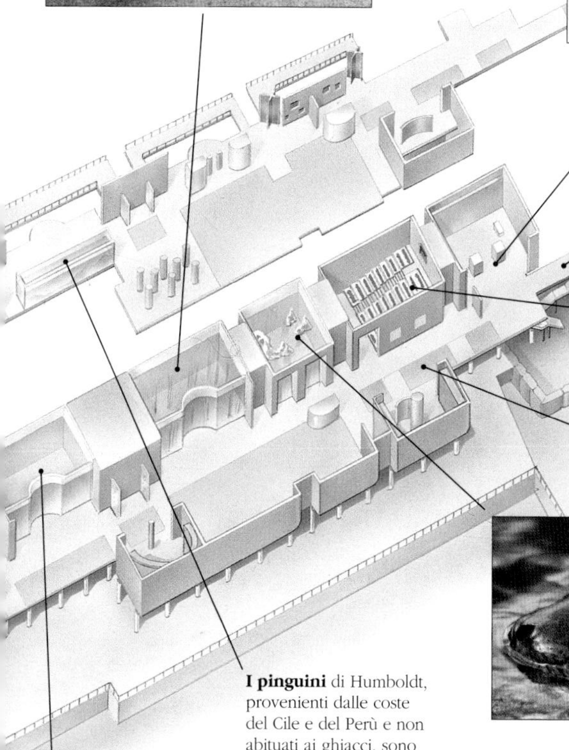

I pinguini di Humboldt, provenienti dalle coste del Cile e del Perù e non abituati ai ghiacci, sono ospitati al secondo piano dell'Acquario.

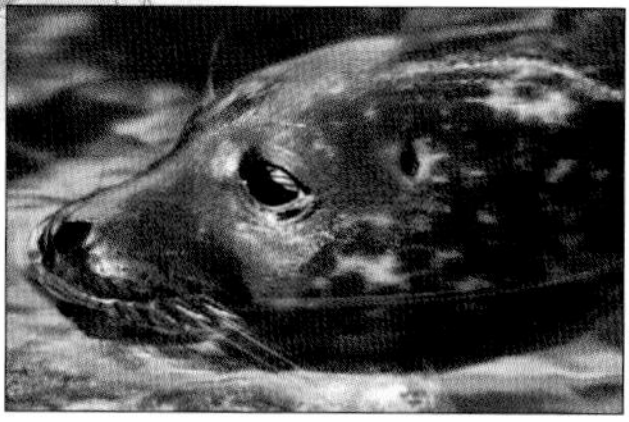

Vasca delle foche
Nel luglio 2001 Penelope (nella foto) è venuta alla luce grazie al primo intervento al mondo di parto cesareo su un esemplare di Phoca vitulina. *Dopo un periodo di permanenza nella nursery, dove è stata seguita e nutrita dai veterinari e dai biologi dell'Acquario, la piccola foca è stata messa nella vasca espositiva con le compagne.*

Vasca dei delfini
L'ambiente ricreato è davvero accogliente se per due volte (nel '94 e nel 2002) Bonnie, una delfina tursiope proveniente dal Delphinarium di Riccione, ha dato alla luce un piccolo proprio nella vasca espositiva. Nella foto, il piccolo Achille.

DA NON PERDERE

- ★ Foresta dei colibrì
- ★ Vasca degli squali
- ★ Vasca tattile

Uno dei sontuosi salotti di Palazzo Spinola

Palazzo Spinola ⓴

Piazza Pellicceria 1. **Tav** 5 B2.
010 270 53 00.
8.30–19.30 mart–sab; 13.30–19.30 dom e fest.
su prenotazione. *fino al 3° piano.* *su richiesta.*
www.palazzospinola.it

CONSERVA L'ASPETTO raffinato e affascinante di un'antica dimora patrizia, ricca di affreschi, arredi, mobili, dipinti. Fu costruito nel XVI secolo dai Grimaldi; nel Settecento passò agli Spinola, che nel 1958 lo donarono allo Stato. È sede della **Galleria Nazionale di Palazzo Spinola**, la cui sistemazione è rispettosa sia dell'allestimento degli ambienti che della ricca e intelligente composizione della quadreria che li arricchiva. Due importanti cicli di affreschi sono testimonianza esemplare delle due principali fasi della storia del palazzo: quello di Lazzaro Tavarone (1614-1624), che illustrò in due sale *Imprese e personaggi della famiglia Grimaldi*, e la decorazione della galleria degli Specchi e dei salotti eseguita da Lorenzo De Ferrari per gli Spinola (1730–37).

La donazione degli Spinola comprende opere insigni di Joos van Cleve, Guido Reni, Antonie van Dyck, il Grechetto. Il terzo piano ospita la **Galleria Nazionale della Liguria**, ed è riservata ad opere non comprese nella donazione Spinola. Vi sono compresi autentici capolavori, quali l'*Ecce Homo* di Antonello da Messina, il *Ritratto equestre di Gio Carlo Doria* di Rubens, due raffinatissime opere del poco noto Carlo Braccesco, e la *Giustizia*, scolpita da Giovanni Pisano per il monumento funebre di Margherita di Brabante, moglie dell'imperatore Arrigo VII.

***Ecce Homo* di Antonello da Messina, Palazzo Spinola**

Santa Maria delle Vigne ㉑

Vicolo del Campanile delle Vigne 5.
Tav 5 C3. *010 247 47 61.*
18–12, 15.30–19.

L'AREA DELLA PIAZZA delle Vigne attorno al Mille era appunto occupata da vigne, e fu in seguito assorbita dalla città in espansione. Agli stessi decenni risale la fondazione dell'antica collegiata, del cui assetto romanico resta in vista solamente il campanile, costruito sul lato sinistro della chiesa. La chiesa fu infatti completamente ristrutturata verso il 1640 da Daniele Casella, dopo che nel tardo Cinquecento era stata rinnovata la zona absidale per volontà dei Grillo, famiglia che per alcuni secoli ebbe il possesso della zona.
La facciata risale a un intervento di Ippolito Cremona (1842). L'interno presenta tre navate di altezza simile, divise da ampie arcate, e una cupola ottagonale, caratteri dovuti alle trasformazioni seicentesche. La decorazione della chiesa è stata condotta in tempi diversi: il presbiterio spetta

Sovrapporta in ardesia raffigurante San Giorgio e il drago

Portali scolpiti

Ricorrenti nel centro storico di Genova sono i portali scolpiti in marmo o nella caratteristica pietra nera del Promontorio. Questi sovrapporta sono il prodotto di un'esigenza economica e della scarsità di spazio edificabile: nel Quattrocento le famiglie nobili furono indotte a sfruttare il pianterreno dei propri sontuosi palazzi per ospitarvi botteghe,e dovettero perciò creare un nuovo accesso alle proprie residenze, cui conferire monumentalità e decoro. Importanti scultori (i principali furono i membri della famiglia Gagini) crearono questa tipologia, dando spesso vita ad altorilievi di vera magnificenza: fra i soggetti più frequenti il trionfo all'antica del committente, trasportato su un carro, o scene sacre come la Natività di Gesù e San Giorgio che uccide il drago.

Il campanile romanico di Santa Maria delle Vigne

a Lazzaro Tavarone (1612), che vi affrescò la *Gloria di Maria*; le navate e la cupola sono state dipinte da diversi artisti fra Settecento e i primi del Novecento. La chiesa conserva dipinti di Gregorio De Ferrari, Domenico Piola, Bernardo Castello, e una tavola raffigurante una *Madonna*, attribuita a Taddeo di Bartolo (fine Trecento).

Piazza San Matteo ㉒

Tav 5 C3.
Chiesa di San Matteo ☎ *010 247 43 61.* ◯ *7.30–12, 16–17.30 tutti i giorni.* *offerte.* *solo esterni.*

A partire dal XII secolo fu il cuore del quartiere dei Doria che, come altre potenti casate genovesi, riunivano la propria consorteria in una precisa zona della città. Nonostante i rimaneggiamenti subiti dai palazzi che vi si affacciano, mantiene la compattezza urbanistica originaria e una notevole suggestione, perduta da altre zone analoghe. Gli edifici sono caratterizzati dal paramento murario a liste marmoree bianche e nere, tipico dell'edilizia civile gotica; da notare in particolare il Palazzo di Lamba Doria, al n. 15, nel quale si individua ancora la struttura caratteristica del palazzo genovese del Medioevo, e il Palazzo di Andrea Doria, al n. 17, che per volontà del Senato cittadino appartenne

Il Palazzo di Domenicaccio Doria in piazza San Matteo

all'ammiraglio a partire dal 1528. La piccola **chiesa di San Matteo**, tempio gentilizio dei Doria, costruita nel 1125 da Martino Doria, venne rifondata nel 1278 in stile gotico. La facciata, a liste bianco-nere, è tripartita da lesene, poste in corrispondenza delle navate. L'interno fu trasformato nel XVI secolo per volontà di Andrea Doria, che è sepolto nella cripta come il suo antenato Lamba Doria, vincitore della flotta veneziana a Curzola nel 1298. Giovan Battista Castello, detto il Bergamasco, modificò le navate e dipinse la volta di quella centrale in collaborazione con Luca Cambiaso (1557-1559). Le statue nelle nicchie dell'abside e gli ornati del presbiterio e della cupola spettano ad Angelo Montorsoli (1543-1547). A sinistra della chiesa è il chiostro del 1308, ad archi acuti su colonnine binate.

Il trecentesco chiostro di piazza San Matteo

Le Strade nuove

Fregio decorativo sulla facciata di Palazzo Doria Tursi

A Genova la Superba, dominatrice delle finanze di gran parte d'Europa nel Cinque e Seicento, si pensa camminando nelle "Strade nuove": via Garibaldi prima di tutto, poi via Balbi. Il "Secolo dei Genovesi" va dal 1528 al 1630 e segna l'apice della potenza di alcune famiglie, la cui ricchezza quasi favolosa venne ampiamente riversata in iniziative edilizie e committenze artistiche che non modificarono il volto della città antica, perché si preferì costruirne una nuova – magnifica – accanto. Interessante è lo sforzo di adattamento dell'architettura rinascimentale all'accidentata orografia genovese. I palazzi di via Garibaldi, che Rubens ritenne esemplari tanto da riprodurne accurati rilievi in una pubblicazione del 1622, sono caratterizzati da logge e giardini pensili, destinati a mascherare la ripidità del terreno su cui si costruiva. Essi sono frutto del lavoro di alcuni architetti (primo fra tutti Galeazzo Alessi), che ebbero comunque nel Palazzo del Principe costruito per Andrea Doria il proprio precedente ideale, cui anche i palazzi edificati per i Balbi nel XVII secolo continuarono a ispirarsi.

Da vedere

Edifici storici
Albergo dei Poveri ❾

Strade e piazze storiche
Piazza Fontane Marose ❶
Via Balbi ❿
Via Garibaldi ❸

Musei e gallerie
Galleria di Palazzo Bianco ❻
Museo di Arte Orientale "Edoardo Chiossone" ❷
Palazzo Doria Tursi ❹
Palazzo Rosso pp 72–5 ❺

Palazzi
Palazzo Doria Pamphilj o del Principe ⓮
Palazzo dell'Università ⓫
Palazzo Reale ⓬

Chiese
San Giovanni di Pré ⓭
San Siro ❼
Santissima Annunziata del Vastato ❽

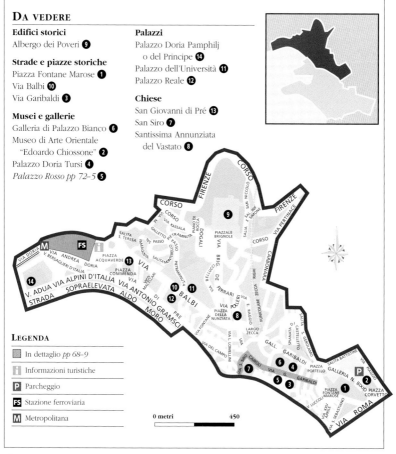

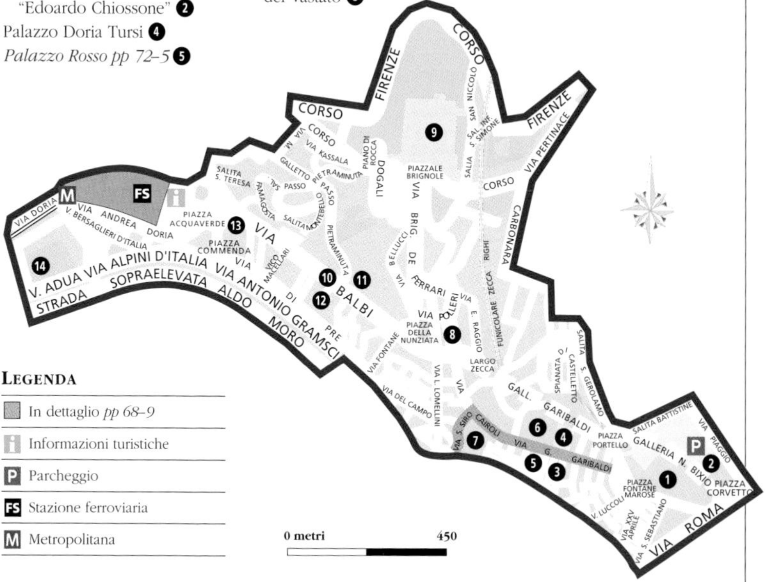

Legenda
- In dettaglio *pp 68–9*
- Informazioni turistiche
- Parcheggio
- Stazione ferroviaria
- Metropolitana

0 metri 450

◁ **Le sontuose facciate dei palazzi di via Garibaldi, testimonianza dei fasti del "Secolo dei Genovesi"**

In dettaglio: intorno a via Garibaldi

DALLA SCENOGRAFICA PIAZZA delle Fontane Marose parte via Garibaldi, chiamata Strada Nuova quando fu tracciata a metà del Cinquecento. Stupendamente conservati i palazzi che la affiancano, con interni ricchissimi, e spesso quadrerie o decorazioni d'eccezione, frutto di collezionismo e committenza oculati. Fra i palazzi accessibili al pubblico si segnalano Palazzo Doria Tursi (il più vasto della via), sede del municipio, e i palazzi Bianco e Rosso, riuniti in un unico percorso espositivo. Non lontano sorge la chiesa di San Siro, prima cattedrale di Genova poi fastosamente decorata fra Cinque e Seicento; nel parco della villetta Di Negro ha sede il museo "Chiossone", rara raccolta di opere d'arte orientale creata da un genovese lungamente attivo per la Zecca giapponese nell'Ottocento.

★ Palazzo Rosso
Grande museo e dimora storica, conserva tesori pittorici come i ritratti di Van Dyck e le opere di pittori genovesi dei secoli XVI–XVIII ❺

Santissima Annunziata del Vastato, Palazzo Reale, Palazzo del Principe

San Siro
L'antica cattedrale di Genova risale probabilmente al IV secolo. Non reca tuttavia tracce della sua origine, a causa di un incendio che la distrusse sul finire del Cinquecento. La ricostruzione fu orchestrata dai teatini, che ne fecero un tempio splendente di intarsi marmorei e di affreschi ❼

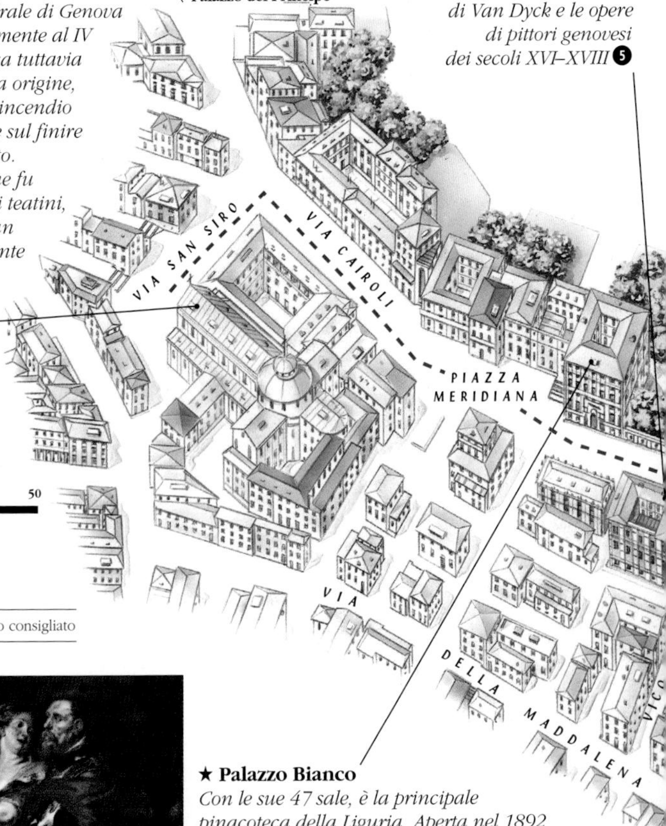

LEGENDA

- - - - Percorso consigliato

★ Palazzo Bianco
Con le sue 47 sale, è la principale pinacoteca della Liguria. Aperta nel 1892 e rinnovata nel 2004, ha una ricca collezione di opere fiamminghe, tra cui Venere e Marte *di Rubens (nella foto), tele dei principali artisti italiani, come Caravaggio, e offre una eccezionale rassegna degli artisti di scuola genovese* ❻

Palazzo Doria Tursi
La più grandiosa residenza privata cittadina è un elegante esempio di architettura manierista con un monumentale cortile loggiato. Dal 2004 è sede espositiva collegata a Palazzo Bianco ❹

Nella cartina
Stradario, tavv 2, 5 e 6

Via Garibaldi
Isola pedonale, la splendida via può essere goduta in piena libertà. Le facciate monumentali quasi incalzano il passante, riportandolo all'età dell'oro che il patriziato genovese visse fra XVI e XVII secolo ❸

Palazzo Podestà fu costruito a partire dal 1563; la facciata è un felicissimo esempio di manierismo genovese.

Palazzo G. Doria ha una bella facciata barocca risalente agli anni 1563–67.

Da non perdere

★ **Palazzo Rosso**

★ **Palazzo Bianco**

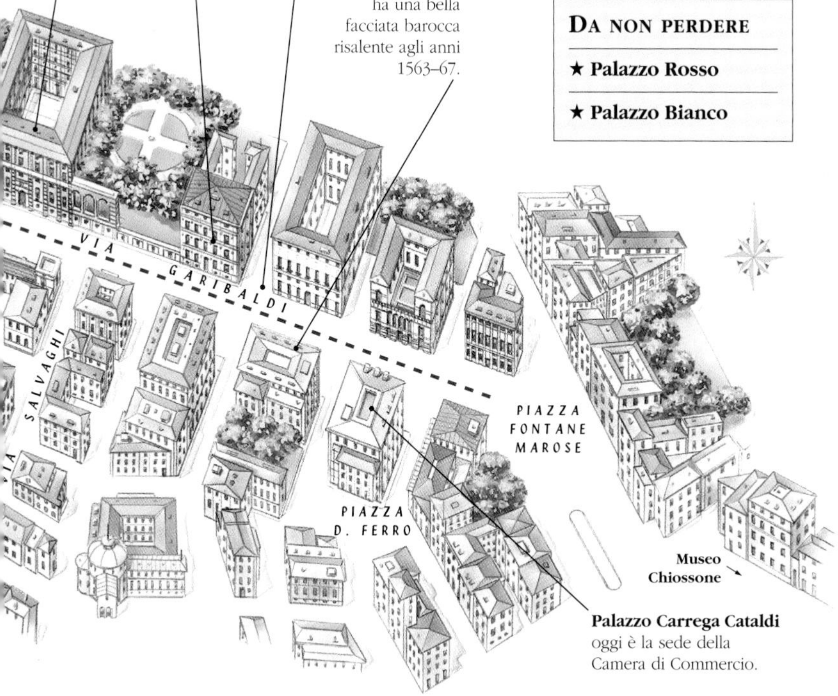

Palazzo Carrega Cataldi oggi è la sede della Camera di Commercio.

Piazza Fontane Marose ❶

Tav 6 D2.

DEVE IL SUO NOME a un'antica fonte che viene citata in un documento del XIII secolo, distrutta nella seconda metà dell'Ottocento e ricordata da tre epigrafi. Ha un aspetto scenografico e composito, dovuto ai numerosi cambiamenti di assetto, che hanno comportato anche variazioni del livello stradale. Fra i palazzi che si affacciano sulla piazza, il principale, al n. 6, è il **Palazzo Spinola "dei Marmi"**, edificato intorno alla metà del XV secolo, così chiamato per il tipico ed elegante rivestimento a fasce bianche e nere, caratterizzato da un'architettura capace di adattarsi al forte dislivello del terreno, in notevole anticipo sui palazzi di Strada Nuova. Interessante anche il **Palazzo Interiano Pallavicini**, al n. 2, costruito nel 1565 da Francesco Casella, l'unico edificio della piazza contemporaneo all'edificazione di Strada Nuova.

Museo di Arte Orientale "Edoardo Chiossone" ❸

Villetta Di Negro, p.le Mazzini 4. **Tav** 6 D2. *010 542 285.* *9–19 mart–ven; 10–19 sab e dom.* *lun e festivi.* *solo piano terra.* www.museochiossonegenova.it

IL MUSEO ha sede nel **parco della villetta Di Negro**, progettato come giardino di acclimatazione per piante esotiche dal patrizio Ippolito Durazzo all'inizio dell'Ottocento, divenuto in seguito di proprietà del marchese Giancarlo Di Negro (1802) e infine del comune (1863), e attualmente ricco dell'originaria varietà di piante mediterranee ed esotiche. Il museo, allestito

***Un tipo padrone di sé*, xilografia a colori dei primi del XIX secolo**

nella palazzina alla sommità del parco, costruita nel 1971 in sostituzione della precedente villa distrutta dalla guerra, è una delle principali collezioni europee di arte orientale, ed è intitolato a Edoardo Chiossone (1833–98), pittore e incisore formatosi presso l'Accademia Ligustica, che a Tokyo diresse l'officina per la stampa di banconote e titoli di Stato (1875–98) su incarico del governo giapponese. Chiossone fu anche apprezzato ritrattista di corte, tanto da dipingere i ritratti degli imperatori. Legò all'Accademia genovese la sua collezione di circa 15.000 pezzi (alcuni rarissimi in Occidente) fra pitture, stampe, lacche, sculture, smalti, ceramiche, stoffe, armature provenienti da Giappone, Cina, Siam. L'esposizione si articola in 7 gallerie e presenta anche una sezione didattica. Fra le opere esposte: un *Buddha seduto*, scultura giapponese in legno laccato, di epoca Kamakura; dodici armature giapponesi, databili tra la fine del XVI secolo e il XIX; dipinti giapponesi della corrente Ukyio-e ("della vita che trascorre"), fiorita dalla metà del XVII secolo, in particolare dei maestri Shunsho, Harunobu, Utamaro.

Scultura esposta al Museo Chiossone

Via Garibaldi ❸

Tav 5 C2.

MADAME DE STAËL, colpita dalla sua magnificenza, la definì *rue des Rois*. Per i genovesi fu semplicemente la Strada Nuova delli Palazzi. È il frutto della costituzione, da parte di Andrea Doria, della repubblica oligarchica, retta da poche famiglie assai ricche dedite a lucrative attività commerciali e finanziarie. A metà del XVI secolo le principali famiglie abbandonarono il centro antico, che offriva spazi ridottissimi, e crearono questa strada residenziale a suon di espropri. Progettata dall'architetto camerale Bernardino Cantone, vede nascere i palazzi fra 1558

Il portale d'ingresso di Palazzo Lercari Parodi

e 1583. Nel tratto iniziale i portali d'ingresso dei palazzi si corrispondono, a dimostrare la progettazione unitaria. La simmetria si interrompe con il Palazzo Doria Tursi, a causa della sua vastissima estensione. Sede per la maggior parte di uffici e banche, ma anche di musei, i palazzi sono tuttora autentici scrigni. Fra gli altri, al n. 1, a destra, **Palazzo Cambiaso**, che con il doppio affaccio sulla strada e la piazza delle Fontane Marose crea continuità fra i due spazi. Sull'altro lato, al n. 4, il **Palazzo Carrega Cataldi** (1561, sede della Camera di Commercio) spetta a Bernardo Cantone

e a Giovanni Battista Castello, che nella facciata crearono una perfetta fusione fra architettura e decorazione a stucco e ad affresco.
Di fronte, al n. 3, il **Palazzo Lercari Parodi** (1571–78), che in origine mostrava logge aperte verso l'esterno e l'interno, oggi chiuse. Rivoluzionario l'interno, con il cortile adibito a "corte" per la residenza dei servitori e il primo piano destinato a spazio di rappresentanza, collegato da una loggia al giardino sospeso.
Di grande bellezza, a destra, al n. 7, il **Palazzo Podestà**, costruito da Cantone e Castello a partire dal 1563. Ricchissima di decorazioni a stucco la facciata, cui fa eco un interno innovativo, con atrio ovale e un giardino.

Palazzo Doria Tursi ❹

Via Garibaldi 9. **Tav** 5 C2. *010 247 63 51 (Musei di Strada Nuova).*
9–19 mart–ven; 10–19 sab e dom.
www.stradanuova.it

COSTRUITO per Nicolò Grimaldi (tanto ricco da meritare il soprannome di "monarca" dai concittadini), interrompe con la sua vasta estensione la coerenza e la sostanziale simmetria conservata fino a questo punto della Strada Nuova. Progettato nel 1569–79 da Domenico e Giovanni Ponzello con la collaborazione dello scultore Taddeo Carlone, nel 1596 il palazzo fu acquistato dai Doria; dal 1848, dopo l'acquisizione da parte di Vittorio Emanuele I, divenne sede del municipio.

Lo stemma del comune di Genova sulla facciata di Palazzo Doria Tursi

La facciata ha un imponente portale ed è caratterizzata dalla policromia di marmo bianco, pietra rosa del Finale e lastre d'ardesia. Un alto zoccolo unisce il corpo centrale alle due ariose logge laterali, realizzate alla fine del Cinquecento per i Doria, forse a completamento del progetto iniziale, vista la loro perfetta aderenza all'insieme. All'interno si trova la caratteristica ripartizione fra atrio e cortile, con scalone a forbice sul fondo. Una straordinaria continuità ottica caratterizza gli interni, organizzati adattandosi al forte dislivello del terreno. Il corpo posteriore del palazzo fu innalzato a partire dal 1820 con la costruzione della torretta dell'orologio. Sede del municipio, nel 2004 è stato trasformato in museo che ospita opere di arte decorativa e applicata, la raccolta delle monete, pesi e misure ufficiali dell'antica Repubblica e il celebre Guarneri del Gesù di Nicolò Paganini.

Il grande cortile interno di Palazzo Doria Tursi, con la torretta dell'orologio

Palazzo Rosso ❺

Vedi pp 72–5.

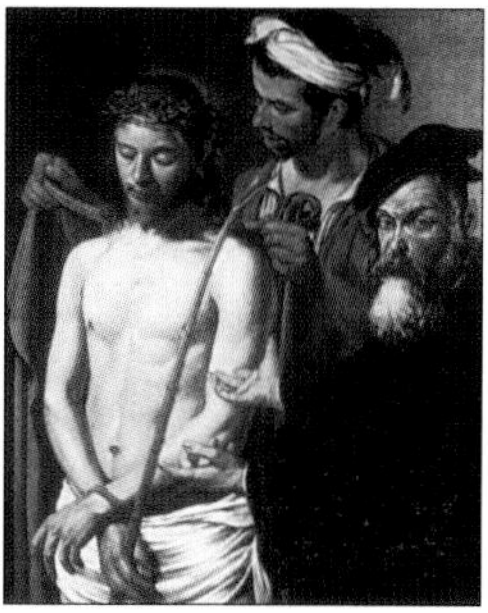

L'*Ecce Homo* di Caravaggio custodito a Palazzo Bianco

Galleria di Palazzo Bianco ❻

Via Garibaldi 11. **Tav** 5 C2. *010 247 63 51 (Musei di Strada Nuova).*
9–19 mart–ven; 10–19 sab e dom.
www.stradanuova.it

IL PALAZZO, al termine della Strada Nuova, costruito a metà Cinquecento dai Grimaldi, fu trasformato nel 1714 da Giacomo Viano su commissione di Maria Durazzo Brignole Sale. Il nome nacque forse dopo questa trasformazione, forse per distinguerlo dall'antistante Palazzo Rosso, prima dimora dei Brignole. Nel 1888 il palazzo e la quadreria, comprendente varie raccolte qui trasportate dai successivi abitanti del palazzo, furono donati alla città di Genova dalla duchessa di Galliera.
La galleria offre un percorso esauriente nella pittura genovese e conserva numerose testimonianze della grande pittura europea dal secolo XIII al XVIII.
Fra gli artisti genovesi rappresentati Luca Cambiaso, Bernardo Strozzi, Giovanni Andrea De Ferrari, Gioacchino Assereto, Valerio Castello, Giovan Battista Castiglione detto il Grechetto, Alessandro Magnasco (suo il celebre *Trattenimento in un giardino di Albaro*).
Importante il nucleo di dipinti fiamminghi, con opere (fra gli altri) di Gérard David, Van Dyck, Rubens; inoltre opere di Murillo, Zurbarán, Caravaggio, Paolo Veronese, Filippino Lippi.

Palazzo Rosso ❺

Il palazzo, che deve il proprio soprannome agli intonaci esterni, è l'ultima fastosa costruzione ad affacciarsi sulla Strada Nuova, e una delle più importanti residenze aristocratiche di Genova. Fu costruito da Pierantonio Corradi nel 1671–77 per i Brignole Sale, famiglia all'apice della potenza, e presenta due piani nobili destinati ai committenti, i fratelli Gian Francesco e Ridolfo, e ai rispettivi assi ereditari. Donato al comune insieme alla ricca quadreria dalla duchessa di Galliera, Maria Brignole Sale De Ferrari, nel 1884, fu danneggiato durante la seconda guerra mondiale e restaurato da Franco Albini sotto la direzione di Caterina Marcenaro nel 1953–60. L'intervento, che ripropone la situazione architettonica del 1677, è uno straordinario esempio di progettazione museografica.

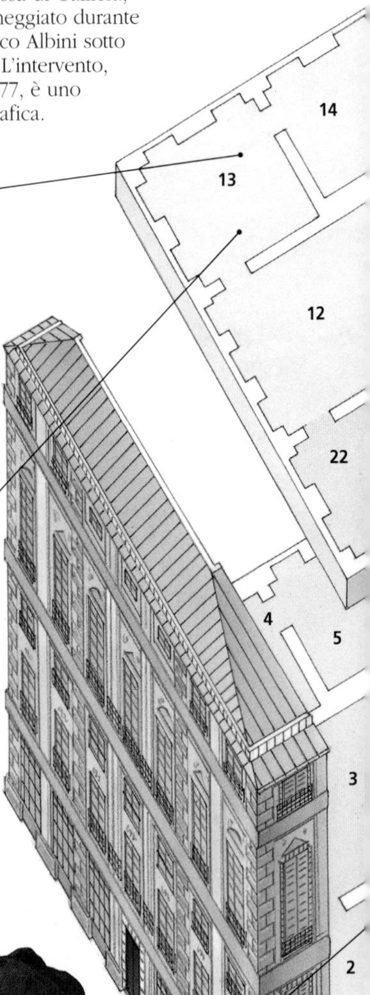

★ Antonie Van Dyck, Anton Giulio Brignole Sale a cavallo
Questo ritratto equestre interpreta al meglio le attese del committente, giovane ventiduenne effigiato in una posa fino ad allora riservata ai sovrani, superba affermazione del proprio status sociale.

★ Gregorio De Ferrari, Allegoria della Primavera
Tra il 1686 e il 1687 Gregorio De Ferrari affresca questa Allegoria attraverso la scena in cui Venere seduce Marte. Questo capolavoro dell'"illusionismo" barocco è frutto della collaborazione fra un grande pittore, De Ferrari, e artisti specializzati in prospettive e stucchi.

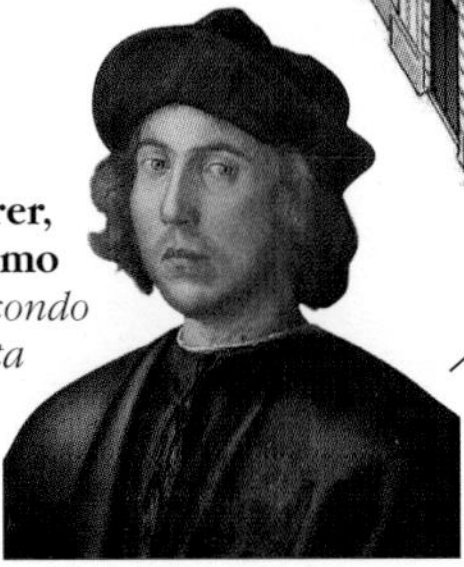

Albrecht Dürer, Ritratto di giovane uomo
L'opera, datata 1506, risale al secondo soggiorno italiano dell'artista di Norimberga (1471–1528), e abbandonando la tradizionale visione di profilo pone l'effigiato in più diretto contatto con lo spettatore.

Legenda

- Pittura italiana ed europea dei secoli XV–XVII
- Pittura genovese dal XVI al XVIII secolo
- Sale delle Stagioni e logge
- Sale con allegorie della vita umana
- Spazi non espositivi

Note informative

Via Garibaldi 18. **Tav** 5 C2.
010 247 63 51 (Musei di Strada Nuova).
9–19 mart–ven; 10–19 sab e dom.
www.stradanuova.it

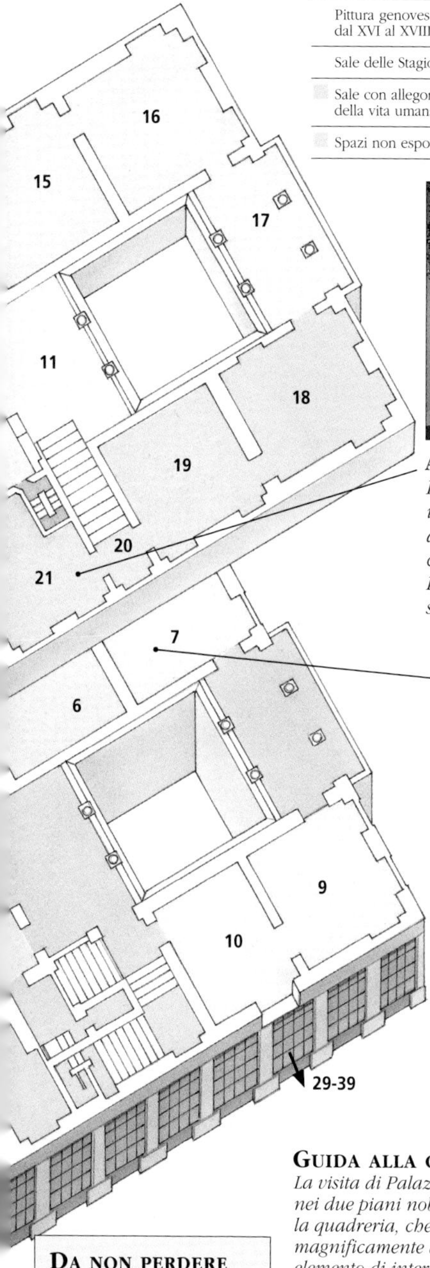

Alcova
Incantevole ambiente settecentesco, interamente decorato con affreschi e arredato con un grande letto nuziale (1780 circa), cui si accompagnano ritratti dei Brignole realizzati a pastello e una grande specchiera lignea intagliata e dorata.

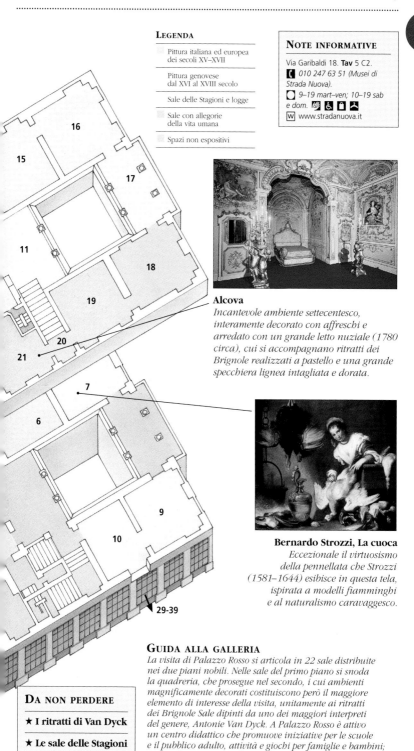

Bernardo Strozzi, La cuoca
Eccezionale il virtuosismo della pennellata che Strozzi (1581–1644) esibisce in questa tela, ispirata a modelli fiamminghi e al naturalismo caravaggesco.

Guida alla galleria

La visita di Palazzo Rosso si articola in 22 sale distribuite nei due piani nobili. Nelle sale del primo piano si snoda la quadreria, che prosegue nel secondo, i cui ambienti magnificamente decorati costituiscono però il maggiore elemento di interesse della visita, unitamente ai ritratti dei Brignole Sale dipinti da uno dei maggiori interpreti del genere, Antonie Van Dyck. A Palazzo Rosso è attivo un centro didattico che promuove iniziative per le scuole e il pubblico adulto, attività e giochi per famiglie e bambini; stage e formazione professionale per studenti universitari.

Da non perdere

★ I ritratti di Van Dyck

★ Le sale delle Stagioni

Visitando Palazzo Rosso

Il percorso del museo si svolge nei due piani nobili, fra sale ancora adorne di mobili, sculture, specchiere, porcellane. Il secondo piano nobile (unico a essere stato abitato) presenta ambienti affrescati dai maggiori pittori del Seicento ligure, magnifici esempi di decorazione barocca. La quadreria dei Brignole Sale, nucleo principale della raccolta di dipinti, fa perno su opere di maestri italiani e fiamminghi e di scuola genovese, secondo scelte caratteristiche dei secoli in cui si è formata. Il restauro e le scelte espositive puntano proprio a esemplificare la situazione di una dimora nobiliare e di una collezione d'arte appartenente a una famiglia del patriziato genovese.

L'intenso *San Sebastiano* di Guido Reni, esposto nella sala 4

Sale 2–6: pittura italiana ed europea dei secoli XV–XVII

La quadreria venne consapevolmente formata dai Brignole Sale con un'intelligente politica di acquisizioni e commissioni durata oltre due secoli e volta a consacrare l'ascesa della famiglia. Il matrimonio fra Giovan Francesco Brignole Sale e Maria Durazzo fece confluire in un'unica collezione anche i preziosi dipinti appartenuti a quest'ultima famiglia.
Dalla Sala 1, dove è ospitato il *Ritratto di Maria Brignole Sale*, si passa alla Sala 2 nella quale, oltre all'importante *Ritratto* di Albrecht Dürer, è esposto il *Ritratto virile* detto *"Principe moscovita"* già attribuito al Pisanello e attualmente ricondotto a Michele Giambono o a Gentile da Fabriano.

Gli straordinari effetti cromatici di *Giuditta e Oloferne* di Paolo Veronese

Bellissimi la *Madonna col Bambino, San Giovanni Battista e la Maddalena* di Palma il Vecchio, incantevole per il paesaggio e l'effetto cromatico dell'insieme. Segue una sala, la 3, dedicata alle opere di scuola veneziana del Cinquecento. Si tratta di una pittura che dalla seconda metà del Seicento (quando i Brignole iniziarono la propria raccolta in grande stile) godette di enorme successo in Italia e in Europa. Oltre il dipinto raffigurante *Giuditta e Oloferne* di Paolo Veronese, vi compaiono anche lavori di Paris Bordon e di Alessandro Bonvicini detto il Moretto.
La Sala 4 presenta opere di scuola emiliana, in particolare bolognese, del Seicento, fra le quali spiccano l'*Annunciazione* su rame di Ludovico Carracci, caposcuola insieme ai cugini Agostino e Annibale della pittura bolognese e maestro di molti artisti più giovani. Fra questi Guido Reni, il cui *San Sebastiano* (1615–16) ne rivela la capacità di raffigurare gli "affetti", i moti dell'animo, pur con una pittura misurata e classica. Interessanti anche le opere di Giulio Cesare Procaccini. Nella Sala 5 sono raccolti dipinti del Guercino, che documentano il notevole successo che il pittore riscosse a Genova. Incantevole la *Cleopatra morente*, acquistata da un Durazzo nel 1648 e confluita a metà Settecento nella collezione dei Brignole; importanti anche il *Padre Eterno con un angioletto*, già splendida cimasa di un grande dipinto d'altare ora alla Pinacoteca Nazionale di Bologna (*Vestizione di San Guglielmo*, 1620) e il *Suicidio di Catone Uticense* (1641).
Di grande interesse anche i dipinti raccolti nella Sala 6, dedicata alla pittura romana e napoletana del XVII secolo. Fra questi il *Riposo nella fuga in Egitto* di Carlo Maratta, e le suggestive tele di Mattia Preti *(Clorinda libera Olindo e Sofronia dal rogo, Resurrezione di Lazzaro)*, caratterizzate dall'uso drammatico del chiaroscuro.

Sale 7–10: pittura genovese dal XVI al XVIII secolo

Questa serie di sale documenta la ricchezza e la qualità della scuola pittorica genovese dal cosiddetto secolo d'oro, il Cinquecento – momento di eccezionale fervore economico e culturale per Genova – fino al Settecento. La Sala 7 è dedicata a Bernardo Strozzi, di cui la galleria espone ben otto importanti tele. Si va dalla giovanile *Carità* ai due dipinti devozionali raffiguranti

San Francesco a magnifiche opere dell'attività matura: la *Madonna col Bambino e San Giovannino*, con evidenti influssi caravaggeschi, l'*Incredulità di San Tommaso, La cuoca*. In quest'ultima opera di genere emerge con chiarezza anche l'influsso fiammingo. Nella Sala 9 si ammirano dipinti di Sinibaldo Scorza e di Giovan Battista Castiglione detto il Grechetto. Il primo dedito prevalentemente alla pittura di paesaggio e raffigurante animali, il secondo pittore, disegnatore e incisore di grande virtuosismo, amante dei temi pastorali, ma brillante interprete anche della pittura di storia *(Agar e l'angelo, Esodo della famiglia di Abramo)*. La Sala 10 è dedicata ai genovesi del XVII e XVIII secolo: fra questi Gioacchino Assereto, Giovanni Bernardo Carbone, Carlo Antonio Tavella, specializzato in paesaggi idilliaci.

Loggia delle Rovine o di Diana, affrescata da Piola

SALE 12–17: SALE DELLE STAGIONI E LOGGE

DAL SALONE (12), dove Gregorio De Ferrari aveva affrescato il *Mito di Fetonte*, distrutto nel corso dell'ultima guerra mondiale e ricordato dal bozzetto preparatorio, ha inizio il ciclo della decorazione ad affresco del palazzo. Sulla volta delle quattro sale seguenti (13–16) sono raffigurate le Allegorie delle Stagioni, dipinte da Gregorio De Ferrari (*Primavera* e *Estate*) e da Domenico Piola (*Autunno* e *Inverno*), con la collaborazione dei quadraturisti Enrico e Antonio Haffner. Un complesso programma iconografico volto a esaltare la gloria dei Brignole Sale si concretizza in una pittura illusionistica, che intreccia realtà e finzione sovrapponendo gli stucchi agli affreschi. Conclude questo ciclo di decorazioni, realizzate nel biennio 1687–89, la Loggia delle Rovine o di Diana, di Paolo Gerolamo Piola. Nelle sale sono esposti importanti ritratti, fra i quali spiccano le opere di Van Dyck (in particolare *Ritratto di Anton Giulio Brignole Sale*, di *Paolina Adorno Brignole Sale*, di *Geronima Brignole Sale con la figlia Aurelia*), la cui commissione nella prima metà del Seicento da parte di Gio. Francesco Brignole è il primo, significativo segno della potenza economica raggiunta dalla famiglia.

***Ritratto di Geronima Brignole Sale con la figlia Aurelia*, di Van Dyck**

SALE 18–22: SALE CON ALLEGORIE DELLA VITA UMANA

GLI AMBIENTI, affrescati nel 1691–92 da Giovanni Andrea Carlone, Bartolomeo Guidobono, Carlo Antonio Tavella, Domenico Parodi, raffigurano le allegorie della *Vita dell'uomo* (Sala 18), delle *Arti liberali* (19) e della *Gioventù in cimento* (22); la Sala 21, l'Alcova, è uno splendido ambiente decorato e allestito in pieno Settecento: delicate quadrature di Andrea Leoncino ornano le pareti e la volta; il letto fu creato da Gaetano Cantone nel 1783.

SALE 29-39: DIPENDENZE DI PALAZZO ROSSO

Le cosiddette Dipendenze di Palazzo Rosso, il meno visibile dei corpi di fabbrica del complesso voluto dai Brignole-Sale, ospitano, dopo la ristrutturazione del 2004, il Centro di Documentazione per la Storia, l'Arte e l'Immagine di Genova, che comprende la Biblioteca di Storia dell'Arte, l'Archivio Fotografico e le Collezioni Cartografiche e Topografiche: un monumentale patrimonio di immagini dedicate alla città, dal Cinquecento a oggi. Nella sala di lettura si può ammirare il quattrocentesco soffitto ligneo a cassettoni che ha mantenuto la decorazione pittorica originale. Parte delle collezioni di ceramica e numismatica precedentemente in queste sale sono invece state spostate nel nuovo allestimento museale di Palazzo Tursi *(p 71)*, insieme ad arazzi, mobili, cimeli e alla raccolta delle monete, dei pesi e delle misure ufficiali dell'antica Repubblica di Genova.

San Siro ❼

Via San Siro 3 . **Tav** 5 B2.
010 246 16 74.
8–12, 16.30–19 tutti i giorni.

Chiesa di fondazione antica, documentata già nel IV secolo, fu cattedrale fino al IX secolo, quando il titolo passò a San Lorenzo, poi abbazia benedettina a partire dall'XI. Fra il 1585 e il 1619 venne ricostruita a cura dei padri teatini nelle forme attuali dopo un incendio del 1580;

L'interno riccamente decorato della chiesa di San Siro, antica cattedrale di Genova

la facciata spetta invece a Carlo Barabino (1821). L'interno è a tre vaste navate ripartite da colonne binate, riccamente decorato con affreschi e stucchi rispettivamente di Giovanni Battista e Tommaso Carlone (seconda metà XVII secolo). Nel presbiterio, ornato da marmi policromi, campeggia il monumentale altare maggiore in marmo nero e bronzo, capolavoro di Pierre Puget (1670). Fra le opere notevoli conservate nella chiesa, *Annunciazione* di Orazio Gentileschi (1639), *Decollazione del Battista* di Carlo Bonone, e la decorazione di alcune cappelle laterali da parte di Domenico Fiasella, Domenico Piola, Gregorio De Ferrari, cui spettano anche dipinti conservati in sagrestia.

Santissima Annunziata del Vastato ❽

Piazza della Nunziata 4 . **Tav** 5 B1.
010 246 55 25.
7–11.30, 16–19 tutti i giorni.
non durante le funzioni.

Si affaccia sulla piazza della Nunziata dove, al n. 2, si trova il **Palazzo Belimbau-Negrotto Cambiaso**, di forme settecentesche. Il nome della piazza deriva da *guastum* o *vastinium*, termini che si riferiscono al fatto che la zona, non compresa entro le mura, era libera da vincoli che potevano impedirne l'utilizzo militare. L'originaria costruzione della chiesa risale al 1520, ma per volontà dell'influente famiglia dei Lomellini l'edificio venne interamente ricostruito fra Cinquecento e Seicento. La facciata è a due campanili, con un pronao ottocentesco. La ricchissima decorazione interna, presumibilmente intrapresa dai fratelli Giovanni e Giovan Battista Carlone nel 1627–28, coinvolse nei decenni successivi altri importanti artisti quali Gioacchino Assereto, Giovanni Andrea Ansaldo, Giulio Benso. La navata centrale è dedicata a glorificare la divinità di Cristo e di Maria (nelle volte dei transetti gli affreschi di G. Carlone raffigurano l'*Ascensione* e la *Pentecoste*; nella cupola è illustrata da Andrea Ansaldo, con restauro di Gregorio De Ferrari, l'*Assunzione di Maria*); nelle navate laterali sono affrescate scene del *Vecchio* e del *Nuovo Testamento*. La decorazione del presbiterio e dell'abside a opera di Giulio Benso *(Annunciazione e Assunzione)* presenta uno scorcio prospettico arditissimo; gli affreschi sono inseriti in una grandiosa architettura dipinta.

Albergo dei Poveri ❾

Piazzale Brignole 2. **Tav** 2 E1.
0101 24451.
visita su appuntamento.

Il rettifilo di via Brignole De Ferrari conduce all'Albergo dei Poveri, oggi sede universitaria, la cui grandiosa facciata bianca, con al centro lo stemma della città di Genova, domina la via di accesso. Il vasto ospizio, la cui costruzione richiese ben 40 anni, dal 1656 al 1696, è strutturato a quadrilatero, con quattro cortili attorno a cui si sviluppano i vari quartieri, e la chiesa a croce greca al centro, accessibile da tutti i settori. Emblema della munificenza dei patrizi genovesi, conserva alcune significative opere d'arte (di Giovan Battista Paggi, Pierre Puget, Domenico Piola fra gli altri). Nei pressi dell'Albergo la **salita di San Bartolomeo del Carmine** e la **salita San Nicolò** sono suggestivi camminamenti (*creuze*) un tempo suburbani, conservatisi intatti benché ormai assorbiti nel centro della città.

L'imponente facciata dell'Albergo dei Poveri

Il cortile interno di uno dei maestosi palazzi di via Balbi

Via Balbi ⑩

Tav 2 E2.

DA PIAZZA DELLA NUNZIATA parte il tracciato rettilineo di via Balbi, oggi invasa dal traffico, aperta nel 1602 da Bartolomeo Bianco su iniziativa della potente famiglia omonima. Giustificata negli accordi presi dai Balbi col governo della Repubblica dall'intenzione di rendere più scorrevole il traffico di questa parte della città, entro il 1620 vide sorgere ben sette palazzi dei Balbi, che ne fecero il proprio quartiere residenziale. Il **Palazzo Durazzo Pallavicini**, al n. 1, di Bartolomeo Bianco (1618), presenta uno scenografico atrio e uno spettacolare scalone, aggiunta di Andrea Tagliafichi (1780). La collezione dei dipinti, la biblioteca, l'archivio, importantissimi, sono privati e non visitabili. Anche il **Palazzo Balbi Senarega**, al n. 4, attuale sede della facoltà di lettere e filosofia, spetta a Bianco. Di grande pregio sono gli affreschi di Valerio Castello e Gregorio De Ferrari al secondo piano.

Palazzo dell'Università ⑪

Via Balbi. **Tav** 2 E2.
010 209 91.
7–20 lun–sab.
dom.

COSTRUITO fra il 1634 e il 1636 su progetto di Bartolomeo Bianco come collegio dei gesuiti, è sede dell'università di Genova dal 1775. Ospita oggi il rettorato e alcune facoltà. Propone, al pari dei palazzi di via Garibaldi (in particolare Palazzo Doria Tursi), la successione di atrio, cortile sopraelevato e giardino pensile. Bellissimo e arioso il cortile, a due ordini di colonne binate. Nell'**aula magna** si conserva una interessante serie di sei statue in bronzo raffiguranti le virtù teologali e cardinali, opera di Giambologna. Suggestiva la **Biblioteca Universitaria**, che ha sede nella contigua ex chiesa dei Santi Gerolamo e Francesco Saverio: la sala di lettura è ricavata nella zona absidale, che conserva i bellissimi affreschi di Domenico Piola.

Palazzo Reale ⑫

Via Balbi 10. **Tav** 5 A1.
010 271 01.
9–13.30 mart e mer; 9–19 gio–dom. *lun, 1 gen, 1 mag, 25 dic.*
www.palazzorealegenova.it

FU COSTRUITO PER I BALBI fra il 1643 e il 1655 e ristrutturato nel 1705 da Carlo Fontana per Eugenio Durazzo, che lo aveva ereditato. Fu così trasformato in stile barocco, su modello dei palazzi romani. Nel 1825, divenuto residenza genovese dei Savoia, assunse il nome attuale. È sede delle Soprintendenze liguri e di un importante museo.
Il cortile interno, opera di Fontana, è di grande impatto: da un lato l'incantevole architettura in rosso e giallo, dall'altro la vista sul porto, disturbata tuttavia dalla sopraelevata.
Il prezioso pavimento a mosaico del giardino proviene da un monastero distrutto.
La **Galleria Nazionale**, al piano nobile, ha sede in magnifici ambienti decorati e arredati nel Settecento e nell'Ottocento dai Durazzo e dai Savoia, nei quali si conservano mobili, suppellettili, arazzi, che si affiancano agli affreschi, e ai dipinti e sculture patrimonio del museo.
Fra le sale settecentesche rivestono particolare interesse la fastosa Galleria degli Specchi, con la volta affrescata da Domenico Parodi e la sala affrescata da Valerio Castello; fra le sale create dai Savoia la Sala del Trono, la Sala delle Udienze, il Salone da Ballo. Fra i dipinti di maggior pregio opere di Luca Giordano, Antonie Van Dyck, Bernardo Strozzi, il Grechetto, Valerio Castello; fra le sculture opere di Francesco Schiaffino e Filippo Parodi.

Vaso esposto a Palazzo Reale

La sontuosa Galleria degli Specchi di Palazzo Reale

Le logge su piazza della Commenda

San Giovanni di Pré e Commenda 13

Piazza della Commenda 1. **Tav** 2 D2. *010 265 486.* **San Giovanni di Pré** *8.30–12, 15–19 tutti i giorni.* **Commenda** *per esposizioni. Per visite di gruppo, telefonare.*

La chiesa di San Giovanni di Pré, priva di facciata, venne fondata nel 1180 in stile romanico dai Cavalieri Gerosolimitani (poi dell'Ordine di Malta) sull'area di una chiesa intitolata al Santo Sepolcro: del complesso faceva parte anche il palazzo della Commenda, convento che al piano terra ospitava un ospizio per i pellegrini diretti in Terrasanta. San Giovanni è costituita da due chiese sovrapposte: quella inferiore, da sempre destinata al culto pubblico, è a tre navate con volte a crociera; quella superiore, utilizzata dai Cavalieri e aperta al pubblico solamente nel XVIII secolo (nell'occasione fu necessario orientare in senso contrario la chiesa, ricavando un ingresso nella zona absidale, e creando una seconda abside posticcia dalla parte opposta), ha struttura analoga alla precedente, ma dimensioni maggiori. L'interno, caratterizzato dalle colonne poderose su cui poggiano le arcate che dividono le navate e dalle volte a crociera, è reso straordinariamente suggestivo dal materiale con cui è realizzato, la pietra nuda. Vi si conservano dipinti di Giulio Benso, Bernardo Castello, Lazzaro Tavarone. Bello il campanile, ornato da trifore e coronato da una cuspide piramidale. La Commenda, che si affaccia con i suoi loggiati sulla piazza omonima, fu ristrutturata nel XVI secolo; l'attuale aspetto romanico è frutto di un restauro condotto negli anni Settanta del XX secolo. Ospita mostre e iniziative culturali.

Poco oltre, lungo la via di Pré (da "prati", che rimanda alla scarsa urbanizzazione della zona nell'XI–XII secolo), si apre la **Porta dei Vacca** (o di **Santa Fede**), di struttura analoga a quella opposta di Sant'Andrea ma più alterata per il sovrapporsi di edifici successivi.

La Fontana del Nettuno

Fabrizio De André e Genova

"Genova. Che cosa significa per me? (...) A me pare che Genova abbia la faccia di tutti i poveri diavoli che ho conosciuto nei suoi carruggi, i senzadio per i quali chissà che Dio non abbia un piccolo ghetto ben protetto, nel suo paradiso, sempre pronto ad accoglierli". Sono parole di Fabrizio De André, genovese che ha avuto una grande predilezione per gli emarginati del mondo, per i perdenti. E che alla propria città ha dedicato canzoni molto amate quali Via del Campo, Città vecchia e, più sottilmente, il disco *Creuza de mä*, nel quale una ricerca musicale e linguistica sofisticatissima intreccia suggestioni musicali mediterranee al dialetto genovese, rivisto alla luce delle radici arabe e turche in esso presenti attraverso un gran numero di vocaboli. È un modo di valorizzare il retaggio dei traffici mercantili che hanno permesso di costruire i palazzi e le chiese, le vie e le piazze della Genova monumentale entrando nel corpo vivo della lingua parlata storicamente dalla gente del porto, davvero l'altra faccia della città.

La copertina di *Creuza de mä*

Palazzo Doria Pamphilj o del Principe 14

Piazza del Principe 4. **Tav** 1 C2. *010 255 509.* *10–17 mart–dom.* *lun; ago.* *su pren.* *ingresso via San Benedetto 2.* *Servizio di collegamento con il Porto Antico con la fregata Argo.* www.palazzodelprincipe.it

Costruito da Andrea Doria nel pieno della sua ascesa politica, fu concepito come una vera residenza principesca, testimone del potere dell'ammiraglio. La costruzione fu iniziata intorno al 1529 inglobando alcuni edifici preesistenti; nel 1533, quando l'imperatore Carlo V vi fu ospitato, ne era sostanzialmente completata anche la decorazione.

Andrea Doria come Nettuno **del Bronzino**

Andrea Doria

Si addice ad Andrea Doria (1468–1560) il ritratto che il Bronzino ne dipinse dopo il 1540, ora a Brera: ripreso, benché non più giovanissimo, in un'attitudine eroica, seminudo, come il dio del mare Nettuno. In quest'opera si concentrano due temi fondamentali della sua vita: il mare e le arti. Membro di una delle quattro più potenti famiglie genovesi, non ebbe però vita facile. Fu attraverso il mestiere delle armi che si fece strada: servendo dapprima il papa, poi lungamente il re di Francia, infine l'imperatore Carlo V. Guerriero e ammiraglio di talento sorprendente, fu tra i pochi a tenere testa e a sconfiggere temibili corsari nel Mediterraneo, tanto da guadagnarsi la stima dei genovesi che sostanzialmente lo acclamarono signore della città nel 1528. Da questa posizione di dominio stabilì una costituzione aristocratica che durò fino al 1798, e trascorse molti anni nel proprio palazzo di Fassolo, da lui costruito con l'apporto di alcuni dei maggiori artisti del Rinascimento.

Il principale artefice ne fu Perin del Vaga, allievo di Raffaello, chiamato a Genova da Doria. Attorno al palazzo si estendeva dall'imbarcadero al restrostante monte Granarolo un giardino incantevole, molto ridimensionato fra Otto e Novecento per fare posto al tracciato ferroviario e ad alcuni snodi viari. Dal portale marmoreo di Silvio Cosini si accede all'atrio, decorato ad affresco da Perin del Vaga con *Storie dei re di Roma* e *Trionfi militari*. Al piano nobile, fra gli ambienti di rappresentanza, la **Loggia degli Eroi** presenta sulla volta decorazioni in stucco eseguite da Perin del Vaga e Luzio Romano, lungo la parete interna la raffigurazione ad affresco di dodici antenati dei Doria, di Perino. La Loggia degli Eroi è stata sottoposta a un accurato restauro, che ha restituito agli affreschi lo splendore dei colori originari. Il **Salone dei Giganti** ha il soffitto decorato da un affresco di Perin del Vaga che raffigura *I Giganti fulminati da Giove*. Nella **galleria** sono appesi preziosi arazzi che rappresentano la *Battaglia di Lepanto*. I restauri condotti negli anni Novanta del XX secolo hanno recuperato le decorazioni e reso visitabili anche gli appartamenti privati di Andrea Doria e della moglie. Nel giardino, su cui si affaccia una grande terrazza, si trovano la **Fontana del Tritone** di Giovanni Angelo Montorsoli e la **Fontana di Nettuno** di Taddeo Carlone. Gravemente danneggiato durante l'ultima guerra mondiale e poi caduto quasi in stato di abbandono, il giardino è stato ultimamente sottoposto a un piano di ripristino che intende riportarlo all'assetto cinquecentesco.

Particolare della Fontana del Tritone

Un lungo e accurato restauro ha riportato gli affreschi della Loggia degli Eroi all'antico splendore

FUORI DAL CENTRO

GENOVESATO di Ponente e di Levante, Circonvallazione a monte, Mura Nuove e Forti, centri cittadini che nella seconda metà degli anni Venti del Novecento vennero annessi alla città, che diventò così la "Grande Genova". Da Voltri, sulla Riviera di Ponente, a Nervi, ultimo centro sulla Riviera di Levante, estrema propaggine dell'estensione del territorio genovese: tante sono le diverse realtà che si incontrano visitando questa zona, che dal mare sale sulle colline intorno al capoluogo per poi ritornare a scendere dall'altra parte. Un itinerario curioso e ricco di sorprese: si va dallo splendido parco della Villa Durazzo Pallavicini di Pegli, realizzato alla fine del XIX secolo, ai santuari subito sopra Genova, famosi per i loro presepi meta di pellegrinaggi, alla cerchia muraria realizzata nella prima metà del Seicento che ingloba magnifici edifici fortificati ancora perfettamente conservati, a un gioiello medievale come la chiesa di San Siro di Struppa, che si erge solitaria tra vigneti e orti. Assolutamente da non perdere il complesso neoclassico del Cimitero di Staglieno, considerato una delle maggiori attrattive di Genova; il quartiere residenziale di Albaro, ricco di ville signorili inserite nel contesto urbano; Boccadasse, pittoresco borgo di pescatori ottimamente conservato; Nervi, famosissima località balneare che vanta begli edifici liberty, un parco municipale ricavato dai giardini di tre importanti ville, e la passeggiata Anita Garibaldi, una delle passeggiate a mare più suggestive d'Italia.

Uno dei gatti nutriti a pesce dai pescatori di Boccadasse

DA VEDERE

Edifici storici
Castello D'Albertis 6
Mura Nuove e Forti esterni 9
Pegli 2
Voltri 1

Quartieri
Albaro 12
Boccadasse 13
Nervi 14

Chiese e santuari
Basilica di San Francesco di Paola 4
San Bartolomeo degli Armeni 8
San Siro di Struppa 11
Santuario della Madonnetta 7
Santuario di Oregina 5

Parchi e giardini
Parco Durazzo Pallavicini 3

Cimiteri
Cimitero di Staglieno 10

LEGENDA

- Genova centro
- Area urbana
- Autostrada
- Strada principale
- Strada secondaria
- Linea ferroviaria
- Mura
- Traghetto
- Aeroporto

0 chilometri 8

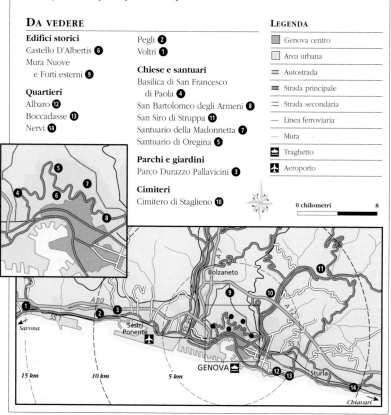

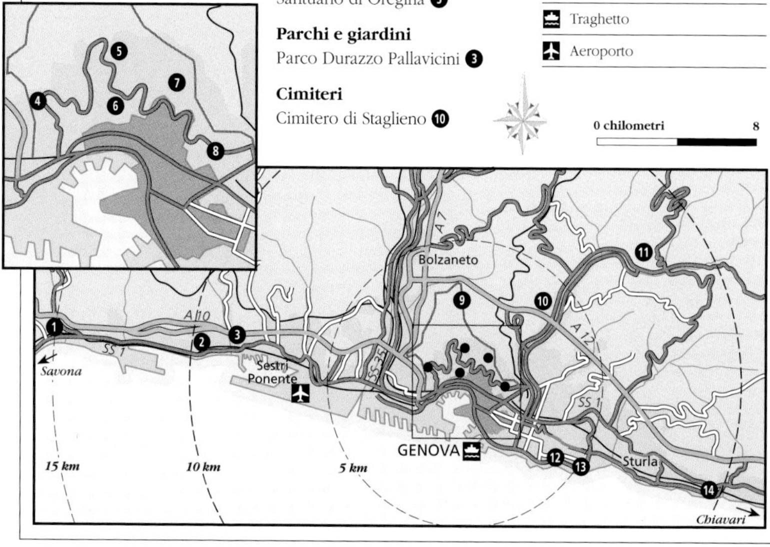

◁ **L'obelisco egizio in uno dei laghetti del Parco Durazzo Pallavicini di Pegli**

La Villa Brignole Sale, o della Duchessa di Galliera, a Voltri

Voltri ❶

Carta stradale D3.

FS 🚌

Uno dei centri più importanti della cosiddetta Grande Genova, chiamati "delegazioni", praticamente senza soluzione di continuità con la periferia vera e propria del capoluogo regionale. Interessante da vedere la **Villa Brignole Sale**, conosciuta anche come della Duchessa di Galliera. Risalente al XVII secolo, molto rimaneggiata intorno al 1780, divenne nel 1870 casa di Maria Brignole Sale duchessa di Galliera, che fece costruire il grande giardino all'inglese che si estende per oltre 32 ettari. "Delizie" romantiche e case coloniche arricchiscono il parco, in affitto al comune di Genova che da anni lo ha aperto al pubblico. Sulla sinistra della villa, in bella posizione panoramica, sorge il **santuario di Nostra Signora delle Grazie**, già chiesa di San Nicolò. La duchessa di Galliera la fece restaurare con gusto goticheggiante, e qui venne sepolta nel 1888.

Pegli ❷

Carta stradale D3.

FS 🚌

Annesso nel 1926 con gli altri comuni circostanti al territorio di Genova, deve la sua fama all'aristocrazia europea, che dalla fine dell'800 lo elesse a località privilegiata di villeggiatura. La Villa Durazzo Pallavicini, di scarso interesse architettonico, circondata dallo splendido parco, è oggi sede del **Museo di Archeologia Ligure**, istituito nel 1954 con depositi di proprietà dello Stato. Materiale di epoca paleontologica, preistorica, etrusca e romana è esposto in dodici sale, a fianco della collezione di vasi antichi donata alla città dal principe Oddone nel 1866. Tra i reperti più interessanti, utensili provenienti dalle grotte dei Balzi Rossi e la prima statua-stele della Lunigiana, risalente alla metà del 3000 a.C. Nella cinquecentesca villa Doria, il **Museo Navale** illustra, a partire dal Medioevo e fino al Novecento, il rappoto tra la riviera ligure e il mare, attraverso portolani e atlanti delle coste liguri e mediterranee, vedute delle colonie genovesi, paesaggi settecenteschi, strumenti e modelli di imbarcazioni.

Una veduta di Pegli; sullo sfondo l'aeroporto Cristoforo Colombo

Museo di Archeologia Ligure

Via Pallavicini 11. ☎ *010 698 10 48.*
🕘 *9–19 mart–ven, 10–19 sab e dom.*
www.museoarcheologicogenova.it

Museo Navale

Piazza Bonavino 7. ☎ *010 696 98 85.*
🕘 *9–13 mart–ven; 10–19 sab e dom.*
www.museonavale.it

Parco Durazzo Pallavicini ❸

Vedi pp 84–5

Gli ex voto custoditi nella basilica di San Francesco di Paola

Basilica di San Francesco di Paola ❹

Piazza San Francesco di Paola, 4.
Tav 1 C1. ☎ *010 261 228.*
🚌 *32, 35.* 🕘 *7.30–12, 15.30–18 tutti i giorni.*

Il santuario è uno degli estremi della cosiddetta Circonvallazione a monte, ovvero la strada panoramica tortuosa e suggestiva che si snoda a mezzacosta poco più in alto del centro cittadino vero e proprio. Dal sagrato della chiesa, nota anche come santuario dei Marinai, costruita su una sporgenza rocciosa che domina il quartiere di Fassolo, si gode uno stupendo panorama su tutto il porto vecchio, al quale si scende con una strada ammattonata con le stazioni della Via Crucis. Risalente all'inizio del XVI secolo, la basilica assunse un ruolo importante durante tutto il 1600, quando ebbe tra i patrocinatori famiglie come i Doria, i Balbi, gli Spinola, e venne avviato un progetto di ristrutturazione. Priva di facciata, la chiesa contiene numerosi ex voto di marinai. All'interno, stucchi e marmi policromi risaltano nell'ampio spazio basilicale. Le cappelle lungo le navate custodiscono importanti opere d'arte. Alla terza cappella destra, un *Presepe* ultimato da Luca Cambiaso nel 1565; Orazio De Ferrari firma la *Lavanda dei piedi* nella cappella di testa della navata sinistra. Ad Anton Maria Maragliano, uno degli scultori più attivi in Liguria nel 1600, si deve la statua lignea dell'*Assunta* posta nell'abside.

Santuario di Oregina 5

Salita Oregina 44. **Tav** 2 D1.
010 212 024. 39, 40.
8–12, 16–19 tutti i giorni.

È LEGATA AL CULTO della Madonna di Loreto la storia di questo edificio, che sorge alla sommità di una gradinata in bella posizione panoramica preceduto da un piazzale alberato, sistemato intorno al 1750. Nel 1634 un gruppo di monaci scelse quest'area ancora a carattere fortemente rustico come luogo di romitaggio, e vi edificò una cappella che ricordava, seppur in maniera semplificata, la Santa Casa di Loreto. Nel 1635 i padri minori francescani divennero gli officianti della chiesa. Il santuario come appare oggi fu edificato in cinque anni tra il 1650 e il 1655, per essere completato nel 1707 con una cupola ribassata e altri elementi architettonici della facciata che riprendevano quelli dell'interno. Movimentato da paraste, capitelli corinzi, finestrone e frontone curvilineo con stucchi l'ordine superiore, secondo i dettami scenografici delle chiese liguri barocche in aree collinari. All'interno, oltre a due pregevoli dipinti del Mulinaretto e di Andrea Carlone (rispettivamente *Angelo custode* all'altare destro e *San Giuseppe con Gesù fanciullo* a quello sinistro), ricordi dell'epoca risorgimentale come il monumento funebre di Alessandro de Stefanis, caduto nel 1848, e, nell'ufficio parrocchiale, la teca con bandiere dei popoli subalpino, ligure e lombardo. Interessante il *Presepe* di Oregina, con statuine risalenti al '700.

Particolare del monumento funebre di Alessandro de Stefanis

Castello D'Albertis 6

C.so Dogali 18. **Tav** 2 E1. 010 272 38 20. ott–mar: 10–17 mart–dom; apr–set: 10–18 mart–dom. www.castellodalbertisgenova.it

VENNE COSTRUITO in sei anni, dal 1886 al 1892, sul bastione di Montegalletto, da un gruppo di quattro architetti coordinati da Alfredo D'Andrade, massimo esponente del revival neogotico di quel periodo. A volere fortissimamente il palazzo fu il capitano Enrico Alberto D'Albertis, curiosa figura di esploratore nonché prode navigatore. Simbolo tra i più emblematici del revivalismo genovese, il Castello D'Albertis, oltre che per la sua posizione, stupisce comunque per la forza del suo insieme: il poderoso basamento cinquecentesco, le possenti torri merlate e il paramento in cotto che richiamano monumenti simili del romanico genovese. Fu il suo stesso proprietario che nel 1932 lasciò in eredità l'edificio al comune di Genova, unitamente alle collezioni ora raccolte nel nuovissimo allestimento del **Museo delle Culture del Mondo**, di cui il Castello D'Albertis è sede. Del museo fanno parte anche reperti donati nel 1892 al comune dal Comitato delle Missioni Cattoliche Americane, oltre ad acquisizioni successive. Tra i lasciti del capitano, 11 meridiane (costruite dallo stesso D'Albertis), strumenti nautici, pubblicazioni geografiche, nonché armi d'epoca. Tra i reperti delle missioni, costumi, manufatti e ornamenti degli indiani dell'America settentrionale e, tra gli altri, terrecotte, maschere, sculture in pietra e vasi riconducibili alle civiltà maya e azteca. Materiale anche dal Sud-est asiatico, Oceania e Nuova Guinea.

Una veduta dall'alto del Castello D'Albertis

Parco Durazzo Pallavicini ❸

Da non perdere

★ **Tempio di Diana**

Uno dei quattro Tritoni attorno al tempio di Diana

Fu Michele Canzio, scenografo del Teatro Carlo Felice di Genova, a trasformare dal 1837 al 1846 il parco di Villa Durazzo Pallavicini in uno splendido giardino all'inglese secondo la moda romantica del tempo. L'incarico gli venne affidato dal marchese Ignazio Alessandro Pallavicini, che ereditò la villa dalla zia Clelia Pallavicini Durazzo, appassionata studiosa di piante, che a partire dal 1794 vi fondò un importante orto botanico. Oggi vi sono coltivate più di cento varietà di specie esotiche e di piante tropicali carnivore. L'estensione complessiva del parco è di circa 11 ettari di terreno.

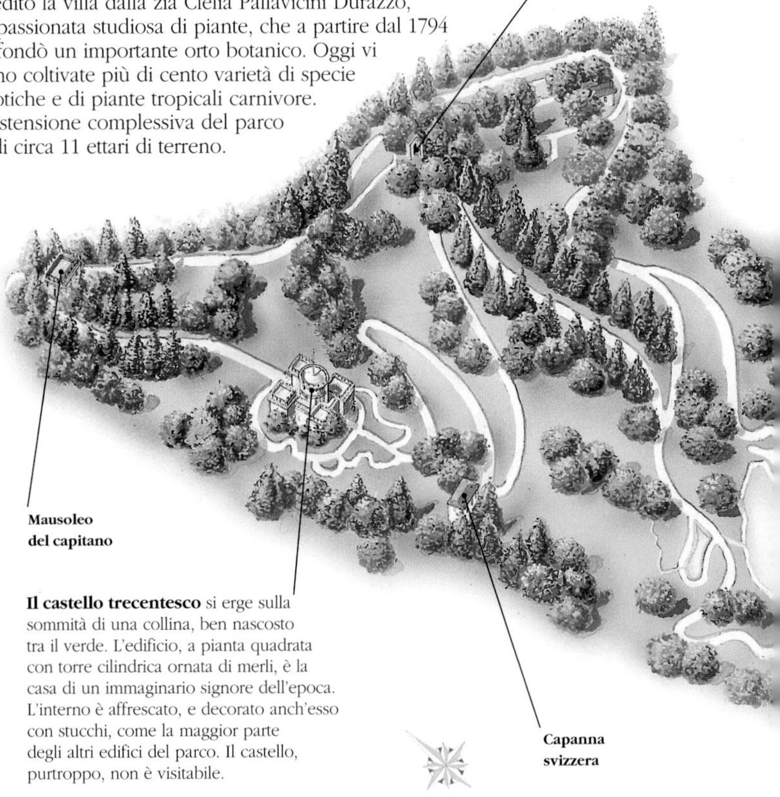

Il castello trecentesco si erge sulla sommità di una collina, ben nascosto tra il verde. L'edificio, a pianta quadrata con torre cilindrica ornata di merli, è la casa di un immaginario signore dell'epoca. L'interno è affrescato, e decorato anch'esso con stucchi, come la maggior parte degli altri edifici del parco. Il castello, purtroppo, non è visitabile.

Fregio sul tempio di Flora

Il parco come rappresentazione teatrale

Michele Canzio, scenografo del Teatro Carlo Felice, concepì il parco come scenario per una rappresentazione storico-fiabesca che si snoda lungo il percorso e che vuole fare riflettere sul mistero dell'esistenza. Secondo uno schema tipico del melodramma romantico, la narrazione si articola in un prologo e tre atti di quattro scene ciascuno. Il prologo è costituito dal viale gotico e dal viale classico, mentre il primo atto, il Ritorno alla natura, si sviluppa attraverso il romitaggio, il parco dei divertimenti, il lago vecchio e la sorgente. Il secondo atto rappresenta il Recupero della storia passando dall'edicola della Madonna, la capanna svizzera, il castello del capitano e le tombe e il mausoleo del capitano, tutti nella parte non visitabile del parco. Il terzo e ultimo atto, la Purificazione, vede come scene le grotte, il lago grande, la dea dei fiori, ovvero il tempio di Flora, e la rimembranza, piazzetta circondata da cipressi e da un corso d'acqua.

La pagoda cinese
Ha il tetto adornato di campanelli e di sculture in forma di draghi. Questa esotica costruzione, una delle più suggestive dell'intero complesso, si trova sempre sul lago e vi si accede attraverso un doppio ponte di ferro.

NOTE INFORMATIVE

Via Pallavicini 13, Pegli.
010 666 864. *1, 2, 3.*
ott–mar: 9–19 mart–dom; nov–feb: 9–17 mart–dom.
lun.

L'arco di trionfo, a un solo fornice, riporta un'iscrizione in latino che invita a dimenticarsi della vita di città per immergersi nella natura e godere di essa. I rilievi e le statue si devono a G. B. Cevasco.

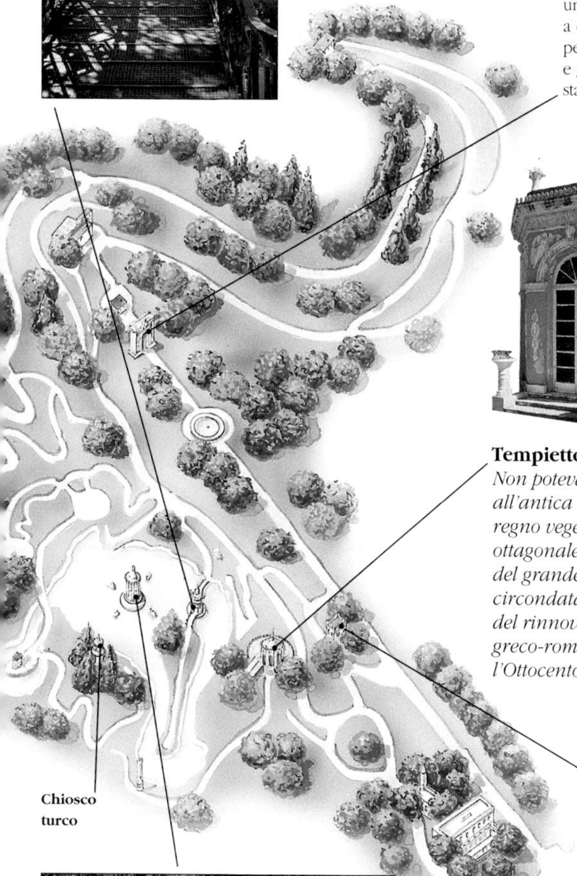

Tempietto di Flora
Non poteva che essere dedicato all'antica divinità protettrice del regno vegetale questa costruzione ottagonale che si trova a sud del grande specchio d'acqua, circondata da siepi di bosso. È segno del rinnovato interesse per l'epoca greco-romana che influenzò tutto l'Ottocento.

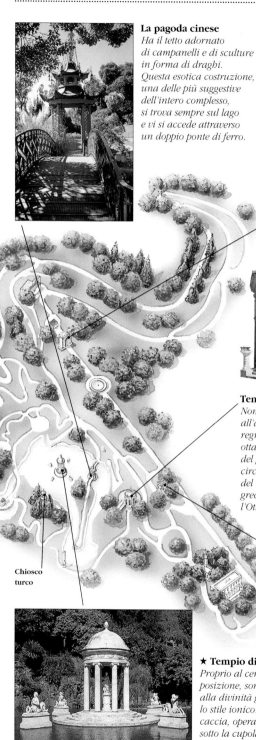

★ Tempio di Diana
Proprio al centro del lago grande, in mirabile posizione, sorge il tempietto rotondo dedicato alla divinità greco-romana, costruito secondo lo stile ionico. Una statua della dea della caccia, opera di G.B. Cevasco, è collocata sotto la cupola. All'esterno, intorno al tempio e sull'acqua, fanno la guardia quattro Tritoni.

Il sagrato del santuario della Madonnetta

Santuario della Madonnetta 7

Salita della Madonnetta, 5. **Tav** 2 F1.
010 272 53 08.
8.30–11.30, 15.30–18.

Eretto nel 1696 con complessa struttura barocca per gli agostiniani dall'architetto Antonio Maria Ricca (che alla fine dei lavori entrò nell'ordine religioso), il santuario, dedicato a Santa Maria Assunta, posto alla fine di una *creuza*, ripida e caratteristica stradina in salita lastricata di mattoni, è una delle punte di diamante della Circonvallazione a monte. Precede l'edificio un sagrato recintato a pianta ottagonale, pavimentato di ciottoli bianchi e neri, nel quale, sul lato di fronte alla facciata, una nicchia racchiude il gruppo marmoreo della *Pietà* dovuto a Domenico Parodi. Suggestivo anche l'interno, con un vano centrale molto luminoso a forma di ottagono irregolare collegato al presbiterio da due scenografiche scale laterali. Sotto il presbiterio, una terza rampa scende al cosiddetto "scurolo", sul cui altare è venerata la statua della *Madonnetta*, opera gaginesca risalente al '400 da cui prende nome il santuario; nella cappella attigua, una *Pietà* lignea (1733) opera dello scultore Anton Maria Maragliano. Nella cripta del santuario, una delle attrattive più singolari della città di Genova: il celeberrimo *Presepe* artistico, ricchissimo di figure di scuola genovese del 1600–700, importante perché ricostruzione davvero fedele degli ambienti della città antica. Nella sagrestia, *Annunciazione*, bella tavola già attribuita al pittore Ludovico Brea, artista nativo di Nizza e attivo in Liguria (soprattutto a Genova e nel Ponente) dal 1475 al 1520 circa.

Chiesa di San Bartolomeo degli Armeni 8

Piazza San Bartolomeo degli Armeni 2. **Tav** 3 B2.
010 839 24 96. 33.
7.30–11.30, 16–18.30.

La chiesa – fondata dai monaci basiliani nel 1308, da loro stessi trasformata nel 1595, passata nel 1650 ai barnabiti, attuali officianti, che la ristrutturarono nel 1775 – è quasi del tutto racchiusa da un edificio ottocentesco, ma conserva ancora il campanile del 1300. La fama di questo luogo è dovuta alla reliquia del Santo Volto, qui conservata. Chiamata dal popolo anche "Santo Sudario", oppure "Mandillo", essa dovrebbe raffigurare il vero volto di Gesù Cristo. A Leonardo Montaldo, doge di Genova, venne donata nel 1362 dall'imperatore di Costantinopoli Giovanni V Paleologo, per ricompensarlo dell'aiuto militare in suo favore. Il doge, a sua volta, donò la reliquia ai monaci basiliani nel 1388: un ornato in filigrana di argento e oro come cornice (capolavoro di oreficeria bizantina), dieci formelle a sbalzo che narrano le origini del ritratto e ulteriori episodi della sua storia. All'interno della chiesa, molta parte dell'apparato decorativo si richiama alla tradizione della reliquia, che viene esposta

Il prezioso trittico *Madonna e santi* della chiesa di San Bartolomeo, 1415

Presepe al santuario della Madonnetta

La tradizione dei presepi

Risale forse alla predicazione dei gesuiti, particolarmente attivi a Genova nella prima metà del '600, la diffusione del culto del presepe che, sebbene in misura minore rispetto alla tradizione napoletana, è molto sentito anche qui. Le famiglie borghesi di fine Ottocento e inizio Novecento, in occasione delle festività natalizie, erano solite compiere una visita particolare ai presepi cittadini, che erano passati in eredità dalle casate patrizie che li avevano allestiti e conservati in privato durante il XVII e XVIII secolo ad alcune chiese della città. Anche oggi, senza bisogno di aspettare le feste, è possibile rifarsi alla consuetudine del "pellegrinaggio" ottocentesco visitando i quattro santuari che, come allora, espongono il presepe: la chiesa dei Cappuccini, il santuario di San Barnaba, il santuario della Madonnetta, il santuario di Oregina. Le figure caratteristiche, solitamente scolpite in legno, a volte in cera colorata o stucco, erano quelle della giovane contadina sorridente, della vecchia contadina dall'espressione grottesca, e del mendicante zoppo (prima connotazione grandemente realistica, poi assunta a carattere simbolico di povertà e bisogno).

ai fedeli nella settimana successiva alla domenica di Pentecoste. L'opera di maggior valore è sicuramente il trittico posto sull'altare maggiore, *Madonna e santi*, realizzato da Turino Vanni nel 1415.

Mura Nuove e Forti esterni ❾

LUNGA CIRCA 13 CHILOMETRI, progettata da cinque architetti che la realizzarono in sette anni (dal 1626 al 1633), la cerchia muraria di Genova divenne da subito una delle caratteristiche salienti della città. Il disegno tracciava un triangolo equilatero, con la punta rappresentata dal **Forte Sperone**. Le mura subirono interventi in epoca successiva (tra il 1818 e il 1840) a opera del Corpo reale del Genio Sardo, dopo che se ne era dimostrata l'inadeguatezza durante gli attacchi austriaci della metà del Settecento e dell'inizio dell'Ottocento; dopo il 1850, le parti della cinta muraria più vicine alla costa vennero del tutto cancellate. Quello che rimane ora è la cosiddetta Strada delle Mura, un suggestivo percorso che segue il tracciato di ciò che resta dell'originale cinta muraria, e che delimita il Parco urbano delle Mura. Quasi tutte le costruzioni fortificate che si snodano lungo il tortuoso itinerario sono state costruite durante il riassetto delle mura.

Il **Forte Begato**, a pianta quadrangolare, è segnato da robusti contrafforti con bastioni in cima, da cui si godono splendidi panorami sulla città vecchia e sulla valle del Polcevera; il **Forte Diamante**, in suggestiva posizione, risale al 1758, e ha mantenuto quasi del tutto l'originario aspetto, con pianta poligonale; il **Forte Puin** (raggiungibile dalle stazioni intermedie di Trensasco o Campi della ferrovia Genova-Casella), ultimato nel 1828, con la sua torre quadrangolare che sovrasta la fortezza è uno dei punti di maggior interesse del Parco urbano delle Mura. Il **Castello Mackenzie**, opera di Gino Coppedè (1896–1906), accosta in maniera ardita elementi medievali, rinascimentali e liberty. Già ricordato nel Cinquecento, il **Forte Tenaglia** fu ristrutturato dal 1833 al 1836, assumendo una caratteristica struttura "a corno" che domina la valle del Polcevera; originariamente maschio della prima cerchia muraria del Seicento, il **Forte Sperone**, svettante sulla cima del monte Peralto, deve il suo aspetto odierno di massiccia cittadella alla ristrutturazione sabauda del 1826–27. Il **Forte Castellaccio**, oggi a tre piani, fu ricostruito nel 1530 per volere di Andrea Doria e rimaneggiato nel 1830–36; nella sua cinta di bastioni è racchiusa anche la torre della Specola, dove morivano impiccati i condannati a morte.

Una veduta dall'alto di Forte Diamante, risalente al 1758

Il monumento funebre di Giuseppe Mazzini a Staglieno

Cimitero di Staglieno ❿

Piazzale Resasco 1. *010 815 960.* *12, 14.* *7.30–17 tutti i giorni.* *festivi.* www.cimiterodistaglieno.it

LA COSTRUZIONE di questo monumentale complesso neoclassico sorto sulla sponda destra del Bisagno risale al 1835, su progetto di Carlo Barabino. Dopo la scomparsa di questo, deceduto poco dopo l'approvazione del piano, i lavori vennero portati avanti sotto la direzione di Giovanni Battista Resasco, che li terminò nel 1851. Una galleria con porticati interni adatta ad accogliere i monumenti funebri definisce lo spazio del cimitero, impostato su pianta quadrilatera. In posizione dominante, proprio sul lato del monte, ecco la cappella dei Suffragi, a pianta circolare, arricchita all'esterno di statue di Giuseppe Benetti e G.B. Cevasco, l'autore delle statue del parco di Villa Durazzo Pallavicini a Pegli. Tra le opere da segnalare, la statua marmorea della *Fede*, di proporzioni colossali, opera di Santo Varni, e forse il monumento più noto di Staglieno, la tomba di Giuseppe Mazzini, realizzata da Giovanni Battista Grasso. L'ampio spazio semicircolare del Boschetto regolare si lega a quello solcato da viali e vialetti del cosiddetto Boschetto irregolare, che contribuiscono con il loro spazio verde a rendere ancora più suggestivo il luogo.

San Siro di Struppa ⓫

Via di Creto 64.
010 809 000. *12, 14.*
8.30–18 tutti i giorni, 19 in estate.

QUESTA CHIESA ABBAZIALE, che sorge in posizione isolata tra orti e filari di vigne nella circoscrizione di Struppa, la più nord-orientale del territorio comunale, è ricordata già dai primi anni del XIII secolo. Il nome le deriva dal vescovo di Genova, che qui nacque nel IV secolo. Dalla fine del 1500 in poi, la chiesa subì diverse manomissioni, che trasformarono il suo aspetto protoromanico originario. Due accurati interventi di restauro, eseguiti negli anni '20 e '60 del Novecento, glielo hanno restituito: la muratura a vista è in pietra arenaria grigia, dal sagrato a ciottoli bianchi e neri si eleva la facciata, arricchita da un rosone e tripartita da paraste in corrispondenza delle navate. Il campanile,

Statua lignea di *San Siro*, 1640

Il *Polittico di San Siro*, del 1516, custodito nella navata sinistra

con trifore sulla sommità, si innalza direttamente sull'ultima campata della navatella di destra. All'interno, che conserva ancora poche tracce dell'originaria decorazione affrescata, interessanti i capitelli sferocubici delle colonne a massello. La statua lignea di *San Siro* alla parete della navata destra è del 1640. Il paliotto dell'altare maggiore, moderno, era l'architrave di un portale cinquecentesco di un palazzo genovese. È invece attribuibile forse a Pier Francesco Sacchi lo splendido *Polittico di San Siro* (raffigurante il santo in trono, otto storie della sua vita e la Vergine col Bambino), datato 1516, che fa bella mostra di sé nella navata sinistra.

Albaro ⓬

Carta stradale D3.

INIZIA QUI LA ZONA del Genovesato di Levante, un susseguirsi senza soluzione di continuità di insediamenti ricchi di interesse storico-artistico che porta fino a Nervi e ai suoi giardini. San Francesco di Albaro è uno di questi sei comuni, un tempo autonomi: situato nella val Bisagno, venne annesso a Genova nel 1926. Eletto sin dal Medioevo dalle famiglie dell'alta nobiltà genovese come luogo dove costruire le proprie ville di campagna, rimane il quartiere residenziale per eccellenza del capoluogo ligure, e vanta una serie di ville suburbane di eccezionale bellezza. Da segnalare Villa Saluzzo Bombrini, detta "il Paradiso", dalla facciata alleggerita sui lati da due logge e da uno splendido giardino, lo stesso che compare nel quadro di Alessandro Magnasco esposto a Palazzo Bianco *Trattenimento in un giardino di Albaro*; la Villa Saluzzo Mongiardino, risalente al primo Settecento, nella quale nel 1823 fu ospite il poeta inglese George Byron. È oggi sede della facoltà di ingegneria dell'università di Genova la Villa Giustinani Cambiaso, che Galeazzo Alessi iniziò a erigere nel 1548 per Luca Giustiniani:

IL TRENINO DI CASELLA

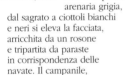

Il trenino di Casella, in funzione dal 1929

In funzione dal primo settembre 1929, la linea Genova-Casella, una delle poche ancora a scartamento ridotto, unisce in 24 km, e in circa 55 minuti, il mare all'entroterra appenninico. Durante il percorso si attraversano boschi, si superano viadotti e gallerie e si raggiunge Crocetta, antico confine della Repubblica, il punto più elevato (458 m). Questa linea di montagna, su forte pendenza, viene chiamata delle "tre valli" (val Bisagno, val Polcevera, valle Scrivia). Dalle piccole stazioni (Trensasco, Campi, Pino, Torrazza, Sardorella, Vicomorasso, Sant'Olcese) partono gite a piedi o in mountain bike. Il servizio è effettuato con moderne carrozze o in vagoni d'epoca che è bene prenotare. La stazione di partenza è presso piazza Manin; il capolinea invece si trova a Casella, a un'altitudine di 410 m.

FS **Genova-Casella**
Via alla Stazione per Casella 15, Genova. *010 837 321.* W www.ferroviagenovacasella.it *33, 34 barrato.*

La Villa Luxoro di Nervi, al cui interno è allestito il Museo "Giannettino Luxoro"

in posizione elevata, circondata dall'ampio giardino, ha rilievi decorativi all'interno che rimandano al classicismo e al manierismo romano. Due affreschi di G.B. Castello il Bergamasco e di Luca Cambiaso arricchiscono la loggia del piano superiore.

Boccadasse 13

Carta stradale D3.

PROPRIO ALL'INIZIO della Riviera di Levante, ma ancora sotto territorio genovese, si trova questo borgo di pescatori che ha conservato a tutt'oggi il suo pittoresco aspetto. Il grappolo di case dalle facciate dei più vivaci colori stretto attorno al porticciolo rappresenta una delle mete preferite degli abitanti di Genova, che scelgono Boccadasse per le loro passeggiate ed escursioni nel tempo libero, e dei turisti, a cui sembra di stare qui fuori dal tempo.

Boccadasse, pittoresco borgo di pescatori

Nervi 14

Carta stradale D3.

FS

LUOGO PRIVELEGIATO di vacanza di tutta l'aristocrazia europea, soprattutto inglese, già dalla seconda metà dell'Ottocento, la cittadina è meritevole di visita soprattutto per il suo lungomare e per i suoi parchi. Dalla passeggiata Anita Garibaldi, fatta costruire dal marchese Gaetano Gropallo nella seconda metà del secolo XIX, si gode uno dei panorami più belli d'Italia, con la vista su tutto il Levante che arriva fino al monte di Portofino. A metà della passeggiata, la torre Gropallo, eretta nel '500 e rimaneggiata dal marchese in stile neomedievale. I giardini delle ville Gropallo (sede della biblioteca comunale), Serra (che ospita la Galleria d'Arte Moderna, con pittura ligure degli ultimi due secoli e opere di Arturo Martini e Felice Casorati) e Grimaldi Fassio (che accoglie le Raccolte Frugone, con artisti dell'800 e del '900)

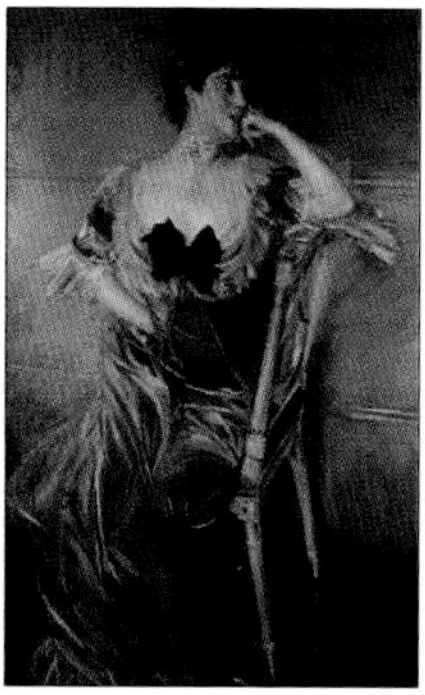

***Ritratto di Miss Bell*, di Boldini, Raccolte Frugone**

fanno oggi parte di un'unica area verde che si estende per quasi 9 ettari, e che alterna diverse varietà di piante esotiche a specie tipicamente mediterranee. Una visita merita anche il Museo "Giannettino Luxoro", villa dall'arredo settecentesco in cui sono esposte acquasantiere, maioliche, statuine del presepe, nonché tre dipinti di Alessandro Magnasco.

Raccolte Frugone

Villa Grimaldi, via Capolungo 9.
010 322 396.
9–19 mart–ven; 10–19 sab e dom.
www.raccoltefrugone.it

Galleria d'Arte Moderna

Villa Serra, via Capolungo 3.
010 372 60 25.
10–19 mart–dom.
www.gamgenova.it

Museo "Giannettino Luxoro"

Villa Luxoro, viale Mafalda di Savoia 3. *010 322 673.*
9–13 mart–ven; 10–13 sab.
dom e lun.
www.museoluxoro.it

Stradario di Genova

I luoghi di interesse turistico citati nelle pagine della guida relative a Genova recano tutti una indicazione cartografica, che si riferisce alle sei tavole di questo stradario *(pp 170–5)*. I nomi delle strade e delle piazze riportate nello stradario si trovano nell'indice, che precede le mappe e inizia alla pagina seguente *(pp 167–9)*. Sulle tavole dello stradario sono inoltre segnalati gli edifici pubblici (compresi quelli di cui non si parla nella guida), gli uffici postali, le stazioni di polizia, gli ospedali, le stazioni ferroviarie e degli autobus, i campi sportivi, i parchi pubblici e tutti i principali luoghi di culto della città ligure. Da segnalare anche che, essendo il centro di Genova un reticolo intricato di piccole strade, le tavole 5 e 6 sono un ingrandimento della zona del centro storico, realizzato per aiutare il visitatore a orientarsi in quello che può diventare, a percorrerlo senza l'aiuto di una guida, un vero e proprio labirinto.

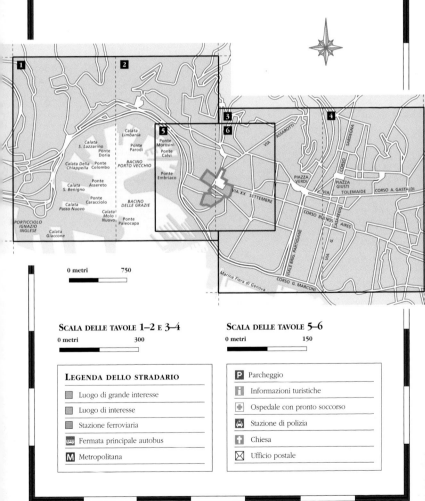

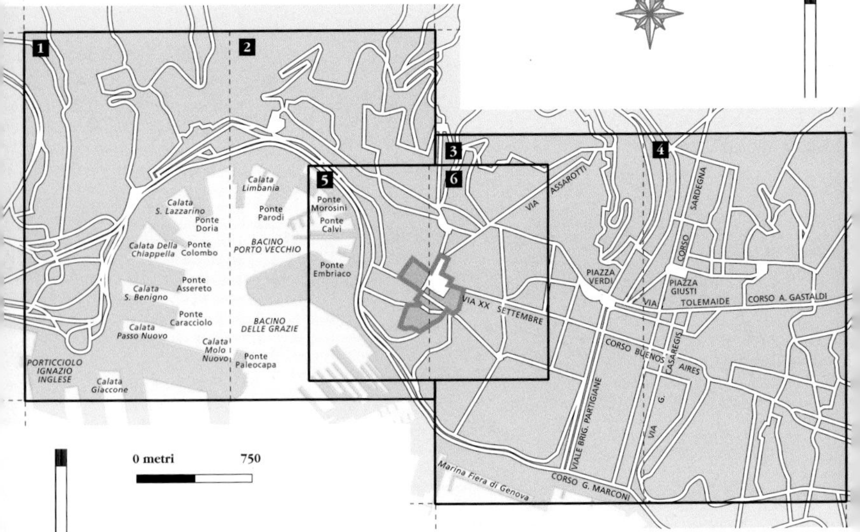

Scala delle tavole 1–2 e 3–4

0 metri 300

Scala delle tavole 5–6

0 metri 150

Legenda dello stradario

- Luogo di grande interesse
- Luogo di interesse
- Stazione ferroviaria
- Fermata principale autobus
- Metropolitana
- Parcheggio
- Informazioni turistiche
- Ospedale con pronto soccorso
- Stazione di polizia
- Chiesa
- Ufficio postale

Indice dello stradario

G

I

K

L

M

N

O

P

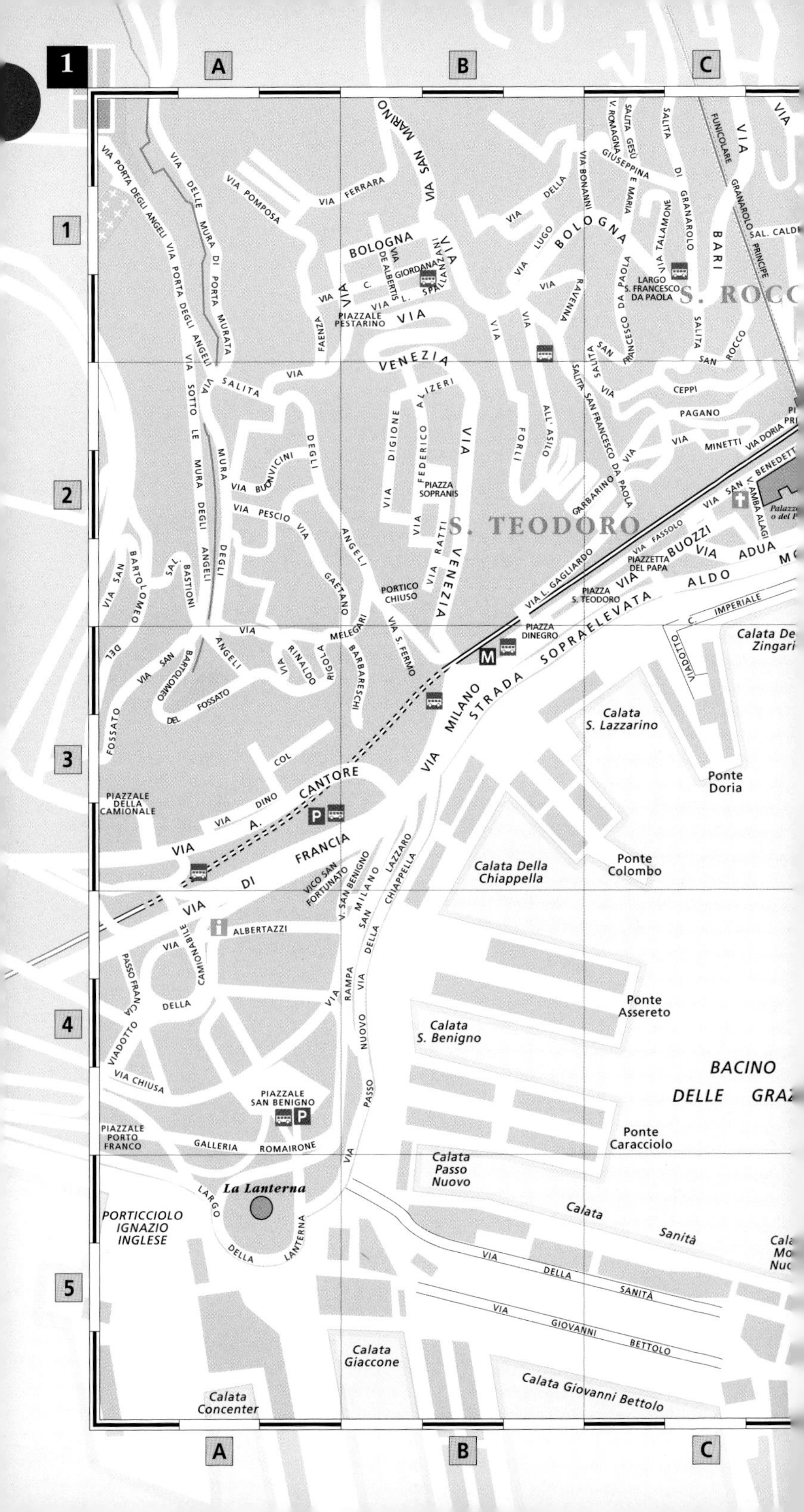
1
A
B
C
1
2
3
4
5
VIA PORTA DEGLI ANGELI
VIA DELLE MURA DI PORTA MURATA
VIA PORTA DEGLI ANGELI
VIA POMPOSA
VIA FERRARA
VIA SAN MARINO
BOLOGNA
VIA DE ALBERTIS
VIA C. GIORDANA
VIA L. SPALLANZANI
VIA
PIAZZALE PESTARINO
VIA
FAENZA
VIA DELLA
VIA LUGO
VIA BOLOGNA
VIA BONANNI
V. ROMAGNA
SALITA GESÙ GIUSEPPINA E MARIA
SALITA DI GRANAROLO
VIA TALAMONE
FUNICOLARE
VIA GRANAROLO
VIA BARI
SAL. CALDE
PRINCIPE
LARGO S. FRANCESCO DA PAOLA
S. ROCCO
VIA RAVENNA
VIA FRANCESCO DA PAOLA
SALITA SAN ROCCO
SALITA SAN FRANCESCO DA PAOLA
SALITA SAN FRANCESCO DA PAOLA
VIA VENEZIA
VIA SALITA
VIA SOTTO LE MURA DEGLI ANGELI
VIA
VIA ALIZERI
VIA DIGIONE
VIA FEDERICO
VIA FORLÌ
ALL' ASILO
VIA CEPPI
PAGANO
VIA MINETTI
VIA DORIA
V. BENEDETTO
MURA DEGLI ANGELI
DEGLI
VIA BUONVICINI
VIA PESCIO
PIAZZA SOPRANIS
GARBARINO
VIA SAN
V. AMBA ALAGI
Palazzo del P
S. TEODORO
VIA FASSOLO
PIAZZETTA DEL PAPA
BUOZZI
VIA ADUA
VIA SAN BARTOLOMEO
SAL. BASTIONI
ANGELI
GAETANO
VIA RATTI
VIA VENEZIA
PORTICO CHIUSO
VIA L. GAGLIARDO
PIAZZA S. TEODORO
VIA
ALDO
MO
C. IMPERIALE
VIA
VIA DEL SAN BARTOLOMEO
ANGELI
VIA RINALDO RIGOLA
MELEGARI
BARBARESCHI
VIA S. FERMO
PIAZZA DINEGRO
M
SOPRAELEVATA
VIADOTTO
Calata Dei Zingari
DEL FOSSATO
FOSSATO
STRADA
VIA MILANO
Calata S. Lazzarino
COL
VIA CANTORE
Ponte Doria
PIAZZALE DELLA CAMIONALE
VIA A. DINO
P
VIA
VIA DI FRANCIA
VICO SAN FORTUNATO
V. SAN BENIGNO
MILANO
LAZZARO
CHIAPPELLA
Calata Della Chiappella
Ponte Colombo
VIA
ALBERTAZZI
SAN
DELLA
VIA CAMIONABILE
PASSO FRANCIA
VIA DELLA
VIA
RAMPA
VIA
NUOVO
Ponte Assereto
Calata S. Benigno
BACINO DELLE GRAZ
VIADOTTO
VIA CHIUSA
PIAZZALE SAN BENIGNO
P
PASSO
Ponte Caracciolo
PIAZZALE PORTO FRANCO
GALLERIA ROMAIRONE
VIA
Calata Passo Nuovo
La Lanterna
LARGO
PORTICCIOLO IGNAZIO INGLESE
DELLA LANTERNA
Calata
Sanità
Cala Mo Nuo
VIA DELLA SANITÀ
VIA GIOVANNI BETTOLO
Calata Giaccone
Calata Giovanni Bettolo
Calata Concenter
A
B
C

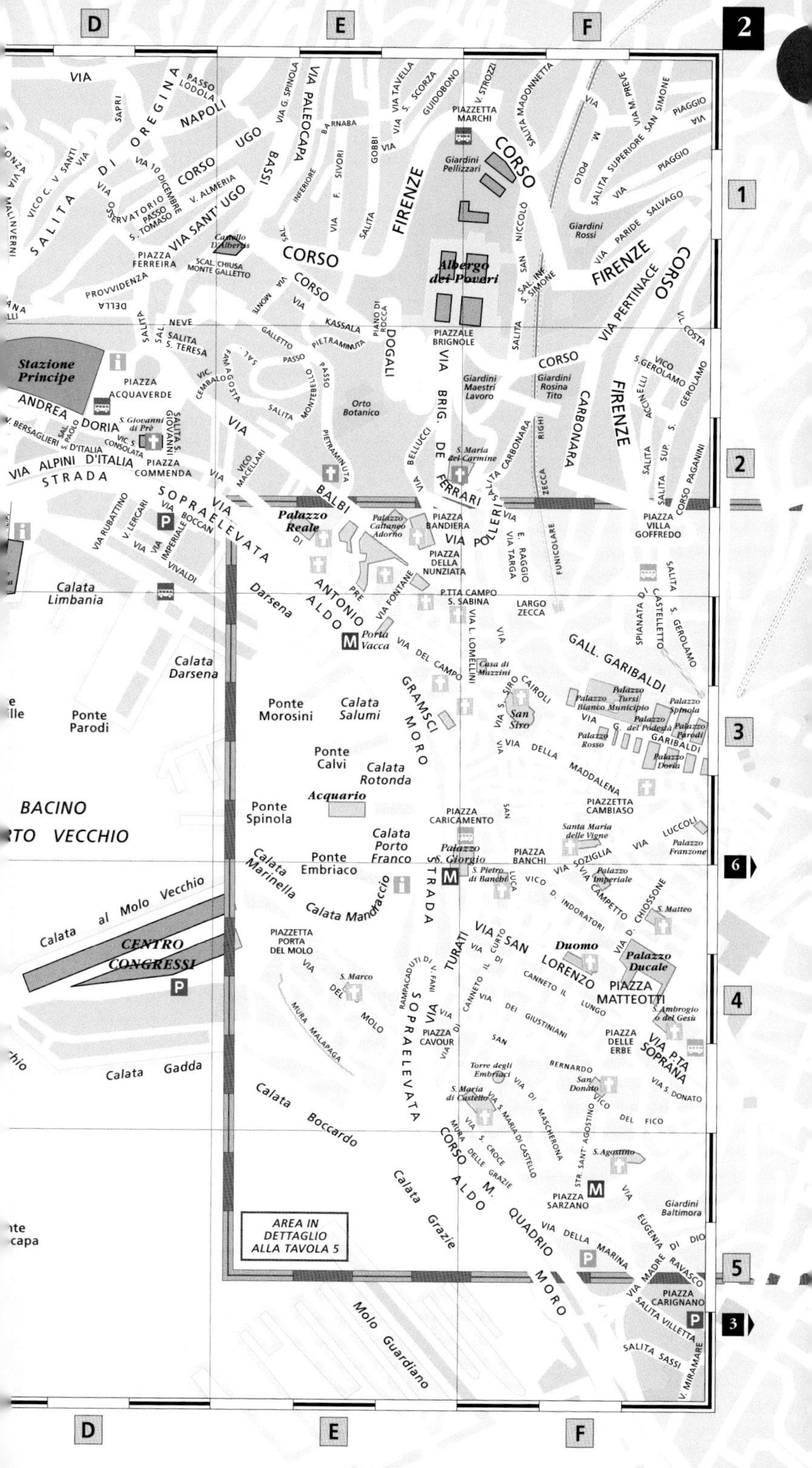

2
D
E
F
VIA
PASSO LODOLA
VIA OREGINA
SAPRI
VIA G. SPINOLA
VIA PALEOCAPA
VIA TAVELLA
S. SCORZA
GUIDOBONO
V. STROZZI
SALITA MADONNETTA
VIA M. PREVE
SALITA SUPERIORE SAN SIMONE
PIAGGIO
VIA
NAPOLI
BARNABA
PIAZZETTA MARCHI
CORSO UGO BASSI
VICO C. V. SANTI
VIA MALINVERNI
SALITA DI
VIA 10 DICEMBRE
CORSO
INFERIORE
VIA F. SIVORI
GOBBI
Giardini Pellizzari
CORSO
M. POLO
VIA PIAGGIO
OSSERVATORIO
PASSO S. TOMASO
V. ALMERIA
VIA SANT'UGO
SALITA
FIRENZE
NICCOLÒ
VIA PARIDE SALVAGO
Giardini Rossi
Castello D'Albertis
PIAZZA FERREIRA
SCAL. CHIUSA MONTE GALLETTO
SAL.
CORSO
Albergo dei Poveri
SAN
SAL. INF. S. SIMONE
FIRENZE
CORSO
VIA PERTINACE
PROVVIDENZA
DELLA
VIA MONTE
CORSO
VIA
KASSALA
PIANO DI ROCCA
SALITA
NEVE
SALITA S. TERESA
GALLETTO
PIETRAMINUTA
DOGALI
PIAZZALE BRIGNOLE
VL. COSTA
Stazione Principe
PIAZZA ACQUAVERDE
VIC. CEMBALO
FAMAGOSTA
PASSO
MONTEBELLO
CORSO
VICO S. GEROLAMO
Giardini Maestri Lavoro
Giardini Rosina Tito
ANDREA DORIA
SALITA
Orto Botanico
VIA BRIG. DE FERRARI
FIRENZE
ACCINELLI
GEROLAMO
S. Giovanni di Prè
SALITA S. GIOVANNI
V. BERSAGLIERI D'ITALIA
SAL. S. PAOLO
VIC. S. CONSOLATA
VIA ALPINI D'ITALIA
PIAZZA COMMENDA
STRADA
VIA
VICO MACELLARI
PIETRAMINUTA
BELLUCCI
S. Maria del Carmine
SALITA CARBONARA
RIGHI
CARBONARA
ZECCA
SALITA SUP. S.
SALITA
CORSO PAGANINI
VIA SOPRAELEVATA
VIA RUBATTINO
V. LERCARI
VIA BOCCAN
VIA IMPERIALE
VIVALDI
BALBI
Palazzo Reale
Palazzo Cattaneo Adorno
PIAZZA BANDIERA
VIA POLLERI
VIA E. RAGGIO
VIA TARGA
FUNICOLARE
PIAZZA VILLA GOFFREDO
PIAZZA DELLA NUNZIATA
Calata Limbania
Darsena
VIA ANTONIO PRE DI
ALDO
VIA FONTANE
P.TTA CAMPO S. SABINA
LARGO ZECCA
SALITA
SPIANATA DI CASTELLETTO
S. GEROLAMO
Porta Vacca
VIA DEL CAMPO
VIA L. LOMELLINI
VIA
GALL. GARIBALDI
Casa di Mazzini
Calata Darsena
GRAMSCI
MORO
VIA S. SIRO
CAIROLI
San Siro
Palazzo Bianco
Palazzo Tursi Municipio
Palazzo Spinola
Palazzo del Podestà
Palazzo Parodi
Palazzo Rosso
VIA G. GARIBALDI
Palazzo Doria
Ponte Morosini
Calata Salumi
Ponte Parodi
Ponte Calvi
Calata Rotonda
VIA DELLA MADDALENA
BACINO
PORTO VECCHIO
Acquario
Ponte Spinola
PIAZZETTA CAMBIASO
PIAZZA CARICAMENTO
SAN
Santa Maria delle Vigne
LUCCOLI
Palazzo Franzone
Calata Porto Franco
Palazzo S. Giorgio
PIAZZA BANCHI
VIA
Ponte Embriaco
Calata Marinella
STRADA
S. Pietro di Banchi
LUCA
VICO D. INDORATORI
VIA SOZIGLIA
VIA CAMPETTO
Palazzo Imperiale
VICO D. CHIOSSONE
6
Calata al Molo Vecchio
Calata Mandraccio
S. Matteo
CENTRO CONGRESSI
PIAZZETTA PORTA DEL MOLO
VIA TURATI
VIA SAN LORENZO
VIA DI CURTO
IL
CANNETO IL LUNGO
Duomo
Palazzo Ducale
PIAZZA MATTEOTTI
S. Marco
VIA DEL MOLO
MURA MALAPAGA
RAMPACADUTI DI V. FANI
SOPRAELEVATA
VIA DI CANNETO
VIA DEI GIUSTINIANI
S. Ambrogio o del Gesù
PIAZZA CAVOUR
SAN
PIAZZA DELLE ERBE
VIA PTA SOPRANA
Calata Gadda
Torre degli Embriaci
BERNARDO
San Donato
VIA S. DONATO
VIA DI MASCHERONA
VICO DEL FICO
Calata Boccardo
S. Maria di Castello
VIA S. MARIA DI CASTELLO
MURA DELLE GRAZIE
VIA S. CROCE
STR. SANT' AGOSTINO
S. Agostino
CORSO ALDO M.
Calata Grazie
PIAZZA SARZANO
VIA
Giardini Baltimora
AREA IN DETTAGLIO ALLA TAVOLA 5
QUADRIO
VIA DELLA MARINA
VIA EUGENIA RAVASCO
VIA MADRE DI DIO
MORO
PIAZZA CARIGNANO
SALITA VILLETTA
SALITA SASSI
V. MIRAMARE
Molo Guardiano
1
2
3
4
5
3

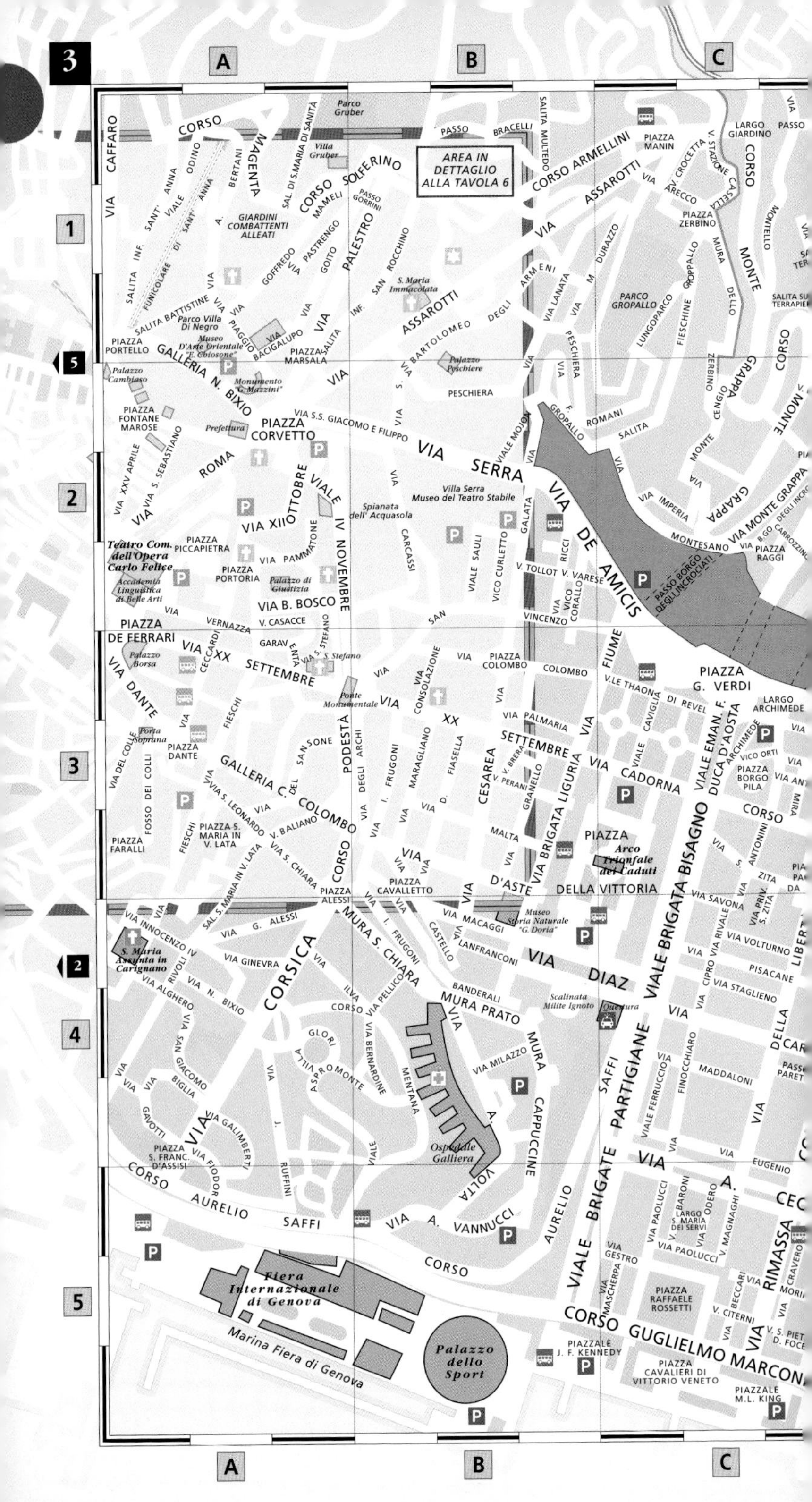
3
A
B
C
1
2
3
4
5
AREA IN DETTAGLIO ALLA TAVOLA 6
Parco Gruber
Villa Gruber
CORSO MAGENTA
VIA CAFFARO
CORSO SOLFERINO
PASSO BRACELLI
SALITA MULTEDO
CORSO ARMELLINI
PIAZZA MANIN
LARGO GIARDINO
PASSO
VIA ASSAROTTI
VIA ARECCO
V. CROCETTA
V. STAZIONE CASELLA
PIAZZA ZERBINO
MURA DELLO ZERBINO
CORSO MONTE GRAPPA
GIARDINI COMBATTENTI ALLEATI
FUNICOLARE DI SANT' ANNA
SALITA INF. SANT' ANNA
VIALE ODINO
VIA BERTANI
SAL. DI S.MARIA DI SANITÀ
VIA MAMELI
PASSO GORRINI
VIA PALESTRO
VIA SAN ROCCHINO
VIA GOFFREDO
VIA PASTRENGO
VIA GOITO
S. Maria Immacolata
VIA ASSAROTTI
VIA DEGLI ARMENI
VIA LANATA
VIA M. DURAZZO
PARCO GROPALLO
LUNGOPARCO GROPALLO
FIESCHINE
SALITA BATTISTINE
Parco Villa Di Negro
VIA PIAGGIO
Museo D'Arte Orientale "E. Chiossone"
VIA BACIGALUPO
PIAZZA MARSALA
SALITA INF. S. BARTOLOMEO
Palazzo Peschiere
VIA PESCHIERA
PIAZZA PORTELLO
GALLERIA N. BIXIO
Palazzo Cambiaso
Monumento G. Mazzini
PIAZZA FONTANE MAROSE
Prefettura
PIAZZA CORVETTO
VIA S.S. GIACOMO E FILIPPO
VIA SERRA
VIALE MOJON
VIA F. GROPALLO
SALITA ROMANI
VIA MONTE CENGIO
VIA IMPERIA
VIA GRAPPA
VIA MONTE GRAPPA
VIA XXV APRILE
VIA S. SEBASTIANO
VIA ROMA
VIA XII OTTOBRE
VIALE IV NOVEMBRE
Spianata dell' Acquasola
VIA CARCASSI
Villa Serra Museo del Teatro Stabile
VIA GALATA
VIA DE AMICIS
VIA RICCI
MONTESANO
PIAZZA RAGGI
B.GO DEGLI INCROCIATI
PASSO BORGO DEGLI INCROCIATI
Teatro Com. dell'Opera Carlo Felice
Accademia Linguistica di Belle Arti
PIAZZA PICCAPIETRA
VIA PAMMATONE
PIAZZA PORTORIA
Palazzo di Giustizia
VIA B. BOSCO
VIALE SAULI
VICO CURLETTO
V. TOLLOT
V. VARESE
VICO CORALLO
VIA SAN VINCENZO
PIAZZA DE FERRARI
VIA VERNAZZA
V. CASACCE
VIA CECCARDI
GARAVENTA
VIA S. STEFANO
S. Stefano
Palazzo Borsa
VIA XX SETTEMBRE
VIA DANTE
PIAZZA COLOMBO
VIA COLOMBO
VIA FIUME
PIAZZA G. VERDI
V.LE THAONE DI REVEL
LARGO ARCHIMEDE
Ponte Monumentale
VIA CONSOLAZIONE
VIA PALMARIA
VIA CAVIGLIA
VIALE EMAN. F. DUCA D'AOSTA
VIA ARCHIMEDE
VICO ORTI
Porta Soprana
PIAZZA DANTE
VIA FIESCHI
GALLERIA C. COLOMBO
VIA DEL SANSONE
VIA PODESTÀ
VIA DEGLI ARCHI
VIA I. FRUGONI
VIA MARAGLIANO
VIA D. FIASELLA
VIA CESAREA
V. BRERA
V. PERANI
GRANELLO
VIA BRIGATA LIGURIA
VIA CADORNA
PIAZZA BORGO PILA
VIA DEL COLLE
FOSSO DEI COLLI
VIA S. LEONARDO
PIAZZA S. MARIA IN V. LATA
V. BALIANO
VIA S. CHIARA
CORSO
VIA MALTA
PIAZZA DELLA VITTORIA
Arco Trionfale dei Caduti
VIALE BRIGATA BISAGNO
VIA ANTONINI
VIA ZITA
VIA PRIV. S. ZITA
PIAZZA FARALLI
SAL. S. MARIA IN V. LATA
PIAZZA ALESSI
PIAZZA CAVALLETTO
VIA D'ASTE
VIA SAVONA
VIA RIVALE
VIA VOLTURNO
VIA INNOCENZO IV
VIA G. ALESSI
S. Maria Assunta in Carignano
MURA S. CHIARA
VIA I. FRUGONI
VIA MACAGGI
VIA CASTELLO
VIA LANFRANCONI
Museo Storia Naturale "G. Doria"
VIA DIAZ
PISACANE
VIA STAGLIENO
VIA CIPRO
VIA RIVOLI
VIA GINEVRA
CORSO
VIA ILVA
VIA PELLICO
VIA BANDERALI
MURA PRATO
Scalinata Milite Ignoto
Questura
VIALE PARTIGIANE
VIA DELLA CAR...
VIA ALGHERO
VIA N. BIXIO
CORSO MONTE GLORI
VIA BERNARDINE
VIA MENTANA
VIA MILAZZO
MURA CAPPUCCINE
VIA FINOCCHIARO
VIA MADDALONI
VIA SAN GIACOMO
VIA BIGLIA
VIA ASPROMONTE
VIALE FERRUCCIO
VIA VIA GAVOTTI
VIA GALIMBERTI
VIA J. RUFFINI
VIALE
Ospedale Galliera
VIA A. VOLTA
VIA SAFFI
VIA EUGENIO
PIAZZA S. FRANC. D'ASSISI
VIA FIODOR
CORSO AURELIO SAFFI
VIA A. VANNUCCI
CORSO AURELIO
VIALE BRIGATE PARTIGIANE
VIA BARONI
LARGO S. MARIA DEI SERVI
VIA ODERO
V. MAGNAGHI
VIA PAOLUCCI
VIA A. CEC...
VIA GESTRO
VIA MASCHERPA
PIAZZA RAFFAELE ROSSETTI
VIA BECCARI
V. CITERNI
VIA CRAVERO
RIMASSA
Fiera Internazionale di Genova
Marina Fiera di Genova
Palazzo dello Sport
PIAZZALE J. F. KENNEDY
CORSO GUGLIELMO MARCONI
PIAZZA CAVALIERI DI VITTORIO VENETO
PIAZZALE M.L. KING
P

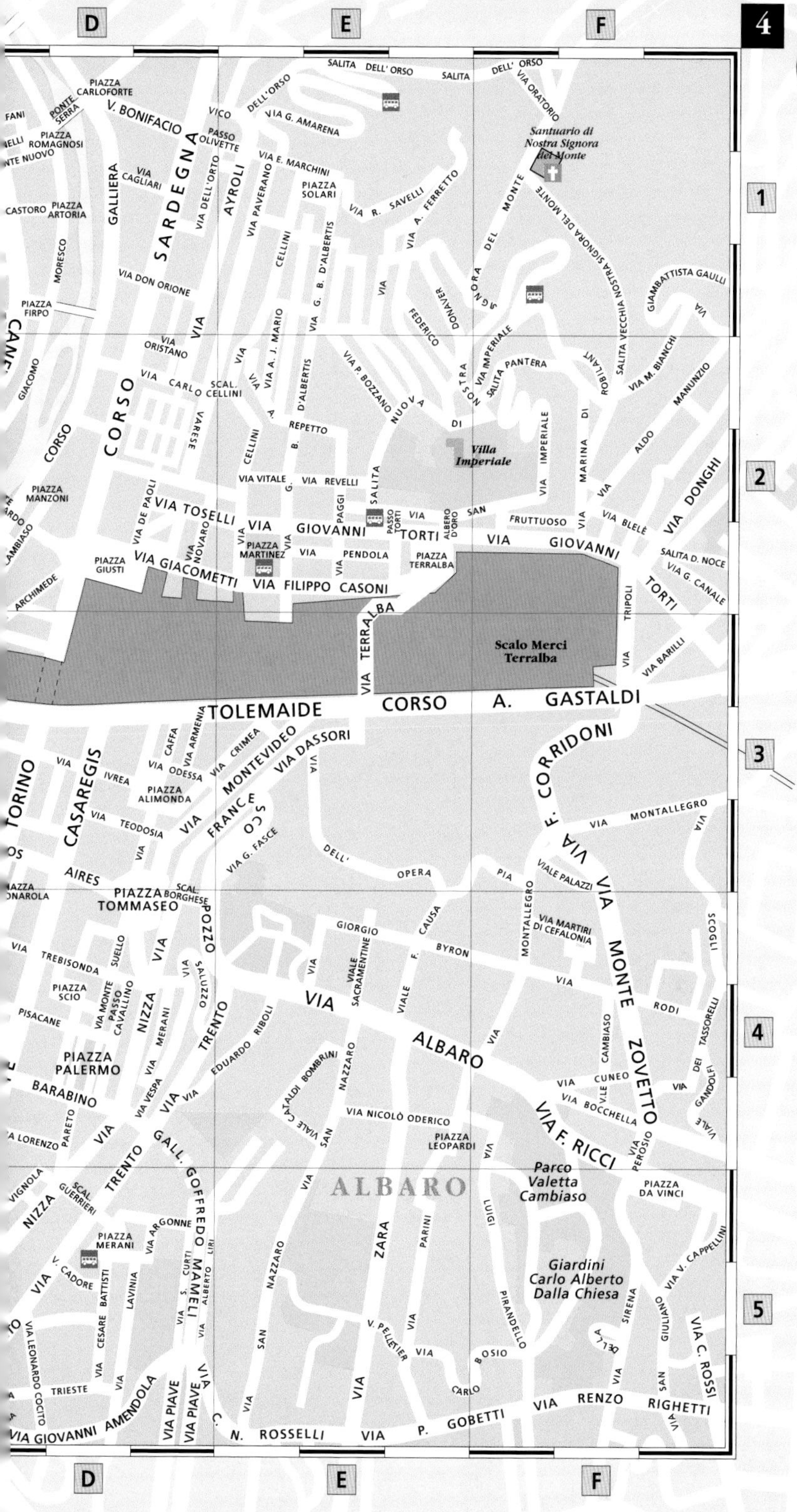
D
E
F
1
2
3
4
5
Salita dell' Orso
Via Oratorio
Santuario di Nostra Signora del Monte
Piazza Carloforte
Ponte Serra
V. Bonifacio
Vico dell'Orso
Via G. Amarena
Passo Olivette
Piazza Romagnosi
Galliera
Via Cagliari
Sardegna
Via dell'Orto
Ayroli
Via Paverano
Via E. Marchini
Piazza Solari
Via R. Savelli
Via A. Ferretto
Salita Nostra Signora del Monte
Signora del Monte
Castoro
Piazza Artoria
Moresco
Cellini
Via G. B. D'Albertis
Via Don Orione
Piazza Firpo
Federico
Donaver
Giambattista Gaulli
Salita Vecchia Nostra Signora del Monte
Via Oristano
Via A. J. Mario
Via P. Bozzano
Via Imperiale
Salita Pantera
Robilant
Via M. Bianchi
Manunzio
Giacomo
Via Carlo
Scal. Cellini
Corso
Varese
D'Albertis
Nuova
Di
Nostra
Imperiale
Marina di
Aldo
Via A. Repetto
B.
Villa Imperiale
Via Donghi
Piazza Manzoni
Via Vitale
Via Revelli
Salita
Paggi
Via Toselli
Via de Paoli
Via Giovanni Torti
Passo Torti
Albero d'Oro
San Fruttuoso
Via Blelè
Piazza Martinez
Via Novaro
Via Pendola
Piazza Terralba
Salita d. Noce
Via G. Canale
Piazza Giusti
Via Giacometti
Via Filippo Casoni
Archimede
Via Terralba
Tripoli
Scalo Merci Terralba
Via Barilli
Tolemaide
Corso A. Gastaldi
Torino
Casaregis
Caffa
Via Armenia
Via Odessa
Via Crimea
Via Montevideo
Via Dassori
Via F. Corridoni
Via Ivrea
Piazza Alimonda
Via Teodosia
Via Francesco
Via G. Fasce
Via Montallegro
Aires
Piazza Tommaseo
Scal. Borghese
Dell'Opera
Pia
Viale Palazzi
Via Monte Zovetto
Piazza Savonarola
Pozzo
Giorgio
Causa
Byron
Montallegro
Via Martiri di Cefalonia
Scogli
Via Trebisonda
Suello
Viale Sacramentine
Viale F.
Via Rodi
Piazza Scio
Via Monte Passo Cavallino
Nizza
Via Saluzzo
Pisacane
Via Merani
Trento
Eduardo Riboli
Via Albaro
Cambiaso
Tassorelli
Piazza Palermo
Via Vespa
Nazzaro
Via Cataldi Bombrini
Via Cuneo
V.le Cambiaso
Via dei Gandolfi
Barabino
Via Bocchella
Viale
Via Nicolò Oderico
Piazza Leopardi
Via F. Ricci
Via Perosio
Lorenzo Pareto
Viale San
Gall. Goffredo Mameli
Parco Valetta Cambiaso
Piazza da Vinci
Vignola
Scal. Guerrieri
ALBARO
Piazza Merani
Via Argonne
Via Zara
Parini
Luigi Pirandello
Giardini Carlo Alberto Dalla Chiesa
Via V. Cappellini
Via V. Cadore
Cesare Battisti
Lavinia
Via S. Curti
Alberto Liri
San Nazzaro
Sirena
Via Giuliano
Via C. Rossi
Via Leonardo Cocito
V. Pelletier
Via Carlo Bosio
Della
San
Trieste
Via Piave
Via C.
Via Giovanni Amendola
N. Rosselli
Via P. Gobetti
Via Renzo Righetti

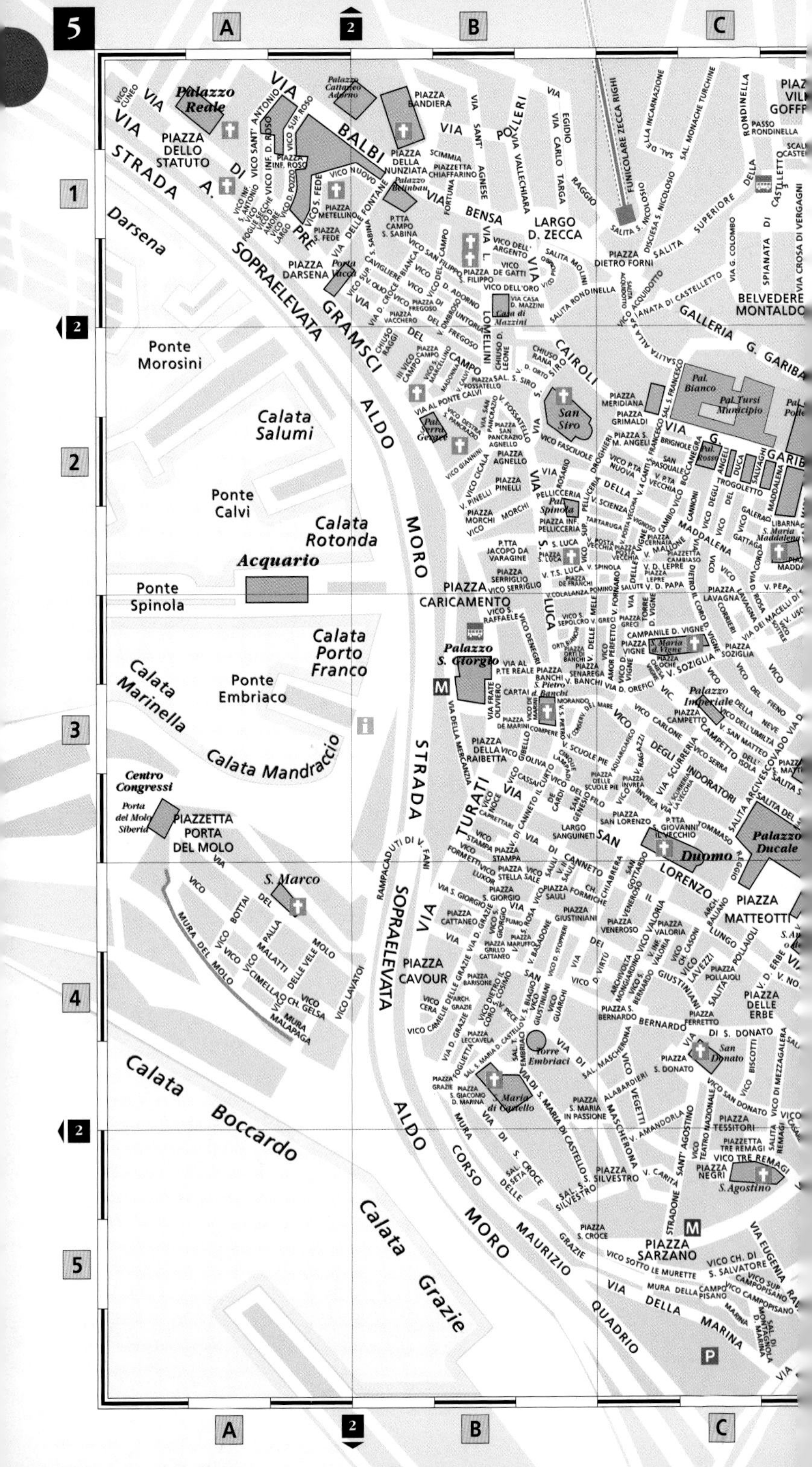
A
B
C
1
2
3
4
5
Palazzo Reale
Via Balbi
Piazza dello Statuto
Strada A. di Pre
Darsena
Piazza Darsena
Porta Vacca
Sopraelevata Gramsci
Palazzo Cattaneo Adorno
Piazza Bandiera
Piazza della Nunziata
Palazzo Belimbau
Via Polleri
Via Bensa
Largo D. Zecca
Funicolare Zecca Righi
Piazza Dietro Forni
Belvedere Montaldo
Galleria G. Garibaldi
Casa di Mazzini
Via Lomellini
Via Cairoli
San Siro
Pal. Bianco
Pal. Tursi Municipio
Via G. Garibaldi
Ponte Morosini
Calata Salumi
Ponte Calvi
Calata Rotonda
Acquario
Ponte Spinola
Aldo Moro
Piazza Caricamento
Calata Porto Franco
Ponte Embriaco
Calata Marinella
Calata Mandraccio
Palazzo S. Giorgio
Pal. Spinola
Via S. Luca
Via della Maddalena
S. Maria Maddalena
S. Maria d. Vigne
Palazzo Imperiale
Piazza Soziglia
Via Scurreria
Centro Congressi
Porta del Molo Siberia
Piazzetta Porta del Molo
S. Marco
Mura del Molo
Via Turati
Piazza Banchi
S. Pietro d. Banchi
Largo Sanguineti
Via San Lorenzo
Duomo
Palazzo Ducale
Piazza Matteotti
Strada Sopraelevata
Piazza Cavour
Torre Embriaci
S. Maria di Castello
San Donato
Piazza delle Erbe
S. Agostino
Piazza Sarzano
Calata Boccardo
Calata Grazie
Aldo Moro
Corso Maurizio Quadrio
Via della Marina

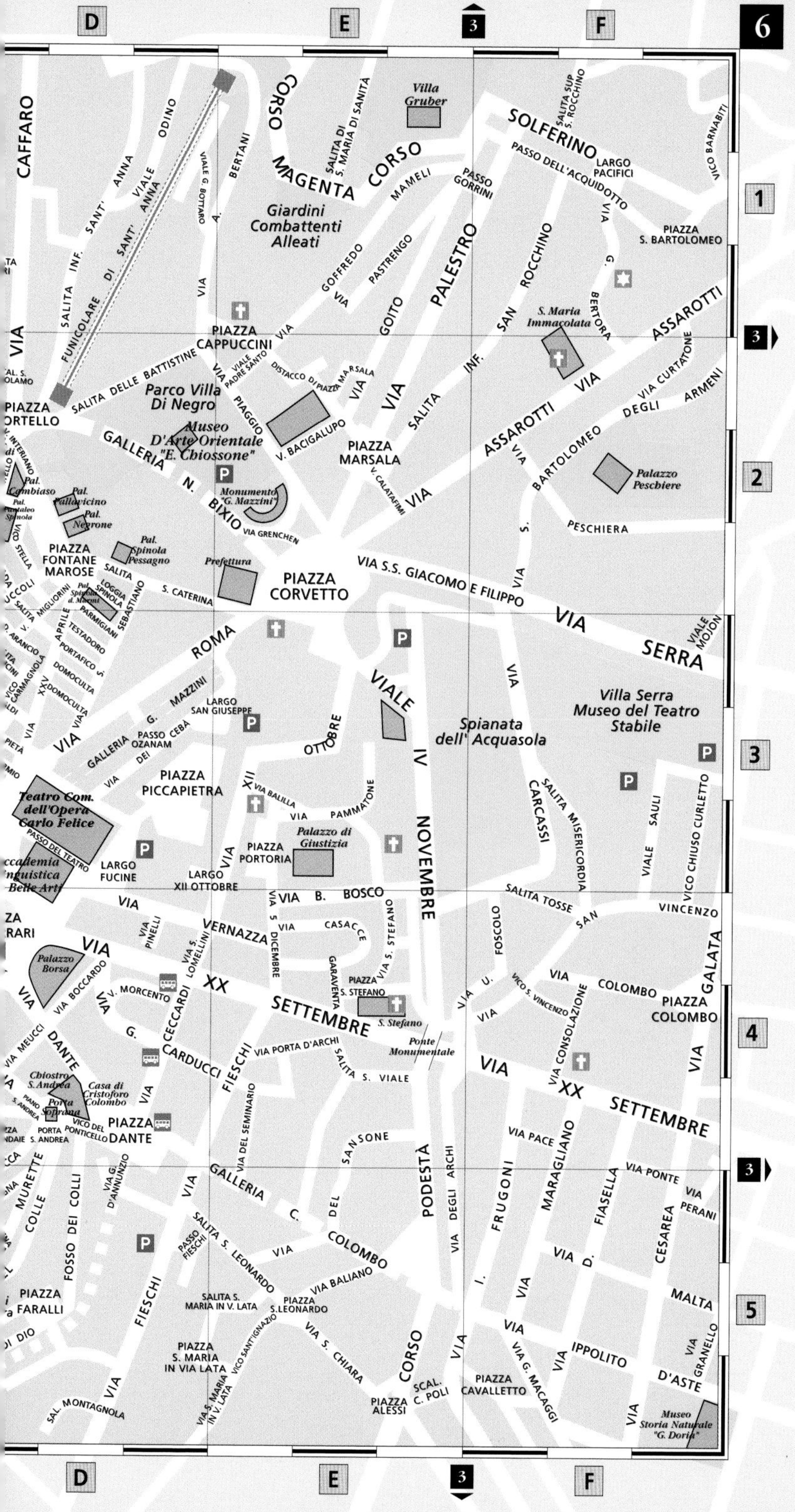
D
E
F
1
2
3
4
5
CAFFARO
FUNICOLARE DI SANT' ANNA
SALITA INF. SANT' ANNA
VIALE SANT' ANNA
ODINO
VIALE G. BOTTARO
VIA A. BERTANI
CORSO MAGENTA
CORSO SOLFERINO
SALITA DI S. MARIA DI SANITÀ
Villa Gruber
SALITA SUP. S. ROCCHINO
VICO BARNABITI
LARGO PACIFICI
PASSO DELL'ACQUIDOTTO
PASSO GORRINI
MAMELI
Giardini Combattenti Alleati
VIA GOFFREDO
PASTRENGO
VIA PALESTRO
GOITO
SALITA INF. SAN ROCCHINO
PIAZZA S. BARTOLOMEO
VIA G. BERTORA
S. Maria Immacolata
VIA ASSAROTTI
PIAZZA CAPPUCCINI
SALITA DELLE BATTISTINE
VIALE PADRE SANTO
DISTACCO DI PIAZZA MARSALA
Parco Villa Di Negro
VIA PIAGGIO
V. BACIGALUPO
Museo D'Arte Orientale "E. Chiossone"
PIAZZA MARSALA
V. CALATAFIMI
VIA CURTATONE
VIA DEGLI ARMENI
VIA S. BARTOLOMEO
Palazzo Peschiere
PESCHIERA
PIAZZA PORTELLO
GALLERIA N. BIXIO
Pal. Cambiaso
Pal. Pallavicino
Pal. Negrone
Pal. Pantaleo Spinola
Monumento "G. Mazzini"
VIA GRENCHEN
PIAZZA FONTANE MAROSE
Pal. Spinola Pessagno
Prefettura
PIAZZA CORVETTO
VIA S.S. GIACOMO E FILIPPO
VIA SERRA
VIALE MOJON
SALITA S. CATERINA
LOGGIA SPINOLA
SEBASTIANO
Pal. Spinola d. Marmi
PARMIGIANI
TESTADORO
MIGLIORINI
APRILE
PORTAFICO
DOMOCULTA
VIA ROMA
VIALE IV NOVEMBRE
VIA S. GIACOMO
Spianata dell' Acquasola
Villa Serra Museo del Teatro Stabile
LARGO SAN GIUSEPPE
GALLERIA G. MAZZINI
PASSO CEBA
OZANAM
VIA DEI
OTTOBRE
VIA XII OTTOBRE
PIAZZA PICCAPIETRA
VIA BALILLA
VIA PAMMATONE
Palazzo di Giustizia
PIAZZA PORTORIA
SALITA CARCASSI
SALITA MISERICORDIA
VIALE SAULI
VICO CHIUSO CURLETTO
Teatro Com. dell'Opera Carlo Felice
PASSO DEL TEATRO
LARGO FUCINE
LARGO XII OTTOBRE
VIA B. BOSCO
SALITA TOSSE
VIA SAN VINCENZO
VIA PINELLI
VIA VERNAZZA
VIA S. LOMELLINI
VIA 5 DICEMBRE
VIA CASACCE
VIA S. STEFANO
GARAVENTA
FOSCOLO
VIA U. FOSCOLO
GALATA
Palazzo Borsa
VIA BOCCARDO
VIA XX SETTEMBRE
V. MORCENTO
VIA CECCARDI
PIAZZA S. STEFANO
S. Stefano
VICO S. VINCENZO
VIA CONSOLAZIONE
VIA COLOMBO
PIAZZA COLOMBO
VIA DANTE
VIA MEUCCI
VIA G. CARDUCCI
VIA FIESCHI
VIA PORTA D'ARCHI
SALITA S. VIALE
Ponte Monumentale
Chiostro S. Andrea
Casa di Cristoforo Colombo
Porta Soprana
PIANO S. ANDREA
VICO DEL PONTICELLO
PIAZZA DANTE
PORTA S. ANDREA
VIA DEL SEMINARIO
SANSONE
VIA PACE
VIA MARAGLIANO
VIA PONTE
VIA PERANI
MURETTE
COLLE
FOSSO DEI COLLI
VIA G. D'ANNUNZIO
GALLERIA C. COLOMBO
VIA DEL SANSONE
PODESTÀ
VIA DEGLI ARCHI
VIA I. FRUGONI
FIASELLA
CESAREA
VIA D. FIASELLA
PASSO FIESCHI
SALITA S. LEONARDO
VIA BALIANO
MALTA
PIAZZA FARALLI
SALITA S. MARIA IN V. LATA
PIAZZA S. LEONARDO
VIA S. CHIARA
CORSO PODESTÀ
VIA IPPOLITO D'ASTE
VIA GRANELLO
PIAZZA S. MARIA IN VIA LATA
VICO SANT'IGNAZIO
VIA S. MARIA IN V. LATA
SAL. MONTAGNOLA
PIAZZA ALESSI
SCAL. C. POLI
PIAZZA CAVALLETTO
VIA G. MACAGGI
Museo Storia Naturale "G. Doria"
3

La Liguria zona per zona

Veduta d'insieme

La Liguria, una delle regioni più piccole per estensione di tutta la penisola, è ricca non soltanto di meravigliosi paesaggi sia di mare che di montagna, ma anche di cultura. Il centro cittadino più importante, capoluogo di regione, è sicuramente Genova, posta proprio al centro della Liguria, che per il resto si divide in Riviera di Levante (dove si trova La Spezia, altro capoluogo di provincia), confinante con Toscana ed Emilia Romagna, e Riviera di Ponente, che tocca il confine con la Francia, con gli altri due capoluoghi, Savona e Imperia. Una regione affacciata sul mare per tutta la sua lunghezza, con importanti centri balneari molto frequentati soprattutto in estate, meraviglie naturali come il Parco Nazionale delle Cinque Terre o il promontorio di Portofino, centri ricchi di storia come Albenga, Bordighera, Ventimiglia, ma anche borghi medievali dell'entroterra che hanno mantenuto intatto tutto il loro fascino, come Pieve di Teco, Pigna, Dolceacqua: la Liguria è tutto questo e molto di più, il visitatore curioso ha soltanto l'imbarazzo della scelta.

Albenga (p 148–51), *sulla Riviera di Ponente, racchiude nel suo centro storico alcuni tra i monumenti più antichi e importanti di tutta la regione, come la cattedrale di San Michele e soprattutto il Battistero, di epoca paleocristiana.*

A Cervo (p 153), *l'abitato, arroccato su una altura, è sovrastato dalla scenografica facciata barocca della chiesa parrocchiale di San Giovanni Battista (1686–1734), splendido esempio di barocco ligure, con grande facciata concava impreziosita di stucchi.*

Il Casinò (p 164) *di Sanremo, in stile liberty, contribuisce ad aumentare il fascino mondano di questa località balneare, nota anche per il Festival della canzone italiana.*

◁ **Il lungomare di Camogli, su cui si affacciano i caratteristici palazzi variopinti**

Il borgo di Portofino *(pp 110–1), con le sue case alte e strette dalle facciate in toni pastello raggruppate attorno al piccolo porto, è uno dei luoghi più suggestivi dell'intera regione, tra i paesaggi costieri più celebri d'Italia.*

Luni *(p 127), quasi al confine con la Toscana, è una importante zona archeologica, con il grande anfiteatro romano. Da qui provengono anche le statue-stele preistoriche.*

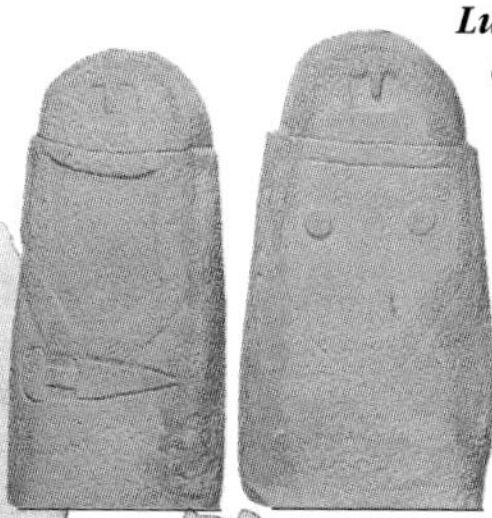

La chiesa di San Pietro *è situata sul promontorio roccioso di Portovenere, a picco sul mare. A fasce bicolori, risale al VI secolo (p 120).*

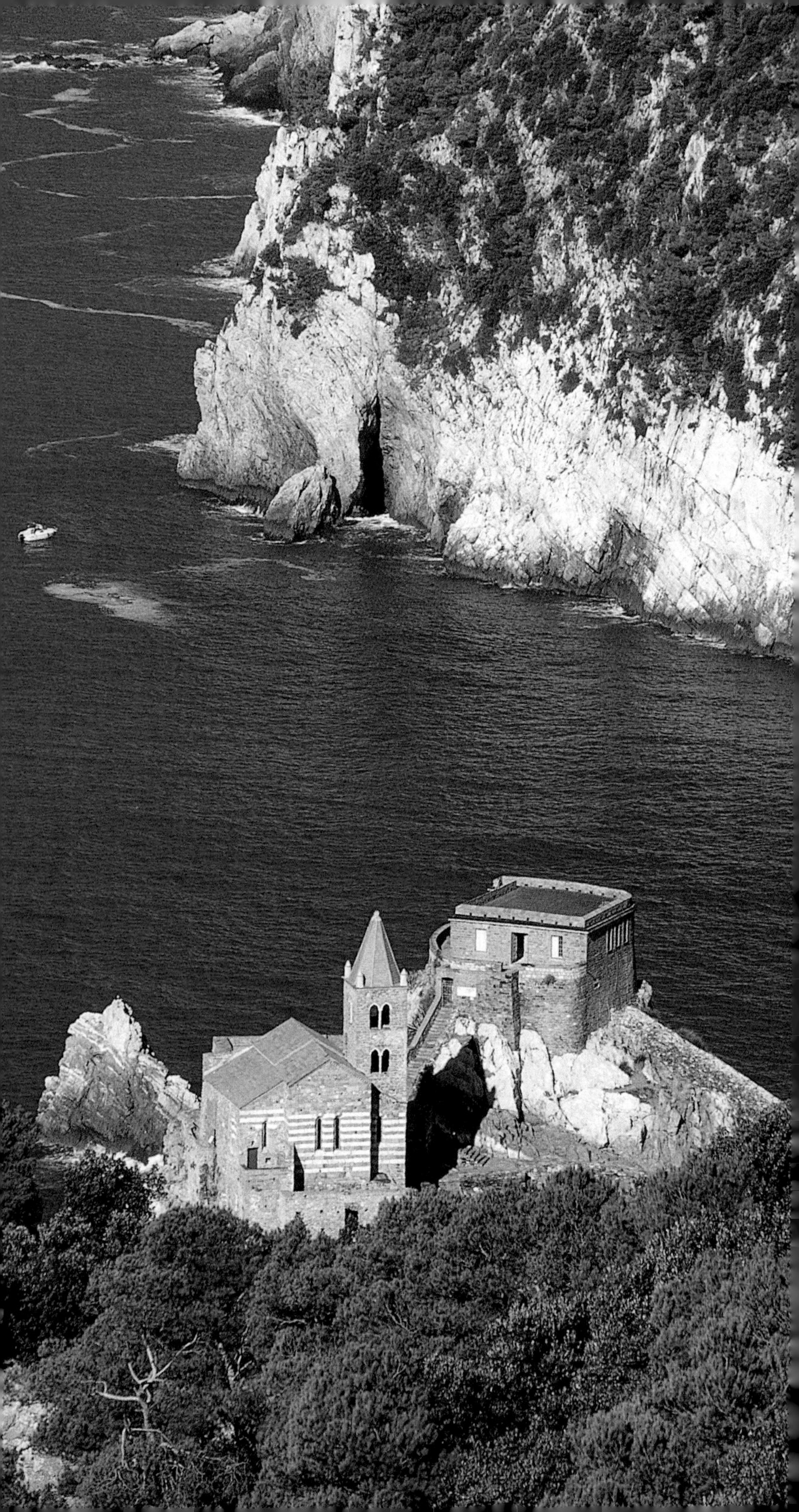

LA RIVIERA DI LEVANTE

INEVITABILE, *introducendo quest'angolo di mondo, ricordare i grandissimi poeti che l'hanno celebrato. Eugenio Montale, nel suo* Meriggiare *ne ha immortalato i colori, i rumori, la luce abbacinante. Altri poeti e scrittori colgono della Riviera di Levante l'incanto, la dolcezza del clima, la meraviglia delle piante fiorite, lo splendore delle insenature.*

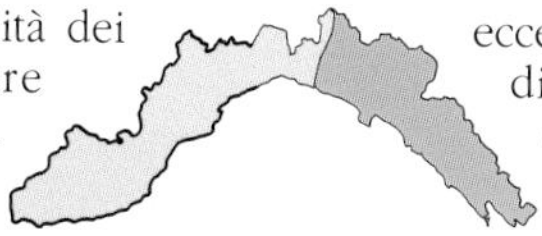

E in effetti l'eccezionalità dei luoghi merita di essere celebrata. A partire dai bellissimi borghi costieri, dove l'unione fra opera dell'uomo e natura è inestricabile e crea effetti decisamente pittoreschi, come si sarebbe espresso un viaggiatore d'altri tempi, per arrivare all'affascinante contrasto che si apprezza a vista d'occhio fra il mare e l'immediato entroterra montuoso, e alla dimensione radicalmente diversa delle valli, dei corsi d'acqua, dei paesi dell'interno.

Il Levante accosta luoghi di culto del turismo internazionale: Portofino, le Cinque Terre, San Fruttuoso, ma anche Rapallo, Santa Margherita, Sestri Levante. Patria di un turismo che dura ininterrotto dall'Ottocento – d'élite prima, di massa più recentemente – la regione paga il formidabile successo con periodi di sovraffollamento e di autentica "invasione", e con un serio problema di edificazione eccessiva e a tratti selvaggia, di cui alcuni suoi centri costieri soffrono irrimediabilmente.

A questa realtà sovente caotica, ma anche vivace e cosmopolita, si contrappone (ancora una volta in modo netto) il modo d'essere dell'interno, dove le valli formate dai fiumi Magra, Vara, Aveto, pur dominate in alcune zone dall'abbandono, problema comune dell'Appennino italiano, presentano boschi folti e una flora ricchissima e in tutto diversa da quella costiera, pascoli e paesi a prevalente attività agricola.

I parchi naturali fondati nei decenni passati nell'entroterra e sulla costa (si pensi al promontorio di Portofino e alle Cinque Terre) sono uno strumento prezioso e indispensabile per preservare e mantenere vivo questo patrimonio paesaggistico, che reca tracce delle generazioni che l'hanno modellato in passato.

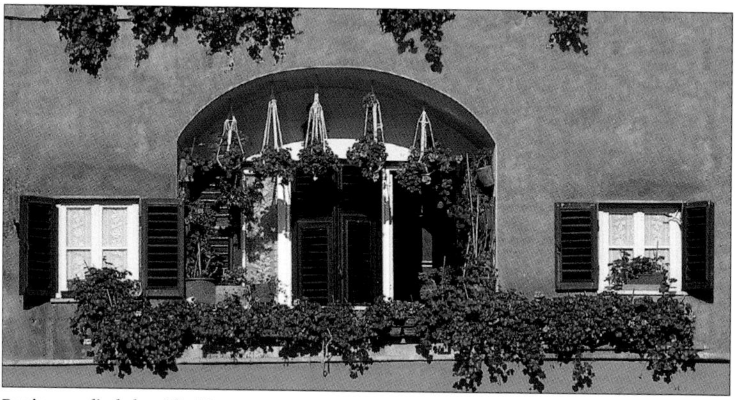

Persiane verdi e balconi fioriti sono una caratteristica delle case liguri

◁ **La chiesa di San Pietro a Portovenere, in posizione spettacolare sul mare**

Visitando la Riviera di Levante

È UNA SOTTILE LINGUA DI TERRA che corre dal Genovesato alla Lunigiana, a toccare Toscana ed Emilia. Il litorale è una costellazione di spiagge rinomate e di centri bellissimi: Camogli, Chiavari, Rapallo, Portofino, sul promontorio omonimo, o affacciati sul golfo del Tigullio; Sestri Levante, le Cinque Terre, Portovenere verso occidente, per non citarne che alcuni. Da scoprire le montagne e le valli dell'interno, meno frequentate e note: Varese Ligure e il suo Borgo Rotondo, Sarzana, gli scavi di Luni, e i percorsi fra i castagneti e i boschi cedui che contrastano con l'esuberante flora mediterranea della costa. Non mancano monumenti di grande pregio: oltre alle fortezze di Sarzana, le basiliche di San Salvatore dei Fieschi e di Borzone e l'abbazia di San Fruttuoso, esempi della magnifica architettura romanica e gotica sviluppatasi fra Due e Trecento nella regione.

VEDI ANCHE

- ***Dove alloggiare*** pp 178–81
- ***Dove mangiare*** pp 190–4

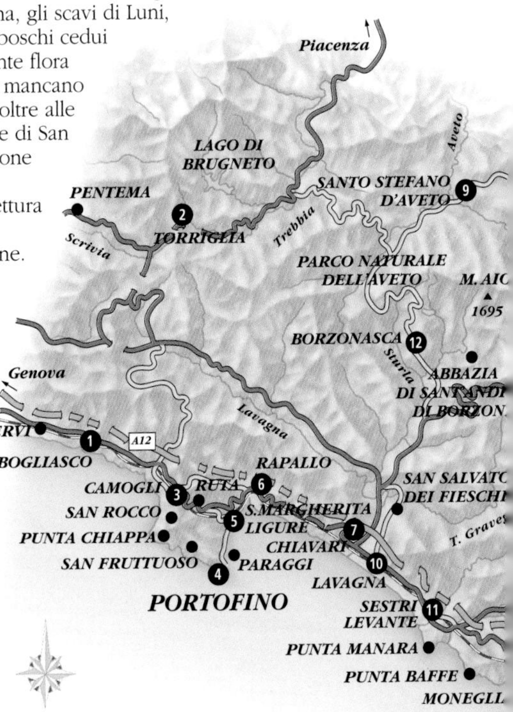

Un pittoresco scorcio di Tellaro al tramonto

DA VEDERE

Abbazia di Sant'Andrea di Borzone 8
Ameglia 25
Bocca di Magra 26
Bogliasco 1
Bonassola 14
Camogli 3
Campiglia 17
Castelnuovo di Magra 28
Chiavari 7
Cinque Terre (pp 118–9) 16
Fiascherino, Tellaro 23
Isole Palmaria, Tino, Tinetto 19
La Spezia (pp 124–5) 25
Lavagna 10
Lerici 22
Levanto 15
Luni 27
Moneglia 13
Montemarcello 24
Portofino (pp 110–1) 4
Portovenere 18
Rapallo 6
San Terenzo 21
Santa Margherita Ligure 5
Santo Stefano d'Aveto 9
Sarzana (pp 128–9) 29
Sestri Levante 11
Torriglia 2
Varese Ligure 12

Barche di pescatori a Manarola, uno dei borghi delle Cinque Terre

Il lungomare di La Spezia, la provincia più orientale della regione

Legenda

- Autostrada
- Strada principale
- Strada secondaria
- Fiume
- Linea ferroviaria
- Rotta traghetti

Come muoversi

Le principali vie di comunicazione della Riviera di Levante sono la A12, l'autostrada Genova-Livorno-Rosignano, e la A15, da Parma a La Spezia. Tutto il litorale è percorso dalla Strada Statale 1, la via Aurelia. Numerose strade, infine, collegano la costa all'entroterra, attraversando paesaggi di rara bellezza.
I collegamenti ferroviari sono assicurati dalla linea Genova-Livorno e da numerosi treni regionali e locali che servono tutte le località, con l'eccezione di Portofino.
Un efficiente servizio di pullman e autobus locali garantisce collegamenti giornalieri con tutti i centri costieri e dell'entroterra.
Un servizio di traghetti che permette di raggiungere le principali località del litorale e le isole è infine effettuato dalla Navigazione Golfo dei Poeti.

Le caratteristiche facciate variopinte dei palazzi di Bogliasco

Bogliasco ❶

Genova. **Carta stradale** D4. *4600.* *via Aurelia 106, 010 347 04 29.* *festa di N.S. del Carmine (lug); festa patronale di Santa Chiara (ago).* www.bogliasco.it

A POCA DISTANZA da Nervi, Bogliasco conserva l'aspetto di un borgo marinaro, con le case policrome disposte attorno alla foce del torrente omonimo, attraversato da un ponte di origine medievale, chiamato tradizionalmente Ponte Romano. È oggi un elegante centro residenziale e turistico, con alcune piccole spiagge fra le scogliere, dominato dal cosiddetto Castello, una torre di difesa costruita dalla Repubblica di Genova. A ponente, alta sulla scogliera, sorge la chiesa parrocchiale dedicata alla Natività, il cui sagrato è costituito da una terrazza decorata da ciottoli bianchi e neri. Importante è l'**oratorio di Santa Chiara** (XV secolo), nel quale sono conservati alcuni tradizionali, ornatissimi *Crocifissi* processionali, fra i quali uno di Maragliano (1713).

Torriglia ❷

Genova. **Carta stradale** D3. *2300.* *Genova.* *via Ns Signora della Provvidenza 3, 010 944 931.* *presepe di Pentema, ambientato nel paese (dic–gen).* www.comune.torriglia.ge.it www.parcoantola.it

È UN CENTRO DI VILLEGGIATURA estiva apprezzato fra l'altro per la felice posizione fra le montagne coperte di boschi del gruppo dell'Antola. Fu in passato un centro commerciale di una certa importanza, poiché era posto sulla via di comunicazione con Piacenza, su un importante crocevia di traffici. L'abitato storico si raccoglie sotto le imponenti rovine del **castello**, edificato dai Malaspina, e occupato in seguito dai Fieschi e, dalla seconda metà del '500, dai Doria.

DINTORNI: da Torriglia sono possibili due escursioni di grande interesse: a **Pentema** e al **lago del Brugneto**. Pentema è uno dei paesi più belli dell'entroterra del Levante. Vi si giunge attraversando un territorio intatto, fra montagne e colline coperte di boschi fittissimi e strapiombi sulla vallata. Pentema è costituita da un grappolo di case distribuite sulla collina esposta al sole, che fanno capo alla chiesa: edifici identici, semplicissimi, tutti con tetto a capanna, distribuiti su terrazzamenti. Le strade del paese sono tuttora in pietre di fiume, o in terra battuta, non asfaltate. In un'atmosfera rarefatta, esaltata dal perfetto silenzio che regna nella zona, si arriva anche al suggestivo lago del Brugneto, un bacino artificiale creato come riserva idrica di Genova. Si trova nel **Parco Regionale del Monte Antola**, ed è interamente circondato da colline e montagne. Molto bello il sentiero di circa 13 km che si snoda lungo le rive del lago, percorribile solamente a piedi.

Camogli ❸

Genova. **Carta stradale** D4. *5900.* *via XX Settembre 33, 0185 771 066.* *sagra del pesce (sec dom di mag); Stella Maris, processione di barche che risale al '400 (prima dom di ago).*

ANTICO BORGO MARINARO nel golfo Paradiso, conserva un nucleo medievale incantevole, con case alte e strette disposte lungo il porticciolo e assiepate nell'immediato entroterra in un dedalo di vicoli e scalinate. Su quest'area, detta "Isola" perché in passato separata dalla terraferma, si trovano la **basilica di Santa Maria Assunta** (XII secolo), molto rimaneggiata, e, su uno scoglio a picco sul mare, il **Castel Dragone**, medievale ma più volte ricostruito. La chiesa ha una facciata neoclassica e un sagrato seicentesco in ciottoli. L'interno, a tre navate, è riccamente decorato: la volta della navata centrale presenta affreschi di Francesco Semino e Nicolò Barabino, l'altare maggiore una scultura lignea di Bernardo Schiaffino (XVIII secolo), raffigurante *Santa Maria Assunta.* Al termine della passeggiata a mare, che corre lungo la caratteristica "palazzata" di case, alcune delle quali superano anche i sei piani di altezza, è sistemato il **Museo Marinaro Gio Bono Ferrari**. Interessante e caratteristico, documenta la stagione più gloriosa e oggi impensabile di Camogli: il periodo fra XVIII e XIX secolo in cui Camogli armò una flotta di circa tremila velieri

Il lungomare di Camogli con l'"Isola" sullo sfondo

Il lungomare di Santa Margherita ligure

mercantili appaltati ai maggiori stati d'Europa, quando, fra l'altro, venne fondata la Mutua Marittima Camogliese (1853), assicurazione di assistenza per gli imprenditori del mare, che divenne modello di tutte le polizze successive.
Il museo raccoglie modelli di navi, strumenti di navigazione, manuali di astronomia.
I materiali più caratteristici sono i dipinti raffiguranti velieri, realizzati da pittori specializzati, ma spesso dagli stessi armatori, con significato di ex voto. E di ex voto marinari è ricco il chiostro annesso al settecentesco santuario di **Nostra Signora del Boschetto**, che sorge poco fuori dall'abitato.

Museo Gio Bono Ferrari
Via G.B. Ferrari 41. *0185 729 049.*
9–12 lun, gio e ven; 9–12, 15–18 mer, sab, dom e festivi. *mart.*

Portofino 4

Vedi pp 110–3.

Santa Margherita Ligure 5

Genova. **Carta stradale** E4.
10800. FS
via XXV Aprile 2b, 0185 287 485.
festa della Primavera (17–19 apr).
www.apttigullio.liguria.it

Disposta lungo un'insenatura del golfo del Tigullio, Santa Margherita deve il suo nome attuale alla parrocchiale dedicata alla santa di Antiochia.
Il paese si sviluppa nel corso dell'Ottocento per soddisfare le esigenze di un turismo elegante, dall'unione dei borghi di Pescino, a nord, cresciuto attorno alla parrocchiale, e di Corte, a sud, a ridosso del porto.
Fra le due parti si trova il colle oggi trasformato nel parco comunale di Villa Durazzo, ricco di piante esotiche.
La **Villa Durazzo Centurione**, in cima, costruita a partire dal 1560, conserva gli arredi originali e un'interessante raccolta di dipinti. Il vasto giardino all'italiana della villa offre una bellissima vista della città e del golfo del Tigullio.
Ai piedi del colle, nella zona di Corte, la chiesa dei Cappuccini, seicentesca, conserva un *Crocifisso* ligneo del '400.

Rapallo 6

Genova. **Carta stradale** E4.
29.300. FS
lungomare Vittorio Veneto 7, 0185 230 346.
www.apttigullio.liguria.it
Premio Donna Scrittrice (mag–giu); festa della Madonna di Montallegro (inizio lug).

Rapallo gode di una posizione ideale, in una piana alluvionale nella parte più interna del golfo del Tigullio. Il suo clima ne ha fatto un centro turistico di élite a partire dalla metà dell'Ottocento, come documentano i caffè e gli alberghi in stile liberty affacciati sul **lungomare Vittorio Veneto**, e, per quel che riguarda l'oggi, le strutture per i villeggianti fra cui il grande porto turistico, le scuole di equitazione, di vela, il campo da golf. Da piazza Pastene, sul lungomare, si accede al **castello**, costruito nel 1551 su uno scoglio per difesa dalle incursioni piratesche. Nel centro, le parallele vie Venezia, Mazzini e Marsala identificano il cosiddetto "borgo murato" medievale, così chiamato per la compattezza delle sue costruzioni. Fra le più interessanti testimonianze del passato la chiesa di Santo Stefano, antica pieve ristrutturata nel Seicento, affiancata dalla quattrocentesca torre civica, la cinquecentesca chiesa di San Francesco. Notevole anche il ponte di Annibale, di origine medievale, costituito da un'unica arcata di 15 metri. Nella Villa Tigullio (fine del secolo XVIII), circondata dal parco Casale, hanno sede la Biblioteca Internazionale e il **Museo del Merletto**. Le collezioni di quest'ultimo comprendono oltre 1400 manufatti in merletto, databili fra XVI e XIX secolo: capi di abbigliamento, elementi di arredamento, singoli merletti, oltre ad alcuni tomboli sette-ottocenteschi. Importante anche la collezione dei disegni e cartoni preparatori.

Il castello di Rapallo, struttura difensiva del 1551

Dintorni: a pochi chilometri da Rapallo, **Zoagli**, piccolo centro turistico, mantiene intatta la sua fisionomia marinara.

Museo del Merletto
Villa Tigullio, parco Casale.
0185 633 05. *15–18 mart, mer, ven e sab; 10–11.30 gio.*
lun e dom.

Portofino ❹

Una splendida veduta sulla costa rocciosa del monte di Portofino

MERITA LA FAMA MONDIALE di cui gode il monte di Portofino, promontorio che si protende nel mare per ben 3 km separando il golfo del Paradiso da quello del Tigullio. La parte meridionale, calda e arida, presenta falesie altissime a strapiombo sul mare, che racchiudono insenature stupende nascoste dalla macchia mediterranea; in quella settentrionale dominano invece i boschi di castagno. Eccezionale la ricchezza botanica, dato che ben 700 diverse specie di piante si concentrano in un territorio così ridotto. La posizione straordinariamente favorevole di Portofino attirò fin dall'antichità gli insediamenti umani, e il *Portus Delphini* era ben noto in età romana. Oggi il piccolo porto turistico è meta del turismo più esclusivo, e il promontorio offre la possibilità di praticare tutti gli sport marittimi, e di compiere immersioni memorabili grazie ai fondali ricchissimi.

Cristo degli Abissi
La statua di Guido Galletti, in bronzo, fu calata nelle acque di fronte a San Fruttuoso nel 1954. Simbolo dell'attaccamento della gente ligure al mare, l'ultima domenica di luglio riceve corone di fiori in ricordo delle vittime del mare. Molti sono gli appassionati di immersioni che rendono omaggio alla statua in ogni periodo dell'anno.

★ San Fruttuoso
Luogo simbolo del FAI, cui appartiene dal 1983, e che ne ha curato il restauro nel 1986–88, è un piccolissimo e suggestivo borgo raccolto attorno all'abbazia benedettina, raggiungibile a piedi o in battello. L'abbazia, costruita nel XIII secolo su un cenobio preesistente in stile romanico-gotico dai Doria, è dominata dalla torre campanaria ottagonale della chiesa. Accanto a essa si trovano il chiostro e il sepolcro dei Doria.

Paraggi

A poca distanza da Portofino, ha case variopinte raccolte attorno alla piccola insenatura sabbiosa, e conserva ancora i terrazzamenti sui monti a ridosso dell'abitato. Perdute sono le attività marinare e dei mugnai, già fiorenti, a favore del turismo. Il colpo d'occhio è bellissimo.

NOTE INFORMATIVE

Genova. **Carta stradale** D4. 590. FS *Santa Margherita Ligure.* *via Roma 35, 0185 269 024.* *Falò di San Giorgio (23 apr).* W www.apttigullio.liguria.it @ IATPortofino@apttigullio.liguria.it
Ente Parco di Portofino *Viale Rainusso 1, Santa Margherita Ligure, 0185 289 479.* W www.parcoportofino.com
Abbazia di San Fruttuoso *Camogli, 0185 772 703.*

DA NON PERDERE

★ **Portofino**

★ **San Fruttuoso**

Punta di Portofino si raggiunge con una passeggiata, dopo aver superato l'imponente Fortezza di San Giorgio, nota come "castello Brown". Sotto il faro, la Madonnina del Capo.

★ Portofino

Osservandola dal promontorio del faro se ne abbracciano il porto e la schiera di case colorate con le caratteristiche decorazioni affacciate sulla piazzetta. La rada è ben riparata sia per la conformazione, sia perché il monte la protegge dai suoi 600 m, che formano una scogliera lunga 3 km. Il porto turistico è capace di 300 posti barca.

L'inconfondibile panorama del porticciolo di Portofino ▷

Chiavari 7

Genova. **Carta stradale** E4.
28.200. FS
corso Assarotti 1, 0185 325 198.
www.apttigullio.liguria.it
festa patronale di Nostra Signora dell'Orto (1–3 lug).

Annoverabile tra le principali città della Liguria, l'antica *Clavarium*, "chiave delle valli", si trova al centro del golfo del Tigullio, nella piana alluvionale formata dal torrente Entella. Grazie alla sua posizione è oggi un porto turistico considerevole, con circa 450 posti barca. I resti di una necropoli dell'VIII–VII secolo a.C., ora custoditi nel **Civico Museo Archeologico** del Palazzo Costaguta Rocca, dimostrano che la zona era abitata dai liguri tigulli in età preromana. Il borgo fortificato di Chiavari risale al 1178, quando i genovesi si espansero nel Levante per contrastare la potenza dei Fieschi.
Nel cuore della città vecchia, dall'impianto con vie porticate parallele alla riva, la via dei Martiri della Liberazione ha mantenuto la vocazione commerciale: è infatti l'antico *"carruggiu dritu"*, strada di rappresentanza della borghesia a partire dalla seconda metà del XIV secolo. Questa e le vie Rivarola e Ravaschieri conservano tratti di portici scuri in ardesia. La chiesa parrocchiale di San Giovanni Battista, del 1182, ricostruita nel 1624, conserva opere di pregio del secolo XVII.

Il centro storico di Chiavari, con le caratteristiche vie porticate

L'abbazia di Sant'Andrea di Borzone, immersa in uno splendido scenario

La cattedrale, **Nostra Signora dell'Orto**, ha origini seicentesche ma il suo aspetto attuale è frutto di trasformazioni otto-novecentesche. L'interno, riccamente decorato da stucchi dorati e intarsi marmorei, conserva opere di Anton Maria Maragliano e Orazio De Ferrari. Nei dintorni, dal quattrocentesco **santuario della Madonna delle Grazie** a Bacezza il panorama spazia da Portofino a Sestri Levante; all'interno si conserva un ciclo di affreschi di Teramo Piaggio e Luca Cambiaso. Sopravvivono a Chiavari le antiche lavorazioni artigianali delle sedie campanino, fabbricate solamente con legni locali, e del macramè.

Civico Museo Archeologico
Via Costaguta 4. *0185 320 829.*
9–13.30 mart–sab e 2° e 4° dom del mese.

Abbazia di Sant'Andrea di Borzone 8

Via Abbazia 63, Borzonasca (GE).
Carta stradale E3. FS *Chiavari.*
0185 340 056. *fino al tramonto tutti i giorni.*

Il centro di Borzonasca sorge sul torrente Sturla, al centro di un avvallamento di grande interesse storico e ambientale. Dal centro storico di Borzonasca si raggiunge il complesso abbaziale di **Sant'Andrea di Borzone**, isolato, uno degli insediamenti benedettini più antichi d'Italia, fondato dai monaci di San Colombano di Bobbio e donato nel 1184 ai benedettini di Marsiglia, che bonificarono e misero a coltura la valle.
I monaci intrapresero un'opera di terrazzamento e irrigazione: ancora oggi, nonostante il bosco abbia ripreso piede, lungo i sentieri si intravedono i resti dei muretti a secco. Nonostante i rifacimenti, l'abbazia conserva l'originaria fisionomia romanica, con influenze padane. La chiesa, a navata unica con abside semicircolare, è realizzata in mattoni e pietra, e presenta una cornice di arcatelle in cotto. Al suo fianco sinistro è accostata la torre campanaria quadrata, aperta da trifore.
Dell'antico monastero si conservano solamente alcune colonne del chiostro. All'interno dell'abbazia, nel presbiterio, si conservano un polittico datato 1484, di ignoto autore genovese, e un tabernacolo in ardesia del 1513.

Santo Stefano d'Aveto 9

Genova. **Carta stradale** E3.
1650. *piazza del Popolo 6, 0185 880 46.*
www.apttigullio.liguria.it
Canto di maggio (1 mag).

Situata in una conca di aspetto alpino dominata dal monte Maggiorasca, Santo Stefano è una stazione di villeggiatura estiva

e invernale, attrezzata per lo sci di fondo. Il borgo storico è piuttosto pittoresco, caratterizzato da viuzze sinuose e piccole piazze. Nei pressi dell'abitato sorgono isolati i ruderi imponenti del **Castello Malaspina**, realizzato dai signori del luogo nel XII secolo, e passato in seguito ai Fieschi e ai Doria.
La val d'Aveto è formata dall'omonimo torrente, che scorre in direzione nord-est dapprima solcando un altopiano caratterizzato da pascoli, e racchiuso fra monti coperti di foreste di abeti bianchi, rossi, faggi, frassini. Il territorio appartiene in gran parte al **Parco Naturale Regionale dell'Aveto**.
Da Santo Stefano si può raggiungere il massiccio del monte Aiona, 1700 m, attraverso percorsi che danno modo di apprezzare la natura selvaggia e incontaminata della zona. Il versante occidentale del monte costituisce la **Riserva Naturale delle Agoraie**, l'accesso alla quale è consentito solo con il permesso del Corpo Forestale dello Stato.
Nella grande foresta delle Lame si trovano piccoli laghi di origine glaciale e paludi incontaminate. L'acqua molto fredda ha reso possibile la perfetta conservazione di alcuni tronchi di abete antichi di ben 2500 anni, visibili sul fondo del lago degli Abeti.

Logo del Parco Naturale dell'Aveto

Facciata di San Salvatore dei Fieschi

Lavagna ⑩

Genova. **Carta stradale** E4.
13.150. FS i *piazza Torino 35, 0185 395 070.*
W www.apttigullio.liguria.it
Torta dei Fieschi (14 ago).

Sorge a sinistra del torrente Entella, e forma un'unica conurbazione con Chiavari. Antico borgo costiero sottomesso ai conti Fieschi fin dall'anno Mille, entrò nell'orbita di Genova nel '300. Ha un notevole porto turistico, con ben 1600 posti barca per scafi fino a 50 metri. In passato ha goduto di una certa prosperità per l'industria dell'estrazione dell'ardesia. Il nucleo medievale si è sviluppato penetrando verso l'interno, a partire dall'attuale via Nuova Italia. Nella chiesa di Santo Stefano, del X secolo, poi ricostruita nel 1653 con aggiunta della scalinata barocca e dei campanili asimmetrici, si conserva una *Crocifissione* di Domenico Piola.
Fra i monumenti, si segnala anche l'imponente **Palazzo Franzone**, seicentesco, ora sede comunale.
Da viale Mazzini una strada panoramica porta alla chiesa di Santa Giulia di Centaura (1654), aperta alla vista sul golfo da Sestri Levante a Portofino.

Dintorni: a pochi chilometri da Lavagna e dalla costa, sorge San Salvatore di Cogorno, da cui si raggiunge la **basilica di San Salvatore dei Fieschi**, uno dei più importanti monumenti romanico-gotici della Liguria, fatta erigere dopo il 1245 da Ottobono Fieschi, futuro papa Adriano V e nipote di Sinibaldo Fieschi (papa Innocenzo IV), che la elevò a basilica nel 1252. Sorge in una cornice ambientale estremamente suggestiva, sulla cima di un colle ricoperto di uliveti, ed è circondata da antiche costruzioni, fra cui il Palazzo dei conti Fieschi, del XIII secolo. La facciata della basilica è a due spioventi, definita nella parte alta dall'alternanza di fasce di marmo e ardesia, e presenta un portale gotico e un grande rosone. È dominata dalla possente torre quadrata che si innalza all'incrocio delle navate col transetto, ornata da cornici di arcatelle cieche e da due ordini di quadrifore, e coronata da un'alta cuspide con quattro pinnacoli. L'interno è in pietra con copertura in legno nelle navate, a lastre di ardesia nel transetto e nel presbiterio. Nella parte alta delle pareti viene ripresa la decorazione a fasce dell'esterno.

Basilica di San Salvatore dei Fieschi
San Salvatore di Cogorno (GE).
338 703 10 16. *inverno: 8.30–12, 13.30–18; estate: fino alle 19.*

L'Ardesia

Dalle fasce nere della basilica di San Salvatore dei Fieschi ai tetti di numerose abitazioni: l'ardesia, o lavagna, pietra di colore grigio plumbeo, è un elemento catteristico di molta edilizia del Levante. Viene tuttora estratta nell'entroterra di Chiavari (non lontano da Lavagna, appunto) nella valle di Fontanabuona. Per la visita alle cave è stata predisposta una via che segue la SS225, collegamento fra Genova e Camogli nell'entroterra, e a Cicagna, a 20 km da Lavagna, è stato allestito un museo che illustra in modo chiaro e didattico la storia di questa pietra, le attività necessarie per estrarla e lavorarla, e i manufatti che se ne traggono.

Scultura in ardesia

Per informazioni sulla Via dell'Ardesia: G.A.L. Fontanabuona e Sviluppo, via Chiapparino 26, Cicagna. *0185 971 091.*

Sestri Levante ⓫

Genova. **Carta stradale** E4.
19.800. FS *piazza Sant'Antonio 10, 0185 457 011.*
www.apttigullio.liguria.it
premio letterario per la fiaba H.C. Andersen (giu).

All'estremità occidentale del golfo del Tigullio, Sestri Levante si raccoglie attorno all'"Isola", istmo roccioso su

Il fascino marinaresco della baia del Silenzio a Sestri Levante

cui si è sviluppato il centro antico. In quest'area sorgono gli edifici più interessanti: la basilica di Santa Maria di Nazareth di Giovan Battista Carlone (1604–16), con pronao ottocentesco, nella quale si conserva una *Deposizione* di Domenico Fiasella; il **Palazzo Durazzo Pallavicini**, seicentesco, oggi Municipio, e la chiesa di **San Nicolò dell'Isola**, costruita nel XII secolo, e modificata internamente nel XVII secolo. Salendo, si giunge al parco che copre il promontorio, in gran parte privato e non visitabile: qui si trova la torre dove Guglielmo Marconi svolse alcuni esperimenti. Il promontorio delimita due incantevoli baie: la **baia delle Favole**, sabbiosa, così chiamata dal grande autore danese Hans Christian Andersen, che soggiornò a Sestri nel 1833, e la **baia del Silenzio**, più raccolta e suggestiva, incorniciata da una corona di case policrome e punteggiata dalle barche da pesca tirate in secco. Molto interessante è la **Galleria Rizzi**, prezioso museo che conserva dipinti, sculture, ceramiche, mobili raccolti dall'omonima famiglia sestrese nel corso del XX secolo. Fra i dipinti sono comprese opere di Vincenzo Campi, Andrea Ansaldo, Giovanni Andrea De Ferrari, Alessandro Magnasco.

Galleria Rizzi
Via dei Cappuccini 8.
0185 413 00. *apr–ott: 10–13 dom; mag–set: 16–19 mer (giu–set anche 21.30–23.30 ven e sab).*

Varese Ligure ⓬

La Spezia. **Carta stradale** E4. *2500.*
via Portici 13, 0187 842 094 (lug–set), 0187 842 397 (ott–giu).
www.comune.vareseligure.sp.it

È un bellissimo borgo agricolo e artigianale, che fu per secoli importante mercato e luogo di transito verso Parma attraverso il passo Cento Croci. In seguito alla decadenza dei traffici nel XIX secolo, assunse il volto rurale che conserva ancora, grazie all'attenta tutela dell'ambiente e al sostegno dell'agricoltura e dell'allevamento biologici da parte del comune.
Fu possedimento dei Fieschi, che lo ottennero in feudo da Federico Barbarossa nel 1161. Il **castello** quattrocentesco sorge sulla piazza che fu del mercato, da cui prende avvio il compatto **Borgo Rotondo**, attraversato da una stretta via porticata, voluto dai Fieschi nel XIV secolo per ragioni difensive. Ha struttura quasi perfettamente circolare, con una cortina continua di case che lo cinge all'esterno. Le facciate policrome si sostengono a vicenda attraverso un sistema di archi e portici che creano scorci molto suggestivi. Accanto a esso si è sviluppato il **Borgo Nuovo**, cinquecentesco, a impianto lineare, che presenta palazzi nobiliari dei secoli XVI–XIX, prova della passata ricchezza di Varese; da questo quartiere, oltrepassato il ponte medievale sul torrente Crovana, si arriva al quartiere di Grecino.
Il torrente Crovana è uno degli affluenti del fiume Vara, che attraversa la valle omonima. Scavata dal fiume per 60 km, la **val di Vara** ha un territorio multiforme e tra i meglio preservati della regione. Il corso alto del fiume si fa strada nella zona montana, fra boschi di faggi e castagni, interrotti da praterie, che servono da pascolo per vacche e cavalli; alcuni suggestivi tratti del fiume scorrono incassati fra rocce di arenaria. Verso il mare la valle si allarga e il Vara corre all'interno del Parco Naturale Regionale di Montemarcello Magra.

Moneglia ⓭

Genova. **Carta stradale** E4.
2700. FS
corso Longhi 32, 0185 490 576.
www.prolocomoneglia.it
mostra-mercato dell'olio d'oliva (apr).

L'antica Monilia si affaccia su un piccolo golfo che interrompe, tra punta Moneglia e punta Rospo, la scogliera alta e frastagliata che si stende fra Sestri Levante e Deiva Marina. Moneglia conserva l'aspetto tipico di un

Uno scorcio del particolarissimo Borgo Rotondo a Varese Ligure

La spiaggia di Moneglia in estate, affollata di turisti

borgo marinaro, con i carruggi stretti, i tetti e gli architravi in ardesia, le barche dei pescatori. La lunga fedeltà alla Repubblica di Genova ha lasciato molti segni: fra questi, la **Fortezza Monleone**, del 1173, e il **Castello di Villafranca**, risalente al XVI secolo, posti sui dirupi rispettivamente a ponente e a levante del centro. La **parrocchiale di Santa Croce**, costruita nel 1726 su una pieve del XII secolo, conserva un'*Ultima Cena* di Luca Cambiaso, il grande pittore del XVI secolo di origine monegliese, la cui casa natale sorge presso la chiesa. Moneglia offre la possibilità di compiere immersioni molto interessanti, in particolare sotto la scogliera, e bellissime escursioni nella macchia in direzione di punta Baffe e punta Manara, oppure verso il passo del Bracco, toccando piccoli centri caratteristici (quali Lemeglio) e muovendosi in posizione panoramica fra vigneti di grande pregio.

Bonassola 14

La Spezia. **Carta stradale** E4.
1000. FS *via F.lli Rezzano 9, 0187 813 500. Madonna del Rosario (prima dom di ott).*

Sorge in un'insenatura in splendida posizione, che fu scelta come base navale dai genovesi a partire dal XIII secolo. In effetti, pur essendo priva di porto turistico, Bonassola consente un facile approdo alle piccole imbarcazioni. Offre inoltre un'ampia spiaggia prevalentemente in ciottoli, e presenta un fondale vario e adatto a immersioni di media difficoltà.

Da vedere la **parrocchiale di Santa Caterina** (XVI secolo), con una ricca decorazione barocca e numerosi ex voto, testimonianza dell'intensa attività marinara degli abitanti. La chiesa della **Madonna della Punta**, costruita sulla scogliera a strapiombo sul mare a ponente del paese, è meta di una passeggiata suggestiva e facile. Sono meta di belle escursioni anche alcuni antichi centri a mezza costa. Fra questi, percorrendo un sentiero fra vigne e ulivi, si raggiunge **Montaretto**, noto per la produzione (limitatissima) di eccellente vino bianco.

Campanile di Santa Croce, a Moneglia

Levanto 15

La Spezia. **Carta stradale** E4.
5800. FS
piazza Mazzini, 0187 808 125.
www.aptcinqueterre.sp.it.
festa del mare dedicata a San Giacomo (24–25 luglio).

Si divide nel borgo antico, raccolto attorno alla chiesa di Sant'Andrea e al colle di San Giacomo, e nel Borgo Nuovo o dello Stagno, sviluppatosi a partire dalla fine del '400 nella piana del torrente Ghiararo. Levanto è stata un ricco centro mercantile, agricolo e, di recente, turistico. Fra le vestigia del suo passato sono gli importanti palazzi (spesso con facciate dipinte) risalenti ai secoli XVII e XVIII, quando molte nobili famiglie genovesi scelsero Levanto come residenza estiva: **Palazzo Vannoni**, affacciato su piazza Cavour, è il principale. Nella zona medievale si conservano la loggia del Comune (XIII secolo), la casa Restani, con portico due-trecentesco, il Castello (oggi privato) e un tratto di mura del 1265, culminanti sul colle della Madonna della Costa nella cosiddetta torre dell'Orologio. Il monumento principale è la **parrocchiale di Sant'Andrea**, bell'esempio di gotico ligure. Ha la facciata a fasce di marmo bianco e serpentino (marmo verde) locale, con un rosone finemente intagliato. L'interno, a cinque navate, presenta colonne bicrome, sormontate da capitelli in serpentino. Fra le opere conservate si segnalano due tele provenienti da un polittico di Carlo Braccesco (1495) raffiguranti i *Santi Agostino e Girolamo* e i *Santi Biagio e Pantaleo*. Nell'ex oratorio della chiesa ha sede la **Mostra Permanente della Cultura Materiale**: raccoglie migliaia di oggetti ordinati sistematicamente e illustrati con pannelli e foto, che ricostruiscono i vari aspetti della vita rurale, artigianale e marinara del Levante.

Mostra Permanente della Cultura Materiale

Piazzetta Massola 4.
0187 817 776.
temporaneamente per trasferimento.

La chiesa di Sant'Andrea a Levanto

Le Cinque Terre ⑯

Cartello che indica la Via dell'Amore

MARE TRASPARENTE e scogliere a picco sull'acqua; borghi abbarbicati su spuntoni di roccia, con approdi al mare faticosamente conquistati, e terrazze che solcano tenacemente il profilo dei monti appena a ridosso della costa. Questo sono le Cinque Terre, oggi parco nazionale, microcosmo che in poco meno di 20 km di costa e di immediato entroterra racchiude forse la quintessenza della Riviera di Levante. Un luogo nel quale si preserva in miracoloso equilibrio il rapporto fra uomo e ambiente, non a caso dichiarato dall'UNESCO Patrimonio mondiale dell'umanità nel 1998. Sono Monterosso al Mare, Vernazza, Corniglia, Manarola, Riomaggiore i piccoli borghi costieri da cui il nome deriva, collegati fra loro da un sentiero che corre lungo il mare, ancora utilizzato dagli abitanti.

Le fasce
Il paesaggio collinare delle Cinque Terre è un esempio straordinario di architettura-paesaggio: il profilo dei monti è interamente modellato a terrazze e coltivato soprattutto a vigneti (da cui si ricava il celebre Sciacchetrà) e a oliveti.

Monterosso al Mare
Vi si respirano ancora le atmosfere evocate da alcune liriche del Premio Nobel Eugenio Montale (1896–1981), che in gioventù vi trascorse le vacanze con la famiglia. Accanto al borgo vecchio, con le chiese di San Giovanni Battista e di San Francesco, si sviluppa la zona turistica di Fegina, con una spiaggia sabbiosa.

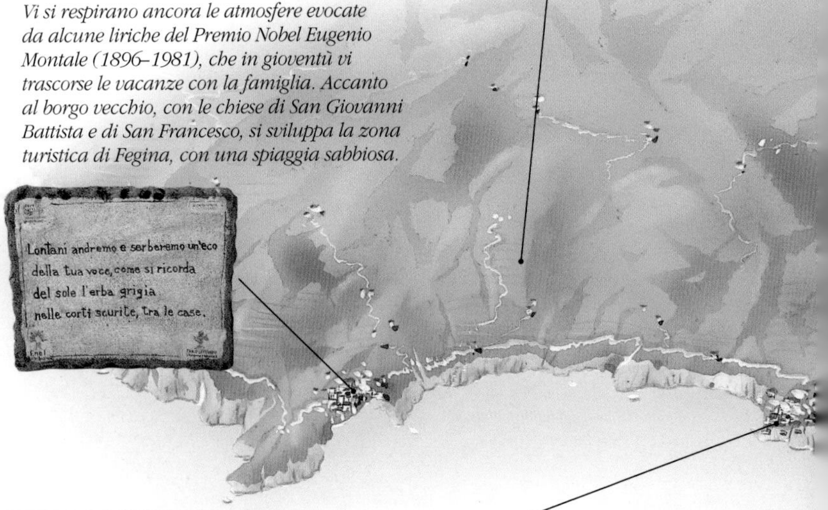

★ Vernazza
Si raccoglie attorno a un'insenatura che somiglia a un piccolo fiordo. È dotata dell'unico porticciolo delle Cinque Terre, già attivo nell'antichità per i commerci. Tale caratteristica l'ha resa il centro più ricco della zona, mentre il connubio fra caratteristiche ambientali e pregio architettonico ne fa il borgo più scenografico.

DA NON PERDERE

- ★ Via dell'Amore
- ★ Corniglia
- ★ Vernazza

★ **Corniglia**
È in realtà un borgo di crinale, alto sul colle. La spiaggia, un centinaio di metri al di sotto, è bellissima e ben protetta, ma fa storia a sé rispetto al paese, da sempre centro agricolo. Qui si apprezza al meglio la coltivazione della vite, che produce, in quantità limitatissima, il bianco delle Cinque Terre e lo Sciacchetrà.

Note informative

La Spezia. **Carta stradale** E-F4. FS i **Riomaggiore** *c/o Stazione FS, 0187 920 633.* **Vernazza** *Stazione FS, 0187 812 533.* **Corniglia** *c/o Stazione FS, 0187 812 523.* **Monterosso al Mare** *presso Stazione FS, 0187 817 059.* **Manarola** *c/o Stazione FS, 0187 760 511.* W www.aptcinqueterre.sp.it W www.parks.it *Vernazza: festa di Santa Margherita d'Antiochia (20 lug); Corniglia: San Pietro (giu); Monterosso: San Giovanni (giu); Manarola: presepe luminoso (dic–gen).*

La strada dei Santuari, percorso tortuoso e in parte sterrato, si snoda a mezzacosta e offre panorami superlativi: può essere compiuto a piedi, in bicicletta o a cavallo. Collega le frazioni interne ai borghi costieri.

★ **Via dell'Amore**
Tracciata negli anni Venti del Novecento da Manarola a Riomaggiore, è un percorso di 2 km tagliato nella roccia a picco sul mare: scenografico ed emozionante, che merita la fama mondiale di cui gode.

Riomaggiore, disposto ai lati del torrente da cui prende il nome, oggi coperto, è costituito da due schiere di case alte e strette, cui si accede da piani diversi.

Manarola
Arrampicata su uno scoglio a picco sul mare, offre, con le sue case compatte e colorate, un colpo d'occhio di grande impatto.

La chiesa di Campiglia, suggestivo borgo di origine medievale

Campiglia ⓱

La Spezia. **Carta stradale** F5.
150. La Spezia.
APT Cinque Terre, 0187 770 900.
www.campiglia.net

È UN PICCOLO ABITATO RURALE di origine medievale, affascinante per l'atmosfera rarefatta che lo caratterizza e per gli spettacolari panorami che offre dall'alto dei suoi quasi 400 m di altitudine. Fu costruito sull'antico percorso di crinale che collegava Portovenere a Levanto, ed è tuttora punto di partenza di numerosi sentieri e incantevoli passeggiate. Il percorso più bello (e faticoso) è il sentiero n. 11 del CAI di La Spezia. Attraversa il territorio di **Tramonti**, coperto di vigneti terrazzati, scendendo con una scalinata di 2000 gradini, a tratti molto ripida, fino alla piccola spiaggia di Punta del Persico: il paesaggio aperto sul mare è davvero mozzafiato.

Portovenere ⓲

La Spezia. **Carta stradale** F5.
4600. La Spezia.
piazza Bastreri 7, 0187 790 691.
www.portovenere.it *festa della Madonna Bianca (17 ago).*

GIÀ IN ETÀ ROMANA *Portus Veneris* era celebrata per la sua bellezza. La tradizione vuole che sull'attuale promontorio di San Pietro sorgesse un tempio a Venere Ericina, da cui il borgo prese il nome. È situato ai piedi dell'estrema pendice rocciosa che delimita a ovest il golfo di La Spezia. Ha oggi il caratteristico aspetto di un borgo marinaro fortificato, con la schiera di case fortezza vivacemente dipinte sulla calata del porto che si allunga verso il promontorio sulla cui cima, in posizione panoramica, sorge la chiesa di San Pietro. Quest'ultima venne costruita nel 1277, a fasce di pietra bianca e nera. Le è collegata una più antica chiesa paleocristiana in marmo nero della Palmaria, preceduta da una piccola loggia romanica aperta sul mare. Portovenere conserva una seconda chiesa medievale di grande pregio: la collegiata di San Lorenzo, edificio romanico iniziato nel 1130, ma rimaneggiato in epoca gotica e rinascimentale. Presenta una facciata marmorea con coronamento ad archetti e portale ogivale. L'interno è a tre navate con presbiterio rialzato. Il **castello**, costruito dai genovesi a partire dal 1161 e ricostruito nel XVI secolo, è una grandiosa architettura militare situata in posizione elevata, unita al borgo da una cinta muraria con torri quadrate. Parte del complesso medievale di fortificazioni che cingono Portovenere è ancora osservabile, con una torre sul promontorio e una porta d'accesso nella zona più antica del borgo. La frazione **Le Grazie** è un luogo di grande bellezza all'interno di un'ansa protetta; sono interessanti la parrocchiale di Santa Maria delle Grazie, edificata nel XV secolo, e il convento degli Olivetani, successori dei monaci che tenevano l'eremo dell'isola del Tino. Non lontane, presso l'insenatura del Varignano, sorgono le rovine di una **villa romana** (I sec. a.C.–V sec. d.C.), con pavimenti a mosaico, e un Antiquarium.

Castello
0187 793 042. ott–giu: 10.30–13.30, 14.30–18 tutti i gg (ott–mar solo sab e dom); giu–sett: 11–14, 15–19 tutti i gg.

Antiquarium del Varignano
Loc. Le Grazie. *0187 790 307. su richiesta.*

La chiesa di San Pietro a Portovenere, a picco sul mare

Isole Palmaria, Tino, Tinetto ⓳

La Spezia. **Carta stradale** F5.
per visite 0187 732 987. da La Spezia o Portovenere per Palmaria.
IAT Portovenere, 0187 790 691.

L'UNICO ARCIPELAGO LIGURE dal punto di vista morfologico e naturalistico appare la prosecuzione del promontorio di Portovenere. La **Palmaria**, divisa dalla terraferma da uno stretto braccio di mare, ha una fitta vegetazione mediterranea sul versante orientale, e presenta una costa con scogliere a picco sul mare e grotte, fra le quali

Il porto di Portovenere con le caratteristiche case variopinte

L'isola di Palmaria, la più grande dell'arcipelago ligure

spiccano la Grotta Azzurra e quella dei Colombi, a ponente. Fu in passato sfruttata per l'estrazione del portoro, pregiata pietra calcarea di colore nero, le cui cave hanno parzialmente deturpato l'ambiente. Solo il 13 settembre, festa di San Venerio, è consentito l'accesso all'isola del **Tino**, dove sorge il faro che guida le navi all'ingresso nel golfo: vi si possono visitare i resti della suggestiva abbazia (XI secolo) costruita sulla cappella presso cui il santo eremita visse in solitudine. Rimangono la facciata e i muri perimetrali della chiesa, e parte del chiostro di età romanica. Il **Tinetto** è un grosso scoglio inospitale, piatto e quasi privo di vegetazione, ma i suoi fondali sono fra i più ricchi della regione. Conserva inoltre i resti di due edifici religiosi che documentano la più antica presenza cristiana in quest'area (V secolo).

La Spezia ⓴

Vedi pp 124–5

San Terenzo ㉑

La Spezia. **Carta stradale** F5. FS *La Spezia.* 🚌 i *Lerici, 0187 967 346.*

ERA UN PICCOLO AGGLOMERATO di case di pescatori raccolte sulla riva, fra il castello e la chiesa. La suggestione del luogo lo rese caro a poeti e personaggi illustri nel corso del XIX secolo. Ora soffre dell'espansione edilizia dovuta al turismo di massa. A ponente, su un promontorio roccioso, sorge il castello del XV–XVI secolo, piuttosto rimaneggiato, con torre quadrata e doppia cinta muraria; la chiesa di Santa Maria Assunta conserva dipinti del XVI e XVII secolo. Interessante la Villa Marigola, col suo bellissimo giardino, ora adibita a centro congressi.

Lerici ㉒

La Spezia. **Carta stradale** F5. *12.000.* FS *La Spezia.* 🚌 i *via Biaggini, loc. Venere Azzurra, 0187 967 346.* *festa di Sant'Erasmo (lug).* W www.comune.lerici.sp.it

NEL MEDIOEVO fu un importante scalo marittimo ed emporio, e svolse inoltre una rilevante funzione strategica. Oggi è un centro turistico molto frequentato, con un importante porto turistico. Il centro storico è dominato dal **castello**, che costituisce la più importante architettura militare della regione. Fondato nel XIII secolo dai pisani in contrapposizione alla fortezza genovese di Portovenere, venne poco dopo conquistato da Genova. Risalgono ai secoli successivi la torre pentagonale e le massicce opere murarie. Il castello è sede del **Museo Geopaleontologico**, che espone interessanti reperti preistorici ritrovati in zona. Da vedere anche la parrocchiale di San Francesco e l'oratorio di San Bernardino.

Castello e museo

Piazza San Giorgio. *0187 969 042.* *20 ott–15 mar: 10.30–12.30 mart–ven; anche 14.30–17.30 sab, dom e fest; 16 mar–30 giu e 1 set–19 ott: 10.30–13, 14.30–18 mart–dom e fest; lug–ago: 10.30–12.30, 18.30–24 mart–dom e fest.*

Il porto di Lerici dominato dall'imponente castello fondato nel XIII secolo

POETI E PARCHI CULTURALI

Fu il drammaturgo fiorentino Sem Benelli soggiornando nel 1919 a villa Marigola, dove scrisse *La cena delle beffe*, a dare al golfo di Lerici il nome di golfo dei Poeti. Epiteto evocativo e romantico ma in qualche modo esatto, se si tiene conto del fatto che fra Otto e Novecento vi soggiornarono Percy B. Shelley (che morì in mare durante una traversata) e la moglie Mary, lord Byron, D.H Lawrence e Virginia Woolf. Una fortuna inglese, come si vede, continuata nel periodo recente con artisti e intellettuali in prevalenza italiani. Seguendo questa vocazione, è stato creato il Parco Culturale Golfo dei Poeti, cui si affiancano – con una proposta di itinerari intelligente e raffinata – gli analoghi parchi dedicati a Montale, alle Cinque Terre, e alla val di Magra e Terra di Luni. Tutte le informazioni presso l'APT Cinque Terre-Golfo dei Poeti a La Spezia.

Percy Bysshe Shelley

Una suggestiva immagine notturna del castello di San Terenzo ▷

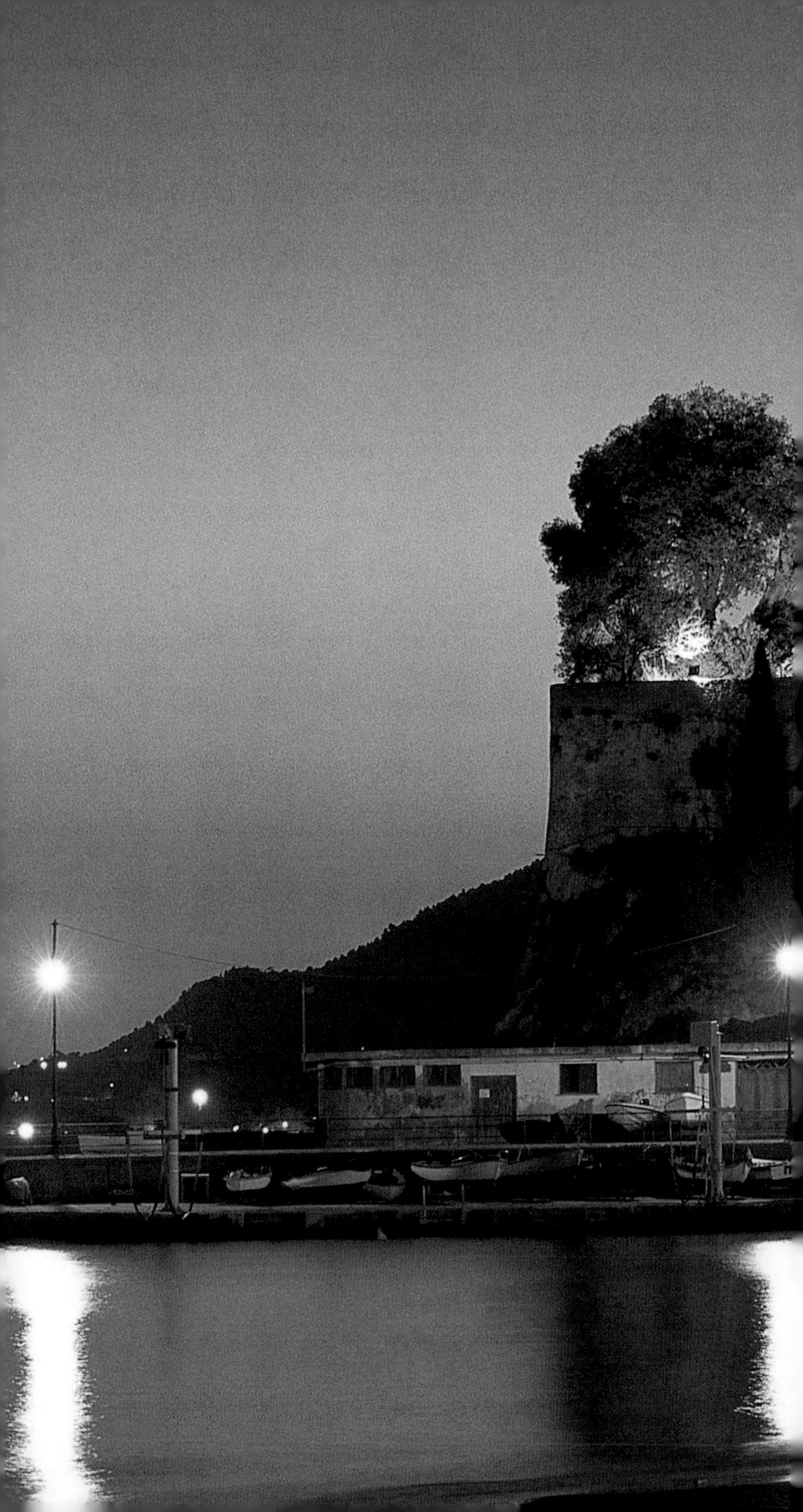

La Spezia ⑳

Uno dei cannoni sul lungomare di La Spezia

Il porto di La Spezia è importante fin dall'antichità per lo smistamento di prodotti provenienti da tutto il mondo, in particolare delle spezie giunte dall'Oriente. Nel XIII secolo, per volontà dei Fieschi, da piccolo borgo marinaro venne trasformata in una roccaforte cinta da mura; a segnarne la crescita, una nuova cinta fu eretta nel XVII secolo. È questa la città cantata dai poeti nel XIX secolo, una sorta di borgo ingrandito che attirò generazioni di viaggiatori europei, ammirati dalla perfetta fusione tra La Spezia e il suo golfo. La città mutò radicalmente, e con essa il suo destino, tra il 1859 e il '62 quando fu iniziata la costruzione dell'Arsenale militare per iniziativa del governo sabaudo. Oggi le tracce del passato sono inghiottite nella nuova situazione urbanistica.

Arsenale militare e Museo Navale

Viale Amendola 1. 0187 783 016. 8–18.45 lun–sab; 8–13 dom e festivi. 1 gen, 15 ago, 8 e 24–26 dic. senza flash.

Tracciando a Sant'Elena un ritratto della penisola italiana, Napoleone scriveva, a proposito di La Spezia, che "è il più bel porto dell'universo; la sua difesa per terra e per mare è facile... gli stabilimenti marittimi sarebbero qui al riparo". Non fu però Napoleone, pur avendo progettato di farlo, a trasferire l'Arsenale militare da Genova a La Spezia ma il governo sabaudo per volontà di Cavour. Nel 1861 fu iniziata la mastodontica costruzione, il cui inserimento accanto alla città coinvolse necessariamente le strutture urbane, destinate a crescere in conseguenza della sua presenza, visto che dal 1861 al 1881 il numero degli abitanti triplicò.

La progettazione dell'Arsenale e la contemporanea pianificazione urbanistica, che tendeva a rendere la città in grado di accogliere gli operai dell'arsenale, furono affidate al colonnello Domenico Chiodo. Gravemente danneggiato dai bombardamenti e dal fatto che le truppe tedesche vi si installarono fra il 1943 e il '45, l'Arsenale è stato ricostruito con attenzione filologica. Le strutture rivelano la preoccupazione di Chiodo di rispondere a esigenze funzionali e insieme di decoro: le officine sono ubicate nei pressi dell'ingresso per ridurre il percorso degli operai, il magazzino generale e gli uffici al centro dell'intero complesso, e così via. Gli edifici sono costruiti in stile neoclassico.

Polena al Museo Navale

Il Museo Tecnico Navale della Marina Militare è uno dei più importanti e antichi d'Italia: il suo nucleo risale addirittura al XVI secolo, all'iniziativa di Emanuele Filiberto di Savoia, che raccolse fra l'altro cimeli provenienti dalla battaglia di Lepanto (1571). È ricco di modellini che permettono di ricostruire la storia della marina; possiede anche un'interessante collezione di ancore (ben 120 modelli) e l'affascinante raccolta di 28 polene di antiche imbarcazioni.

Museo Amedeo Lia

Via Prione 234. 0187 731 100. 10–18 mart–dom. lun, 1 gen, 15 ago, 25 dic.

Il museo, inaugurato nel 1996, prende origine dall'importante donazione di opere d'arte di Amedeo Lia e della sua famiglia. Ha sede nell'antico complesso della chiesa e del convento dei frati di San Francesco da Paola, restaurato per l'occasione. La ricca raccolta d'arte comprende importanti dipinti e miniature, avori medievali, smalti di Limoges, medaglie, oggetti preziosi, e numerosi reperti archeologici di area mediterranea. La quadreria è la parte più consistente e significativa della raccolta: per i dipinti fra Due e Quattrocento può essere definita una delle collezioni private principali d'Europa. Oltre a capolavori di Paolo di Giovanni Fei, Pietro Lorenzetti, Sassetta, Lippo di Benivieni, si segnalano due opere cinquecentesche di assoluto valore: il presunto *Autoritratto* del Pontormo, dipinto nella singolare tecnica della tempera su terracotta, e il *Ritratto di gentiluomo* di Tiziano, a olio su tela. Molto importanti anche i dipinti seicenteschi di seguaci del Caravaggio, e le vedute veneziane del Canaletto, di Bellotto, Marieschi, Guardi. Di grande interesse il nucleo dei bronzetti dei secoli XVI e XVII.

Il celebre *Autoritratto* del Pontormo, Museo Lia

Castello di San Giorgio

Via XXVII Marzo. 0187 751 142. vedi Museo Archeologico.

Sorge in posizione elevata e panoramica a dominio della città l'unica testimonianza architettonica dei secoli passati conservata in città. Si tratta di un'imponente fortificazione di origine duecentesca, voluta dai Fieschi. La struttura attuale deriva da una ricostruzione avviata nella seconda metà

Il castello di San Giorgio, che ospita il Museo Archeologico

del XIV secolo, e, nella parte sommitale, da opere difensive realizzate nel Seicento. A partire dal 1970 è stato accuratamente restaurato, e ospita l'importante Museo Archeologico.

Museo Civico Archeologico "Ubaldo Formentini"

Castello di San Giorgio, via XXVII Marzo. *0187 751 142.*
estate: 9.30–12.30, 17–20; inverno: 9.30–12.30, 14–17.
mart (eccetto festività), 1 gen, 24 e 25 dic.
www.castagna.it/sangiorgio

Fu istituito nel 1873 per esporre i numerosi reperti archeologici e fossili scavati nei pressi della città, principalmente durante gli imponenti lavori dovuti alla costruzione dell'Arsenale. Risalgono alla fine dell'800 i ritrovamenti legati alle testimonianze dei primi insediamenti umani in Lunigiana: particolarmente interessanti i reperti paleolitici e neolitici provenienti dalla grotta dei Colombi sull'isola Palmaria. Di grande importanza sono gli oggetti provenienti dall'area dell'antica città di Luni: monete, ceramiche, mosaici, risalenti all'età preistorica, etrusca e romana. La sezione più nota e significativa del museo è però la collezione di statue-stele, singolari sculture in pietra arenaria dell'Età del bronzo e del ferro, che raffigurano in forme stilizzate guerrieri con armi in pugno e figure femminili. Si tratta di opere tipiche dell'area della Lunigiana, dalla funzione e significato incerti.

Chiesa Santa Maria Assunta

Via Canonica 4.
6.30–12, 15–19.

La chiesa, di origine trecentesca, fu più volte rimaneggiata e si presenta oggi come il frutto della ricostruzione postbellica, in stile che riecheggia il romanico. Conserva un'*Incoronazione della Vergine*, pregevole rilievo in terracotta policroma di Andrea Della Robbia.

NOTE INFORMATIVE

Carta stradale F4.
97.000. FS
Viale Mazzini 45, 0187 770 900.
www.aptcinqueterre.sp.it
info@aptcinqueterre.sp.it
San Giuseppe (19 marzo) ; festa del mare con Palio del golfo (prima dom di ago).

Pieve di San Venerio

La suggestiva costruzione in pietra risale all'XI secolo, ma scavi archeologici effettuati nella seconda metà del XX secolo hanno messo in evidenza resti romani e altomedievali. La facciata è ornata da una bifora e affiancata, a destra, dal campanile. L'interno ha pianta irregolare e presenta due navate, la più antica delle quali termina con due absidi. La pieve, al momento in fase di restauro, non è visitabile.

Statua-stele in mostra al Museo Archeologico

I pittoreschi vicoli di Tellaro

Fiascherino, Tellaro ㉓

La Spezia. **Carta stradale** F5.
800. FS *La Spezia.*
Lerici, 0187 967 346.
www.aptcinqueterre.sp.it
Natale subacqueo (24 dic).

Sono due bellissimi piccoli borghi di case colorate e vicoli stretti, perfettamente integrati in un paesaggio straordinariamente mutevole: entrambi affacciati su piccole baie in cui la scogliera giunge fin sul mare, con alle spalle colline ricoperte di una fitta vegetazione. **Fiascherino** è minuscola; la scogliera offre calette incantevoli, accessibili esclusivamente dal mare. Grazie alla sua posizione arroccata sulla scogliera, **Tellaro** ha conservato pressoché intatte le proprie caratteristiche originarie. Il nucleo più antico sorge sul promontorio che costituisce la punta estrema del Levante ligure: da qui procedono edifici a schiera distribuiti su diversi livelli, che seguono l'andamento del terreno. I vicoli strettissimi del paese sono collegati da scalette e sottopassi. Molto caratteristiche le chiese del paese: quella di San Giorgio, a picco sul mare, e l'oratorio d'In Selàa, con un bellissimo sagrato affacciato sul mare.

Montemarcello ㉔

La Spezia. **Carta stradale** F5.
4600. FS *La Spezia.*
via Nuova 48, 0187 670 910 (stagionale).
www.aptcinqueterre.sp.it
www.parks.it

È situato a circa 300 m di altitudine, nell'interno, e offre panorami splendidi sui due versanti, il golfo della Spezia e la costa della Versilia. Non condivide la struttura comune ai borghi d'altura: non ha infatti il tradizionale andamento concentrico ma una disposizione a maglia ortogonale, che rimanda al *castrum* romano da cui trae origine. Le case del nucleo antico, ancora parzialmente delimitate dai resti della cinta muraria, presentano i vivaci colori propri dei paesi del litorale, anomali in un borgo di montagna. Anche per l'atmosfera generale Montemarcello appare un paese anomalo, poiché sia l'impianto stradale sia lo stile architettonico delle abitazioni lo rendono più simile a un luogo di villeggiatura signorile che a un centro rurale. Questi caratteri l'hanno portato a essere scelto come buen retiro da uomini di cultura, artisti, persone facoltose intenzionate a sfuggire alla folla e all'esibizione, fatto che ha sostanzialmente salvaguardato Montemarcello dai tentativi di speculazione e l'ha conservato quasi intatto. Attorno al paese si incontra una natura meravigliosa: si tratta della porzione meridionale del **Parco Naturale Regionale Montemarcello Magra**, unico parco fluviale della Liguria, che si estende dalla sommità del promontorio orientale del golfo della Spezia fino alla pianura del fiume Magra. La parte settentrionale del parco coincide con la valle del fiume Vara; più a sud la vegetazione e la fauna sono tipicamente mediterranee, mentre nella parte fluviale coltivazioni e zone umide si alternano.

Logo del Parco Montemarcello Magra

Ameglia ㉕

La Spezia. **Carta stradale** F5.
4300. FS *Sarzana, Santo Stefano Magra.* *via XXV Aprile, 0187 600 524.* www.comune.ameglia.sp.it *Omo ar Boso, Carnevale amegliese.*

Non distante dalla foce del fiume Magra, Ameglia ha tuttavia l'aspetto di un borgo di collina. Le sue case alte e strette si riuniscono compatte attorno al colle su cui anticamente sorgeva il castello. I suoi resti comprendono una torre cilindrica e tratti della cinta muraria; la struttura vera e propria è stata invece sostituita in epoca rinascimentale dal Palazzo del Podestà, divenuto poi Palazzo Comunale. Dalla sommità si sviluppano vicoli concentrici, che si aprono in piazzette. Particolarmente bella quella su cui si affaccia la chiesa parrocchiale dei Santi Vincenzo e Anastasio, che ha vista sulla bassa Lunigiana e sulle Apuane. Conserva un portale marmoreo scolpito nel Cinquecento.

Bocca di Magra ㉖

La Spezia. **Carta stradale** F5.
4300. FS *Sarzana, Santo Stefano Magra.* *Ameglia, 0187 600 524.*

Nasce come borgo di pescatori alla foce del fiume Magra e, pur avendo ora i connotati di un centro turistico, mantiene in parte la vocazione originaria. La costa

Scorcio di Montemarcello

L'anfiteatro romano di Luni

è completamente diversa da quella delle Cinque Terre e del golfo di La Spezia: inizia qui il litorale basso e sabbioso che qualche chilometro più a sud prende il nome di Versilia. L'incontro fra il fiume e il mare, e l'ambiente ben preservato rendono Bocca un luogo di grande fascino, che non a caso nella prima metà del '900 ha attratto, come altri centri della zona, villeggianti esigenti, scrittori, poeti. Il lungofiume che costeggia la foce si conclude con una piccola spiaggia. Il porto turistico è molto sviluppato e ricovera in particolare barche a vela. Nei pressi del paese ci sono i resti di una villa romana del I secolo d.C., costruita a terrazze digradanti sulla scogliera, in posizione panoramica sulla foce. Si sono trovati numerosi ambienti residenziali e di servizio, e un complesso termale.

Luni ㉗

La Spezia. **Carta stradale** F5.

La colonia romana di *Luna* fu fondata nel 177 a.C. in un'area già abitata in precedenza: porto importante, aveva anche grande valore strategico. Da *Luna* partiva fra l'altro, verso ogni zona dell'impero, il marmo delle Apuane, detto appunto marmo lunense. La sua fortuna non declinò nemmeno durante i primi secoli del Medioevo, nonostante le invasioni subite. Fu l'interramento del porto a provocarne la decadenza: nel 1204 la sede vescovile fu spostata a Sarzana, e di Luni, circondata dalle paludi, rimase solo il nome, che fu assunto dalla regione circostante. Il sito archeologico è il più importante dell'Italia settentrionale. La città era cinta da mura e aveva un tracciato perfettamente ortogonale; ordinata anche la disposizione degli edifici pubblici. All'esterno si trovavano l'anfiteatro e la necropoli; un grande tempio e alcune *domus* prestigiose erano nei pressi del foro, molto vasto, lastricato con marmo. Nei pressi sorgeva il Capitolium, tempio dedicato alla triade Giove, Giunone, Minerva, preceduto da una scalinata e circondato da un bacino con sponde di marmo. Non lontane sorgevano la casa dei Mosaici, con atrio in stile corinzio circondato da ambienti pavimentati a mosaico, alcuni dei quali figurati (III–IV secolo d.C.), e quella degli Affreschi, vastissima, che si sviluppava attorno a un giardino e aveva parecchie stanze con pavimenti preziosi e decorazioni parietali. A est della città, fuori dalle mura, sorgeva l'anfiteatro, costruzione dell'età antonina (I–II secolo d.C.). Conserva le parti inferiori delle gradinate e un segmento di portico coperto, e mostra ancora il complesso sistema di scale e corridoi che consentivano l'accesso agli spalti. Era utilizzato per spettacoli gladiatori. Entro la cinta fu costruita la basilica di Santa Maria, paleocristiana, di cui rimangono i resti delle absidi. Sul foro è stato costruito il **Museo Archeologico Nazionale** dove sono esposte statue marmoree di età imperiale, busti-ritratto, frammenti di affresco, gioielli, e oggetti di uso pratico quali pesi, bolli, ceramiche.

Museo Archeologico Nazionale
Via Luni 39. *0187 660 266.*
8.30–19.30 mart–dom.

Castelnuovo di Magra ㉘

La Spezia. **Carta stradale** F5.
8000. *Sarzana, Santo Stefano Magra.* *via Aurelia 241, 0187 693 362.* *corteo storico di San Fedele (fine ago).*

È probabile che la sua origine sia legata all'abbandono di Luni da parte degli abitanti. Castelnuovo, posta su un'altura in vista della foce del Magra, compare nei documenti nell'XI secolo. Allungata sul crinale di un colle tra chiesa e palazzo vescovile, ha una struttura urbanistica davvero bella. Via Dante, che collega i due fulcri dell'abitato, presenta bei palazzi con eleganti facciate e portali. Il castello, in realtà palazzo vescovile, venne iniziato negli anni 1273–74. Oggi ne restano porzioni della cinta muraria e due torri del XV secolo. Dall'altro capo della via sorge la parrocchiale di Santa Maria Maddalena, creata nel tardo '500 (ma la facciata è ottocentesca). Le colonne in marmo dell'interno sono considerate provenienti dalla basilica di Santa Maria Assunta di Luni. Fra gli edifici interessanti si segnala il Palazzo Amati, in particolare per via del bellissimo portale a bugnato. Nei pressi di Castelnuovo si trova, sempre nell'interno, **Nicola**, piccolo centro di origine trecentesca sulla sommità di un colle sviluppatosi attorno alla chiesa dei Santi Filippo e Giacomo.

Nicola, nei pressi di Castelnuovo

Sarzana ㉙

Statua della *Procellaria* in Piazza Matteotti

Attualmente Sarzana è un nucleo agricolo e commerciale molto vivace, ma il suo bellissimo centro storico conserva l'aspetto urbanistico e architettonico del passato, e straordinarie testimonianze della sua importanza strategica. Essa derivò dalla fortunata posizione sul fiume Magra, che era navigabile fino alla foce, e sulla via Francigena, principale collegamento di terra fra Roma e il Nord Europa. Per questo Sarzana fu a lungo contesa dai vicini più potenti, fino a quando nel 1572 entrò stabilmente in possesso della Repubblica di Genova. In età medievale aveva raccolto l'eredità dell'antica città di Luni in declino, della cui diocesi era diventata il centro principale.

Chiesa di Sant'Andrea
Antica pieve romanica, ha una sobria facciata in pietra con un portale cinquecentesco ornato da cariatidi. Nell'interno, a navata unica, si conserva il fonte battesimale in marmo del XVI secolo.

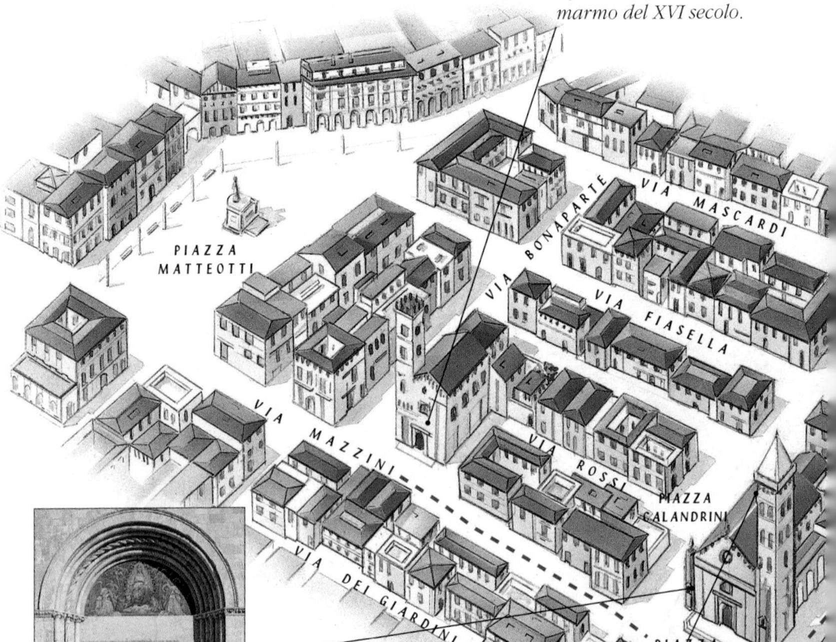

★ Cattedrale
La cattedrale di Santa Maria Assunta, costruita alla fine del XIII–inizi XIV sec. dopo il trasferimento della sede vescovile da Luni a Sarzana, venne terminata nel XV sec. e rimaneggiata nel Seicento. Incantevoli il portale, il rosone marmoreo finemente intagliato e il campanile, trecenteschi. L'interno conserva due ancone in marmo di Leonardo Riccomanni.

La Croce di Maestro Guglielmo, firmata e datata 1138, opera di un artista toscano, è posta nella cappella a sinistra dell'altare maggiore nella cattedrale. Opera capitale della storia dell'arte italiana, è il prototipo di tutte le croci dipinte in territorio toscano e umbro nei due secoli seguenti.

La Fortezza di Sarzanello

A nord di Sarzana, a circa 2 km dal centro, sorge su un poggio in posizione strategica ottimale per il controllo della bassa Lunigiana. Fu fatta erigere da Castruccio Castracani, signore di Lucca, attorno al 1322, e parzialmente trasformata nei secoli seguenti. Vi si accede attraverso un ponte, che sorpassa il profondo fossato; ha pianta triangolare e presenta tre torrioni cilindrici angolari.

Note informative

La Spezia. **Carta stradale** F4-5.
20.000. FS *piazza San Giorgio, 0187 620 419.*
www.aptcinqueterre.sp.it
"Soffitta in strada", mostra mercato nazionale di antiquariato e artigianato (ago).

★ Cittadella

Fu fatta costruire da Lorenzo il Magnifico fra il 1488 e il 1492 sui resti di una fortificazione pisana. È un'imponente fortezza a pianta rettangolare con sei torrioni cilindrici alle estremità e fossato. Ai genovesi spetta la costruzione della cinta muraria cinquecentesca.

Legenda

- - - - Percorso consigliato

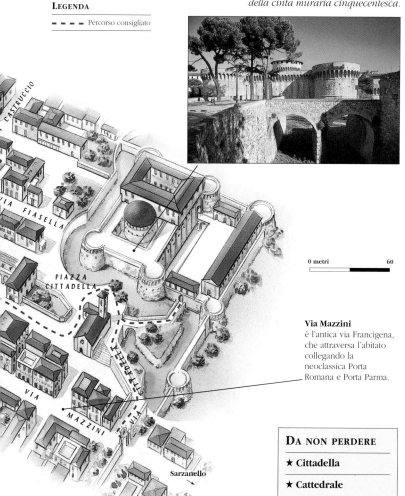

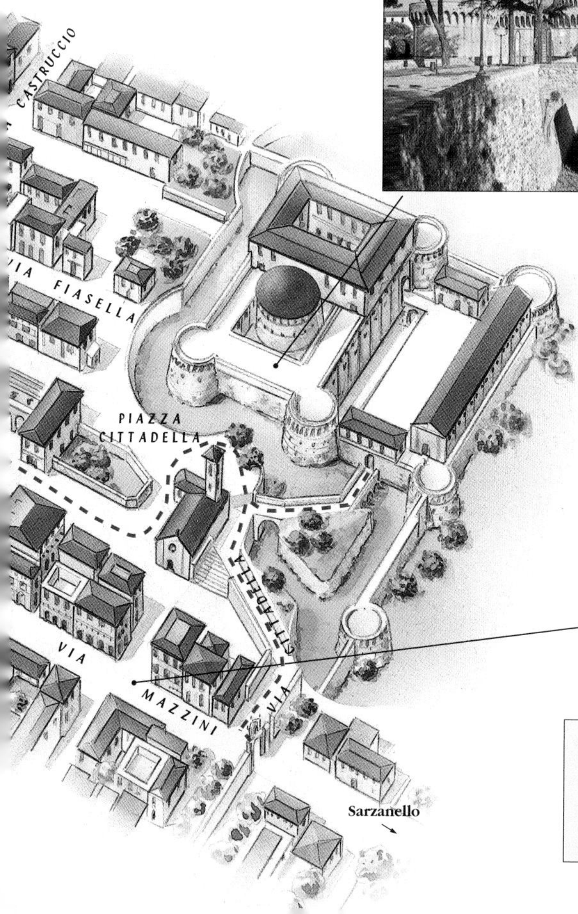

0 metri 60

Via Mazzini
è l'antica via Francigena, che attraversa l'abitato collegando la neoclassica Porta Romana e Porta Parma.

Da non perdere

★ Cittadella

★ Cattedrale

La Riviera di Ponente

QUASI 150 CHILOMETRI *separano il capoluogo, Genova, da Ventimiglia, l'ultima città della Liguria verso occidente, al confine con la Francia. Questo territorio, splendido dal punto di vista paesaggistico, ricco di bellezze non soltanto sulla costa, ma anche nell'entroterra, è comunemente chiamato la Riviera di Ponente, che si divide in Riviera delle Palme e in Riviera dei Fiori.*

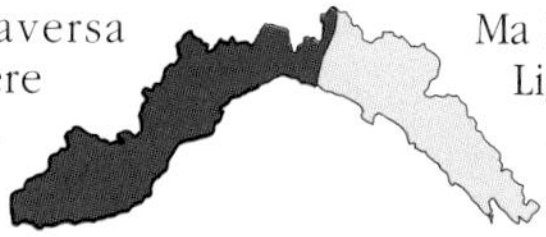

Il visitatore che attraversa questa zona può godere del clima mite della costa, che nel corso degli anni ha favorito la coltivazione dei fiori, trasformando il paesaggio assieme ai costumi, creando una nuova economia a essa legata, che fa della Liguria uno dei più importanti produttori mondiali in campo floreale. Non a caso Sanremo, dove ogni anno da più di mezzo secolo si svolge la gara canora più famosa della penisola, il Festival della canzone italiana, è soprannominata la "città dei fiori". Importante anche la coltivazione dell'ulivo, che ha in Imperia la sua capitale.
Meta turistica internazionale, la Riviera di Ponente è stata eletta luogo privilegiato di villeggiatura da parte dell'aristocrazia europea, soprattutto inglese e russa, tra la fine dell'800 e la prima metà del '900, testimoni gli alberghi e le ville liberty che si incontrano un po' dappertutto.

Ma la parte occidentale della Liguria è anche una zona ricca di storia, per il visitatore che ama andare alla ricerca del tempo perduto. Basta addentrarsi un poco nell'entroterra per scoprire borghi medievali praticamente intatti, affascinanti per le loro atmosfere, in netto contrasto con i centri costieri più nettamente turistici. Sia sulla costa sia nell'interno si trovano tracce dell'età romana, come i cinque ponti romani del Finalese (nelle cui grotte di calcare sono stati ritrovati utensili e sepolture di epoca paleolitica), oppure gli scavi di *Albintimilium*, l'antica Ventimiglia.
Tra un itinerario e l'altro, oltre a sostare in spiaggia per un bagno in mare, ci si può rilassare e respirare aria fresca e pulita in uno splendido parco naturale come quello del Monte Beigua sopra Savona, tra alberi e piante di infinite varietà e specie animali protette.

Veduta di Triora, borgo nell'entroterra di Imperia, conosciuto anche come "paese delle streghe"

◁ La lussureggiante vegetazione dei giardini di Villa Ormond a Sanremo

Visitando la Riviera di Ponente

SAVONA E IMPERIA sono i due capoluoghi di provincia della Riviera di Ponente. Sulla costa, i luoghi più interessanti da visitare sono Noli, con la chiesa di San Paragorio, uno dei monumenti più illustri del romanico ligure; Finale Ligure, con i borghi costieri di Finale Pia e Finale Marina, e quello interno di Finalborgo; Albenga, con il centro storico praticamente intatto e il suo Battistero paleocristiano; Alassio, importante località balneare, con il celebre "muretto" in piastrelle di ceramica con la firma dei personaggi famosi; il giardino botanico di Villa Hanbury e le Grotte dei Balzi Rossi, importante sito preistorico poco dopo Ventimiglia. Nell'entroterra, il borgo medievale di Dolceacqua merita particolare attenzione, così come Triora, famoso per un processo di stregoneria avvenuto sul finire del '500; a Cervo, domina in posizione scenografica la chiesa barocca di San Giovanni Battista.

I giardini botanici Hanbury, presso Ventimiglia

DA VEDERE

- Alassio 15
- *Albenga (pp 148–51)* 14
- Albisola Superiore 3
- Albissola Marina 4
- Andora 16
- Balzi Rossi 29
- Bergeggi 6
- Bordighera 27
- Borgio Verezzi 10
- Cervo 17
- *Dolceacqua (pp 166–7)* 26
- Dolcedo 20
- Finale Ligure 9
- *Giardini botanici Hanbury (pp 170–1)* 30
- *Grotte di Toirano (pp 146–7)* 13
- *Imperia (pp 154–7)* 19
- Loano 12
- Noli 8
- Parco Naturale del Beigua 2
- Pietra Ligure 11
- Pieve di Teco 18
- Pigna 25
- Sanremo 24
- *Savona (pp 136–9)* 5
- Spotorno 7
- Taggia 22
- *Tour delle valli Armea e Crosia (pp 160–1)* 23
- Triora 21
- Varazze 1
- Ventimiglia 28

VEDI ANCHE

- ***Dove alloggiare*** pp 181–3
- ***Dove mangiare*** pp 194–7

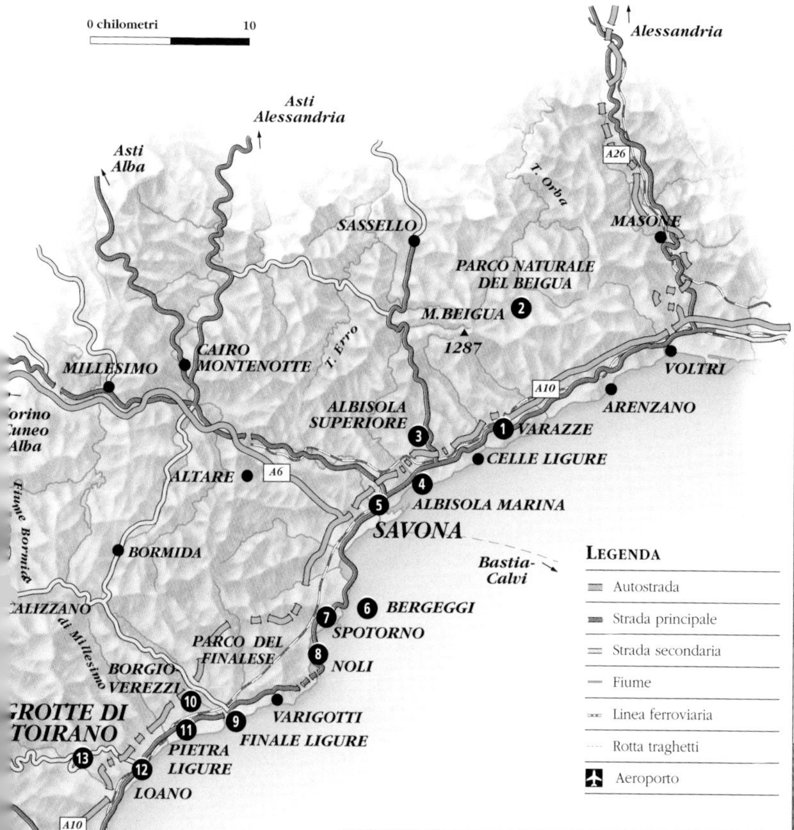

Barche di pescatori sulla spiaggia di Noli

Come muoversi

La principale via di comunicazione della Riviera di Ponente è la A10, l'autostrada che parte da Genova e arriva a Ventimiglia, e che corre praticamente parallela alla Strada Statale 1, ovvero la via Aurelia, costruita anticamente dai romani, che segue a livello del mare il litorale toccando tutti i centri abitati più importanti. Le strade invece per raggiungere i borghi dell'entroterra sono strette e tortuose, anche se corrono in mezzo a splendidi paesaggi. La A6, l'autostrada che da Savona arriva a Torino, permette di raggiungere Altare, Carcare e Millesimo, in Valbormida. Treni locali, diretti e Intercity collegano ancora Genova a Ventimiglia, con una frequenza di circa 15 al giorno. È possibile anche spostarsi in pullman: le autolinee provinciali garantiscono una buona rete di collegamenti.

Varazze ❶

Savona. **Carta stradale** C3.
15.000. FS
corso Matteotti 56, Palazzo Beato Jacopo, 019 935 043.
www.inforiviera.it
varazze@inforiviera.it
processione e corteo storico di Santa Caterina da Siena (30 aprile); festa dei pescatori (lug–ago).

Il nome attuale deriva dal *Varagine* del tempo dei romani, che indicava un territorio ricco di boschi e dunque di legno per la costruzione degli scafi (era infatti conosciuta anche come *Ad Navalia*). Qui nacque il beato Jacopo da Varagine (intorno al 1230), autore della *Legenda Aurea*. Da vedere la **collegiata di Sant'Ambrogio**, che sorge nella piazza omonima, risale al 1535 e della precedente costruzione del secolo XIV mantiene l'imponente campanile in laterizio di stile lombardo, a tre ordini di trifore e sormontato da una cuspide. La facciata neorinascimentale, in pietra finalese, venne eseguita nel 1916. Il sagrato è composto di pietre di mare, accostate per dare vita a suggestivi disegni geometrici. Sempre a Sant'Ambrogio è dedicata la **chiesa romanica** (se ne hanno notizie fin dal 1139) di cui sono visibili gli interessanti resti inglobati nella **cinta muraria**, possente opera di difesa che risale al XII secolo. Eretta nel 1419, ristrutturata una prima volta all'inizio del '600 e poi due secoli dopo, la **chiesa di San Domenico** è importante soprattutto perché in una delle sue cappelle sono conservate, all'interno di un'urna d'argento, le spoglie mortali di Jacopo da Varagine; degni di nota anche un polittico del primo '500, raffigurante il *Beato Jacopo e altri santi*, opera di Simone da Pavia, e un affresco probabilmente di scuola senese risalente al XII secolo con la *Madonna delle Grazie*. Una palla di cannone, sparata da una nave francese nel 1746, è infissa sulla facciata della chiesa.

La chiesa romanica di Sant'Ambrogio a Varazze

Il lungomare di Varazze

Dintorni: Celle Ligure, 4 km a ovest di Varazze, è un piccolo borgo marinaro, con le case dalle caratteristiche facciate colorate per permettere un tempo ai pescatori di distinguerle dal mare, e i sinuosi *carruggi*. Nel piccolo borgo di Pecorile, lungo il rio Carrea, nacque nel 1414 Francesco Della Rovere che, divenuto papa nel 1471 col nome di Sisto IV, fu una delle figure più importanti del Rinascimento. Particolarmente suggestivo il **Deserto di Varazze**, eremo dei carmelitani scalzi, isolato all'interno di un fitto bosco 9 km all'interno di Varazze.

Parco Naturale del Beigua ❷

Genova e Savona. **Carta stradale** C3.
FS *viale Marconi 165, Arenzano, 019 841 873 00.*
www.parks.it

Oltre 17.000 ettari di superficie, che coprono un territorio che va dal basso Piemonte alla fascia costiera della Liguria, tra Celle e Arenzano. Il Parco Naturale del Beigua (che deve il nome al monte Beigua, alto 1300 metri), istituito nel 1985, è la più estesa tra le aree protette della regione. Dal piano erboso che costituisce la sommità del monte, punto di partenza di numerose escursioni, la vista spazia a est verso le cime delle Apuane, a ovest sino a capo Noli e capo Mele, mentre a nord si possono scorgere il Monviso e i ghiacciai del monte Rosa.

Dafne odorosa, simbolo del Parco del Beigua

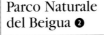

Sono state ricavate dagli *ofiolit*, chiamate anche rocce verdi, rocce metamorfiche derivanti da mutamenti intervenuti su rocce ignee originarie, le asce di epoca preistorica ritrovate in questa zona, esposte assieme ad altri manufatti dello stesso periodo al Museo di Archeologia Ligure di Genova-Pegli. Molte le varietà di flora e fauna presenti nel parco: per ciò che riguarda la vegetazione, tra gli alberi vi è una gran quantità di faggi *(Fagus selvatica)*, comuni anche l'astro alpino *(Aster alpinus)* e, nella zona umida chiamata Riserva del Laione, la rosòlida *(Drosera rotundifolia)*, pianta carnivora (l'unica qui presente) che si ciba di insetti. È invece la dafne odorosa *(Daphne cneorum)*, dai caratteristici fiorellini rosa molto profumati, la pianta simbolo del parco. Anche la fauna è molto ricca: si possono incontrare volpi, tassi, donnole e faine; tanti i mammiferi: cinghiali, caprioli e daini. Due specie endemiche italiane di anfibi, la *Salamandrina terdigitata* e il *Triturus vulgaris meridionalis*, hanno in questo territorio il loro limite occidentale. Dal versante sud del parco è possibile anche osservare le migrazioni primaverili degli uccelli.

La villa romana di Albisola Superiore, risalente all'età imperiale

Albisola Superiore ❸

Savona. **Carta stradale** C3.
11.200. FS
IAT Albissola Marina e Superiore, passeggiata E. Montale 21, 019 400 20 08.
www.inforiviera.it
albisola@inforiviera.it

L'ANTICA *Alba Docilia* del tempo dei Romani, luogo di nascita di Giulio II Della Rovere, mecenate di Bramante, Raffaello e Michelangelo, è famosa fin dal XV secolo come patria della ceramica. Dell'epoca antica rimangono tracce nella **villa romana** di età imperiale, abitata dal I al V secolo d.C., con pianta rettangolare e un ampio cortile interno. La **parrocchiale di San Nicolò**, ricostruita nel 1600 ai piedi del castello di cui sono visibili i ruderi, contiene interessanti statue lignee barocche di Maragliano e di Schiaffino. Attiguo alla chiesa, il seicentesco **oratorio di Nostra Signora della Neve**. All'interno di un vasto parco, arricchito da fontane, statue e scalinate, sorge la bella **Villa Gavotti**, costruita per volere dell'ultimo doge di Genova, Francesco Maria Della Rovere, dal 1739 al 1753, al posto di un edificio quattrocentesco. Gli interni sono impreziositi da stucchi policromi di scuola lombarda e da maioliche locali. E proprio all'arte della ceramica dal XVI secolo in poi è dedicato il **Museo Manlio Trucco**, all'interno della casa-laboratorio dell'artista, dove sono esposte le migliori opere degli artisti albisolesi e liguri, oltre agli strumenti propri della lavorazione.

Piatto in ceramica di Albisola

Museo della Ceramica Manlio Trucco
Corso Ferrari 191.
019 482 295 / 257 / 266.
per ristrutturazione.

La settecentesca Villa Faraggiana ad Albissola Marina

Albissola Marina ❹

Savona. **Carta stradale** C3.
5600. FS *IAT Albissola Marina e Superiore, passeggiata E. Montale 21, 019 400 20 08.*
www.inforiviera.it
albisola@inforiviera.it
Mostre Nazionali di Ceramica d'Arte.

FINO AL 1615, data del distacco, costituiva la parte occidentale di Albisola Superiore, e veniva chiamata Borgo Basso. Da allora in poi, la cittadina, oggi rinomato centro balneare, conobbe un grande sviluppo grazie all'industria della ceramica, presente fin dal '500. Interessanti, nel borgo antico, il **Forte di Sant'Antonio**, detto il Castello, costruito nel 1563 per difendersi dalle incursioni saracene, e **piazza della Concordia**, con ciottoli concentrici bianchi e neri su cui si affaccia la **parrocchiale di Nostra Signora della Concordia**. Da non perdere la settecentesca **Villa Faraggiana** (dal nome del suo ultimo proprietario, che la donò al comune nel 1961), già Palazzo Durazzo, con il suo sontuoso interno. Nel parco, grotte, ninfei e gruppi scultorei raffiguranti Bacco e Diana.
Sul **lungomare degli Artisti**, la pavimentazione a mosaico risalente al 1963 è stata realizzata con opere di pittori e scultori contemporanei, tra cui Jorn, Lucio Fontana e Aligi Sassu.

Villa Faraggiana
Via Salomoni, 117/119.
019 480 622.
mar–set: 15–19 mart–dom.
lun, ott–feb.

Savona ❺

Vaso di ceramica

Una città medievale e barocca, ottocentesca e moderna insieme. Savona (il nome deriva dai liguri sabazi) è il centro abitato più grande del Ponente, ed è capoluogo di provincia. La sua storia è da sempre legata a quella di Genova: la rivalità tra le due esiste sin dai tempi antichi, quando durante la guerra punica di Annibale Savona si schierò con Cartagine, e Genova con Roma. Il porto (distrutto dai genovesi nel 1528) venne rifatto soltanto nell'Ottocento. Simbolo della città è la Fortezza del Priamàr, eretta dalla Repubblica di Genova nel 1542, oggi importante sede museale. Il centro storico, medievale, è di chiara impronta ligure, mentre i portici e i palazzi liberty di via Paleocapa, con il Teatro Chiabrera (intitolato al poeta seicentesco che qui nacque) sono gioielli di architettura ottocentesca.

L'imponente mole della fortezza del Priamàr

Il Priamàr

Corso Mazzini 1.
9–18.30.
Civico Museo Storico-Archeologico
019 822 708. *giu–15 set: 10–12, 17–19 mart–sab; 17–19 dom; 16 set–mag: 9.30–12.30, 15–17 mart e ven; 10–12, 15–17 sab; 15–17 dom.*
www.museoarcheosavona.it
Museo Sandro Pertini
019 854 565. *10–12 sab e dom.*
Museo Renata Cuneo
per ristrutturazione.

Qui, come ricorda anche Tito Livio, sul colle dove sorse il primo insediamento savonese (che venne poi distrutto dai romani dopo la guerra contro Annibale) alla fine del XVI secolo Genova, per soffocare definitivamente l'autonomia di Savona, fece costruire dall'Olgiati una fortezza, ultimata nel 1680. Durante l'Ottocento venne anche adibita a carcere (negli anni tra il '30 e il '31, vi fu rinchiuso persino Giuseppe Mazzini). Si arriva al corpo di guardia da una rampa in corso Mazzini: al di là dell'androne, in salita, la Piazza d'Armi della Cittadella. Sulla sinistra ecco il Palazzo della Sibilla; oltrepassato il fossato si arriva al Maschio, la parte centrale. Sulla Piazza d'Armi del Maschio prospettano il Palazzo del Commissario, la Loggia del Castello Nuovo, il retro del Palazzo degli Ufficiali. Sempre dal Maschio, attraverso rampe e terrapieni, si arriva ai Bastioni dell'Angelo e di San Carlo, e poi al Cavallo superiore, da cui si gode una straordinaria panoramica su tutta la città. Recentemente restaurata, la fortezza del Priamàr ospita alcuni tra i più importanti musei della Liguria. Il primo piano del Palazzo della Loggia ospita le sale del **Civico Museo Storico-Archeologico**. Vi si trovano reperti appartenenti al nucleo originario savonese, appartenenti a collezioni (età romana e preromana) o ritrovate nella zona (dai manufatti ai documenti). Ceramiche e anfore e corredi tombali provengono dall'Età del bronzo medio e del ferro. Interessanti gli strumenti per la tessitura, gli oggetti ornamentali e i recipienti per alimenti, risalenti al Medioevo. Arricchiscono il museo ceramiche di influenza araba e bizantina, maioliche policrome e savonesi (dai caratteristici colori bianco e blu), pentole, tegami e manufatti in metallo, osso e vetro provenienti dagli scavi. Inserita nel percorso la visita a un sepolcreto risalente al V–VI secolo. Il piano intermedio del Palazzo della Loggia è occupato dal **Museo Sandro Pertini**, che raccoglie circa 90 opere di artisti contemporanei provenienti dalla collezione del defunto presidente della Repubblica, tra cui spiccano i nomi di De Chirico, Guttuso, Manzù, Morandi, Arnaldo e Giò Pomodoro, Sassu e Sironi; alcune hanno la dedica, come quelle di Ortega, Moore, Miró. Sempre dentro il Priamàr, nel Palazzo San Bernardo, si trova il **Museo Renata Cuneo**. Articolato su due piani, vi sono contenute le opere della scultrice savonese, attiva per quasi tutto il Novecento: 29 gessi, 50 sculture, oltre 150 disegni. Da vedere: *La conchiglia* in gesso, *L'allodola, Il muratorino, Giovanna d'Arco* in bronzo ed *Ecce Homo* in ceramica. All'ingresso del bastione, i due bronzi *Uomo che dorme* e *L'estate*.

La facciata del Palazzo dei Pavoni

Torre del Brandale

Piazza del Brandale.

Risalente al secolo XII, è una delle torri medievali più interessanti di Savona. Deve il suo nome all'asta della bandiera comunale, che veniva comunemente chiamata "brandale". All'interno restano tracce di affreschi coevi, mentre sul prospetto fa bella mostra di sé una ceramica raffigurante un'*Apparizione*, tra le migliori espressioni dell'artigianato locale. Anticamente campanile, la Torre del Brandale conserva ancora la sua grande campana, detta dai savonesi "*a campanassa*". L'attiguo Palazzo degli Anziani, anticamente sede del podestà, venne costruito nel Trecento, mentre l'attuale facciata è seicentesca.

La Torre del Brandale con la *campanassa*

Piazza Salineri

Cuore delle attività mercantili nel Medioevo, data la sua posizione prospiciente al mare, questa bella piazza conserva ancora qualche traccia dell'antico splendore, soprattutto nelle strade che vi si affacciano: via Orefici e via Quarda Superiore. Interessanti le due torri che svettano sulla piazza: la Ghibellina (del 1200) e quella degli Aliberti (risalente al 1100). Di fianco a quest'ultima sorge il cinquecentesco Palazzo Martinengo, molto rovinato, che porta inserita, al piano della strada, una curiosa "Tabella di Persepoli", dove sono riportati cinque proverbi scomposti in diverse righe e colonne. Seguendo un certo schema, il lettore dovrà ricostruire le frasi.

Torre di Leon Pancaldo

Piazza Leon Pancaldo.

Ultimo resto delle mura trecentesche, questa piccola torre squadrata e piuttsto tozza, posta proprio all'estremità del porto (davanti al terminal delle navi da crociera), è dedicata al navigatore originario di Savona che accompagnò Ferdinando Magellano nei suoi viaggi, e che morì in tragiche circostanze sul Rio della Plata nel 1537. Detta anche "Torretta", è decorata con l'effigie della *Madonna della Misericordia*, patrona della città, opera datata 1662 dello scultore Filippo Parodi. Sotto la statua, di fronte al mare, un verso del poeta autoctono Gabriello Chiabrera, dedicato alla Madonna: "In mare irato/ In subita procella/Invoco Te/Nostra benigna stella", particolare perché lo si legge allo stesso modo sia in latino sia in italiano.

NOTE INFORMATIVE

Carta stradale C4. *63.100.*

corso Italia 157 r, 019 840 23 21.

www.inforiviera.it

savona@inforiviera.it

festa patronale di Nostra Signora della Misericordia (18 mar); processione del Venerdì Santo, (biennale, anni pari); festa della Madonna della Neve al Borgo Fornaci (5 ago); Confuoco (dom prima di Natale).

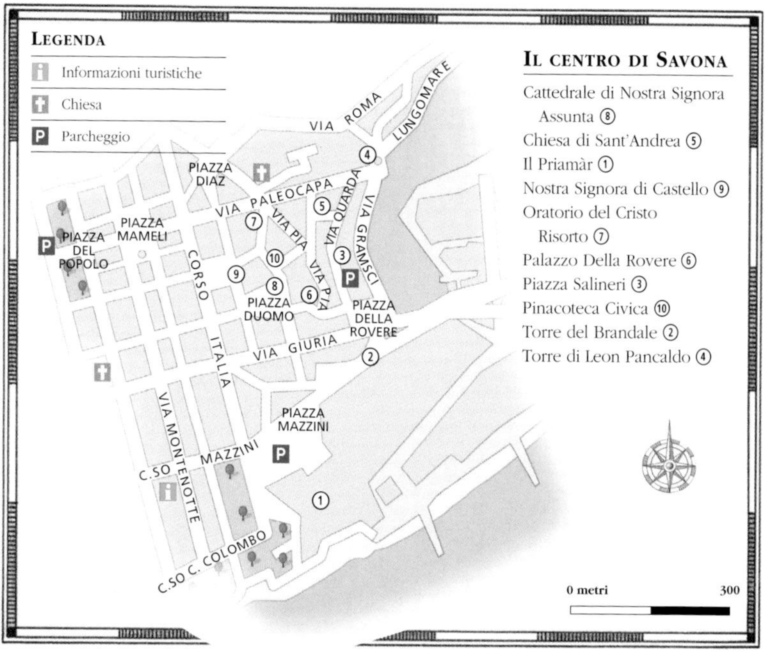

Barche di pescatori nel porto, con la Torre del Brandale sullo sfondo

Chiesa di Sant'Andrea

Via Paleocapa. 019 851 952.
8.30–12 tutti i giorni.

Dalla principale arteria cittadina, via Paleocapa, un'ampia scalinata (realizzata quando, per tracciare la via, venne risistemata tutta l'area circostante) sale a questa chiesa, edificata agli inizi del XVIII secolo come chiesa gesuitica di Sant'Ignazio, dove ne sorgeva un'altra di epoca medievale, sempre dedicata a Sant'Andrea. La facciata, molto elegante, è ripartita in basso in due ordini di lesene e semicolonne addossate ai fianchi del portale, sulla cui sommità è un timpano spezzato. Un ampio finestrone è al centro dell'ordine superiore, che si chiude con un timpano, questa volta triangolare. L'interno è a navata unica, fiancheggiata da quattro cappelle laterali. Degne di nota l'*Immacolata Concezione* di G.A. Ratti e la *Madonna del Buonconsiglio* di D. Ferrari. In sagrestia, oltre a un'icona di *San Nicola* proveniente da Costantinopoli, anche la *Madonna della Misericordia*, statua realizzata da Antonio Brilla.

Palazzo Della Rovere

Via Pia 28.

Situato al numero 28 di via Pia, una delle più suggestive strade cittadine, di impianto medievale, che mantiene ancora inalterato tutto il suo fascino, stretta e piena di negozi di ogni genere, il palazzo, oggi sede della Questura, venne eretto a partire dal 1495 da Giuliano da Sangallo per volere del cardinale Giuliano Della Rovere, che divenne poi papa col nome di Giulio II. Dopo essere stato di proprietà della famiglia Spinola, nel 1673 venne acquistato dall'ordine delle clarisse, che coprirono con l'intonaco le magnifiche decorazioni delle sale, e lo rinominarono Palazzo Santa Chiara. Fu anche prefettura napoleonica. Con la facciata organizzata su tre ordini sovrapposti, il rivestimento marmoreo bicromatico, il vasto cortile interno, questo palazzo rappresenta un chiaro esempio di architettura toscana, una rarità all'interno del tessuto urbano.

Oratorio del Cristo Risorto

Via Paleocapa. 019 838 63 06.
16–19 lun–sab; 8.30–12 dom.

Ricostruito nel 1604, l'oratorio faceva parte del preesistente monastero delle monache agostiniane della Santissima Annunziata. La facciata, che dà su uno slargo tra i portici di via Paleocapa, è tipica di molti edifici barocchi della regione, che presentano, al posto di motivi plastici, una decorazione architettonica riccamente dipinta. Nell'interno, assai suggestivo, le cappelle affacciano su un unico vano con volta a botte. Gli affreschi e gli stucchi che lo impreziosiscono, risalenti al Settecento, ridisegnano le geometrie e producono uno sfondamento dello spazio reale puramente illusionistico. L'altare maggiore è tradizionalmente attribuito a Francesco Parodi, anche se suo forse è soltanto il progetto; nel presbiterio, la statua del *Cristo risorto* è incorniciata da un potente *Trionfo di Dio e angeli*. Interessante l'organo settecentesco. L'*Annunciazione* di Maragliano e la *Deposizione* di Antonio Brilla sono le due casse processionali a cui l'oratorio deve la sua fama.

Statua dell'*Assunta* sulla cattedrale

Cattedrale di Nostra Signora Assunta

Piazza del Duomo.
Cappella Sistina e Museo del Tesoro della Cattedrale
019 813 003.
10–12 lun; 16–18 sab e dom; in altri giorni e orari su pren.

Eretta tra il 1589 e il 1602 su progetto di B. Franco, dopo che la costruzione della fortezza del Priamàr comportò la distruzione dell'antica cattedrale di Santa Maria del Castello, la cattedrale sorge sull'area occupata un tempo da un complesso francescano. L'imponente facciata marmorea, realizzata alla fine dell'Ottocento da G. Calderini, reca sopra il portale di mezzo un'*Assunta*, opera del carrarese G. Cibei. L'interno è a croce latina, con tre navate divise da imponenti pilastri e fiancheggiate dalle cappelle. Gli affreschi della navata centrale (originariamente priva di decorazioni), come quelli del presbiterio e del transetto, furono realizzati tra il 1847 e il 1951; le pareti e la cupola (realizzata nel 1840 da G. Cortese) vennero invece decorate tra il 1891 e il 1893. Dall'antica cattedrale provengono il *Crocifisso* in marmo di G. Molinari del tardo Quattrocento e il fonte battesimale, ricavato da un capitello bizantino con transenne scolpite: entrambi si trovano nella navata centrale, addossati alla controfacciata. Sul lato destro del presbiterio, si trovano il capolavoro di Albertino Piazza *Madonna in trono col Bambino e i Santi Pietro e Paolo*, e la *Presentazione di Maria al tempio*, un rilievo in marmo risalente al Cinquecento. Al centro del presbiterio è collocato il meraviglioso coro ligneo: commissionato e finanziato dalla Repubblica di Savona e dal cardinale Giuliano Della Rovere per la cattedrale sul Priamàr, esso venne rimosso dalla sua collocazione d'origine e riadattato alla nuova abside semicircolare. In una delle cappelle della navata sinistra, degno di nota l'affresco della *Madonna della colonna*, dipinto in origine su una colonna dell'antico convento di San Francesco. Notevole anche il pulpito degli Evangelisti, risalente al 1522. Sulla sinistra del presbiterio si accede ai locali della vecchia Massaria, diventati oggi il Museo della Cattedrale, con opere di varia provenienza, il cui nucleo originario risale alla prima metà del Trecento: da vedere un polittico dell'*Assunzione e santi* di Brea (1495), una *Madonna e santi* di Tuccio d'Andria (1487) e l'*Adorazione dei Magi* del Maestro di Hoogstraeten. Ventuno statue di marmo raffiguranti dei santi arricchiscono il chiostro, attiguo alla chiesa, in fondo al quale sorge la *Cappella Sistina*, fatta costruire da papa Sisto IV (Francesco Della Rovere, savonese) nel 1481 per accogliere le spoglie dei genitori. L'interno della cappella fu trasformato completamente nel secolo XVIII, con decorazioni rococò a stucchi policromi. Sulla parete sinistra, il cenotafio dei genitori di Sisto IV (1483).

***Crocifissione* di Donato de' Bardi, uno dei primi dipinti su tela**

Pinacoteca Civica

Palazzo Gavotti, piazza Chabrol 1. 019 811 520. *8.30–13.30 lun, mer e ven; 14–19 mart e gio; 8.30–13, 15.30–18.30 sab (estate: 20–23); 9.30–12.30 dom (estate: 20–23).*

Fino a poco tempo fa situata al terzo piano del Palazzo della Loggia, la **Pinacoteca Civica** è stata spostata in una nuova sede a Palazzo Gavotti. La collezione è costituita da opere di pittori liguri operanti dal Medioevo sino al secolo XVIII. Assolutamente da non perdere le mirabili *Crocifissioni* di Donato de' Bardi e di Giovanni Mazone, attivi fra il Tre e il Quattrocento; è sempre di Mazone lo splendido polittico (di cui una parte è custodita al Louvre) *Cristo in croce tra le Marie e San Giovanni Evangelista*. Molte le opere presenti di pittori del XVII e XVIII secolo, attivi sia a Genova sia a Savona: Fiasella, Guidobono, Robatto, Brusco, Agostino, Ratti, Bozzano. Tra i contemporanei, Eso Peluzzi. Nella sala dedicata alla ceramica (dal XII al XX secolo), interessanti l'Albarello istoriato *(San Giorgio e il drago, Olocausto di Marco Curzio* e *Sacrificio di Muzio Scevola)*, una *Glorificazione del Chiabrera* e una zuppiera di Antonio Brilla, nonché vasi dai molteplici usi.

Nostra Signora di Castello

Via Manzoni. 019 804 892. *16–18.30 su appuntamento.*

Questo piccolo oratorio, quasi mimetizzato all'esterno nei pressi di corso Italia, lungo rettifilo con eleganti negozi che con via Paleocapa rappresenta l'arteria più importante dell'espansione di Savona nell'Ottocento, custodisce al suo interno un monumentale polittico della fine del 1400, *Madonna e santi*, splendida opera dovuta al lombardo Vincenzo Foppa e completata da Ludovico Brea, uno dei pittori più attivi in quegli anni nella regione. Nell'oratorio si trova anche la più alta cassa processionale oggi esistente, *Deposizione*, che Filippo Martinengo costruì nel 1795.

***Adorazione dei Magi* del Maestro di Hoogstraeten, Museo del Tesoro**

Il ponte della Gaietta a Millesimo

Dintorni: a circa 24 km dal capoluogo di provincia, **Cairo Montenotte** è situato sulla sponda di sinistra della Bormida di Spigno, ed è importante dal punto di vista storico perché nel 1796 le truppe austro-piemontesi vi vennero sconfitte da Napoleone Bonaparte. Nell'abitato, un **torrione** e l'ogivale **Porta Soprana** sono tutto ciò che resta dell'originaria cinta di mura trecentesche. Sulla collina che sovrasta il paese, i resti, anch'essi risalenti al Trecento, del **castello** che appartenne prima ai Del Carretto, poi, dopo il trasferimento di questi ultimi in un palazzo cittadino, agli Scarampi. Interessante la **parrocchiale di San Lorenzo**, con alto campanile, risalente agli anni tra il 1630 e il 1640, rimaneggiata nel 1816. Specialità gastronomiche di Cairo sono gli amaretti alla frutta e i tartufi, che vanno gustati con un buon bicchiere di Dolcetto.
Situato a 14 km da Savona, sull'Appennino Ligure, **Altare** è famoso in tutta Europa per la produzione e lavorazione del vetro sin dall'antichità.
Il **Museo del Vetro e dell'Arte Vetraria** raccoglie, oltre a opere della scuola locale di incisione su vetro, e a documenti e libri relativi all'argomento, antichi anche di 800 anni, diversi oggetti artistici antichi e moderni. Splendidi i vasi in cristallo blu decorati in oro zecchino. Nell'abitato, degne di nota la chiesa dell'Annunziata, risalente alla fine del Quattrocento, con campanile appartenente alla fabbrica romanica precedente; la **parrocchiale di Sant'Eugenio**, barocca di fine Seicento, con la caratteristica facciata chiusa tra due campaniletti; il **forte napoleonico della Bocchetta**, sul colle di Cadibona, costruito alla fine del XVIII secolo.
A **Millesimo**, centro principale dell'alta valle Bormida, che dista 27 km dal capoluogo, sono visibili tracce ben conservate dell'epoca tardo-medievale. All'inizio dell'abitato, in alto, domina il **castello** (1206) appartenuto ai Del Carretto, che furono i signori del luogo nel XIII secolo (in seguito, il paese passò agli spagnoli e successivamente ai Savoia). Suggestiva la centrale **piazza Italia**, in gran parte porticata, mentre la cosiddetta **Torre**, oggi sede del municipio, fu residenza carrettesca nel 1400, ma la sua costruzione risale a circa un secolo prima. Il monumento più importante della cittadina è però il **ponte della Gaietta**, il cui primitivo impianto risale ai secoli XII–XIII, che collega le due sponde del fiume su cui si affacciano case con orti, molto caratteristiche.

Museo del Vetro e dell'Arte Vetraria

Villa Rosa, piazza Consolato 4. *019 584 734.* www.museodelvetro.org/index1.htm

Bergeggi 6

Savona. **Carta stradale** C4.
1200. FS *via Aurelia 1, 019 859 777 (stagionale).*
www.inforiviera.it
bergeggi@inforiviera.it

Piccolo ma molto frequentato centro turistico della Riviera di Ponente, situato in posizione panoramica (110 metri sul livello del mare) sulle pendici del monte Sant'Elena. Se ne hanno notizie fin dall'epoca romana; grazie alla sua posizione e alle fortificazioni tenne testa alle incursioni dei saraceni nel X e XI secolo.
Fu sede, nel 1385, di una colonia di deportati voluta dalla Repubblica di Genova, che fu padrona di Bergeggi.
L'abitato è caratterizzato da case col tetto a terrazza, che si affacciano sul tratto di mare che va da capo Vado sino a punta Maiolo. Tracce di epoca medievale sono le due **torri di avvistamento** alla sommità dell'abitato, mentre la **parrocchiale di San Martino** venne ricostruita all'inizio del XVIII secolo su un edificio di epoca precedente. I resti di due antiche chiese, di un monastero e di un torrione cilindrico si trovano sull'**isola di Bergeggi**, disabitata oggi ma nel Medioevo importante centro religioso, che fronteggia il capo Maiolo. Riserva naturale regionale dal 1985, l'isolotto, di forma

Stemma sulla Porta Soprana di Cairo Montenotte

Una veduta di Noli e Bergeggi, con l'isolotto sullo sfondo

Il golfo cu cui si affaccia Spotorno

conica, vanta una ricca vegetazione, e i gabbiani sono suoi assidui visitatori. Di fronte all'isola, una caverna, lunga 37 metri e larga 17, si apre a livello del mare.

Spotorno 7

Savona. **Carta stradale** C4.
4300.
p.zza Matteotti 6, 019 741 50 08.
www.inforiviera.it
spotorno@inforiviera.it
Festival del Vento (mar–apr); Rassegna nazionale di satira e umorismo (ago).

NONOSTANTE lo sfruttamento a fini turistici di gran parte del territorio, il nucleo storico della cittadina conserva l'impianto tipico del borgo marinaro ligure, con l'abitato che si snoda lungo la costa. Anticamente, fu possesso prima dei vescovi di Savona e poi dei marchesi Del Carretto. Nel 1227, venne interamente distrutta da Noli alleata con Genova. Al centro del vecchio tessuto urbanistico, costituito dalle vie Mazzini e Garibaldi, sorge la **parrocchiale dell'Assunta**, risalente al secolo XVII. All'interno, cappelle decorate da pittori quali Andrea e Gregorio De Ferrari, Domenico Piola, Giovanni Agostino Ratti. Maggiore interesse riveste l'**oratorio della Santissima Annunziata**, che conserva opere di scuola genovese del '600 e un gruppo ligneo di Maragliano, nonché curiosi ex voto di genere marinaro.

Svettano sopra l'abitato le imponenti rovine del **castello** risalente al secolo XIV, di cui sono ancora ben visibili le mura perimetrali.

Noli 8

Savona. **Carta stradale** C4.
2900. *corso Italia 8, 019 749 90 03.* www.inforiviera.it
noli@inforiviera.it *regata storica dei rioni (set).*

È UNO DEI BORGHI medievali meglio conservati di tutta la regione. La sua fortuna comincia nel 1097 quando, partecipando alla prima Crociata, divenne una potenza marinara ottenendo grandi privilegi. All'inizio del 1200 si confederò con Genova, combattendo al suo fianco contro Pisa e Venezia. Nel centro storico, attraversato da vicoli con archi di separazione sospesi tra le case,

Il castello sul monte Ursino di Noli, con le imponenti mura

si trova il **Palazzo Comunale**, risalente alla seconda metà del 1400, che reca una loggia ad archi doppi sulla facciata verso il monte e polifore su quella verso il mare. La **cattedrale di San Pietro** (del 1200) ha una struttura a conci squadrati, tipicamente medievale, ma nascosta sotto i rimaneggiamenti barocchi; la *Madonna in trono col Bambino, angeli e santi*, polittico della scuola di Ludovico Brea, fa bella mostra di sé nell'abside, all'interno; da notare anche l'altare, ricavato da un sarcofago romano. Il monumento più importante di Noli è però la **chiesa di San Paragorio**, uno dei più alti

Il Crocifisso ligneo nella chiesa di San Paragorio

esempi di arte romanica della Liguria. La chiesa, il cui impianto originario risale all'VIII secolo, è stata restaurata completamente alla fine del 1800. Archetti e lesene decorano la facciata, arricchita anche da maioliche islamiche. Sul lato sinistro, sarcofagi in pietra del Finale coevi alla chiesa sono posti sotto un portico quattrocentesco. L'interno, a tre navate e con absidi semicircolari rivolte al mare, è sempre in stile romanico. Da vedere un ambone romanico, un Crocifisso ligneo della stessa epoca, una cattedra vescovile in legno del secolo XII, resti di affreschi trecenteschi. Sulle pendici del monte Ursino, svettano le rovine del **castello**, risalente al XII secolo.

L'isolotto di Bergeggi, una piccola oasi naturale a poca distanza dalla costa ▷

Finale Ligure 9

Savona. **Carta stradale** C4.
12.300. FS
via San Pietro 14, 019 681 019.
www.inforiviera.it
finaleligure@inforiviera.it
rievocazione storica delle vicende dei marchesi Del Carretto (lug–ago).

RISALE AL 1927 l'unione dei tre insediamenti, prima comuni autonomi, Pia, Marina e Borgo, per dare vita a uno dei centri più rilevanti della Riviera di Ponente. Uno dei monumenti più importanti della cittadina è la **chiesa abbaziale di Santa Maria di Pia**, già esistente nel 1170, attorno alla quale si è sviluppato il nucleo più antico di Finale Pia. La facciata, di gusto rococò, si deve al rifacimento eseguito nel Settecento; barocco anche l'interno. Del periodo medievale rimane invece il campanile, con quattro ordini di bifore e cuspide ottagonale. Da visitare anche l'annessa abbazia, grandioso fabbricato di struttura cinquecentesca, con terrecotte policrome dei Della Robbia. Il più interessante fra i tre centri è Finalborgo, circondato quasi integralmente dalle mura quattrocentesche con le sue tre porte (Testa, Romana e Reale), con architetture gentilizie che vanno dalla metà del '400 all'inizio del '700. Da vedere la **collegiata di San Biagio**, con la facciata incompiuta risalente al 1634, quando la costruzione attuale prese il posto della chiesa gotica precedente. Il campanile è il simbolo di FInalborgo. All'interno, pulpito in marmo di Schiaffino, vero capolavoro del barocchetto genovese. Nel complesso dell'ex **convento di Santa Caterina**, risalente al 1359 e ricostruito alla fine del '500 con l'aggiunta di due chiostri, erano custoditi i sepolcri dei marchesi Del Carretto. Oggi vi è la sede del **Civico Museo del Finale**, con materiali archeologici dalla preistoria fino al Medioevo, passando per l'epoca romana. Uno dei migliori esempi del barocco ligure si trova a Finale Marina: la **basilica di San Giovanni Battista**, con facciata tra due campanili, nello stile tipico del luogo. Nell'interno, oltre a resti di pitture dei secoli XVI–XVII–XIX, un *Crocifisso* ligneo di Maragliano.

Il campanile di San Biagio

Civico Museo del Finale

Chiostri di Santa Caterina, Finalborgo.
019 690 020. lug e ago: 10–12, 16–19 mart–dom (22 mer e ven); set–giu: 9-12, 14.30–17 mart–dom. lun.

DINTORNI: nella frazione di **Varigotti**, particolarmente interessanti per l'architettura mediterranea le case di pescatori, che risalgono al primitivo insediamento del XIV secolo. Sul capo di Varigotti, resti delle fortificazioni di epoca bizantino-longobarda e del castello dei Del Carretto. Percorrendo un sentiero a nord del borgo antico, si arriva alla chiesa di San Lorenzo Vecchio, antica parrocchiale: di origine altomedievale, è affacciata su un dirupo a strapiombo sul mare.

IL PARCO DEL FINALESE

Grotta nel Parco del Finalese

Il calcare, caratteristica pietra con venature rossastre, si trova in grande abbondanza nel territorio dell'entroterra finalese, tanto da costituire un vero e proprio parco (di prossima istituzione), un anfiteatro di falesie che risale a circa 20 milioni di anni fa, ricco di una serie di grotte (Arene Candide, Arma delle Manie, Caverna delle Fate) dove sono state rinvenute testimonianze dell'età paleolitica. Ancora visibili i resti (alcuni molto ben conservati) di cinque ponti di epoca romana (databili intorno al II–III secolo d.C.), costruiti lungo la via Julia Augusta. Gli amanti del freeclimbing trovano sull'altopiano delle Manie, sulla Rocca di Corno e la Rocca di Perti un vero e proprio paradiso.

Borgio Verezzi 10

Savona. **Carta stradale** C4.
2200. FS *via Matteotti 158, 019 610 412 (stagionale); municipio, 019 618 211.*
www.inforiviera.it
borgioverezzi@inforiviera.it
stagione teatrale all'aperto (estate).

IL COMUNE È FORMATO dai due centri distinti di Borgio, sulla costa, e di Verezzi, a un'altezza di 200 metri. Del primo è rimasto pressoché

Le caratteristiche case dei pescatori sulla spiaggia di Varigotti

PARCO NAZIONALE DELLE
CINQUE TERRE
Area Marina Protetta delle Cinque Terre
Quando l'ultimo albero
sarà abbattuto,
l'ultimo fiume avvelenato,
l'ultimo pesce pescato,
allora vi accorgerete
che non potrete
mangiare il denaro
Detto degli Indiani Cree
When the last tree
has been felled,
the last river poisoned,
the last fish caught,
only then will you realise
that money
cannot be eaten.
Cree Indian Proverb

intatto il nucleo antico: vecchie strade selciate, alternate a zone di orti, giardini e frutteti, salgono fino alla **parrocchiale di San Pietro**. Costruita alla fine del XVII secolo sui resti di un forte di epoca precedente, ha una facciata a due ordini. Presso il cimitero sorge la suggestiva **chiesa di Santo Stefano** (già dedicata a San Pietro), che conserva ancora il suo aspetto tipicamente tardomedievale anche all'interno. Il campanile è a due piani di bifore con decorazioni in laterizio. Si sale a Verezzi attraverso una tortuosa strada panoramica. Dei quattro originari piccoli agglomerati posti a quote diverse di cui è formato il paese, il meglio conservato è Piazza, che mostra ancora nella struttura un'influenza saracena. Al centro sorge la **parrocchiale di Sant'Agostino**, edificata nel 1626 su resti di una chiesa precedente. La piazzetta della chiesa, chiusa su un lato da una scenografica quinta di vecchie case e dall'altro affacciata sul mare, ospita ogni estate la stagione teatrale all'aperto.

Piazza Sant'Agostino a Borgio Verezzi

DINTORNI: a breve distanza dal centro abitato, le **grotte di Valdemino** offrono ai visitatori uno spettacolo davvero suggestivo: stalattiti dai colori e dalle forme più diverse, così sottili da vibrare al suono della voce, e laghi sotterranei di color verde smeraldo.

Grotte di Valdemino
019 610 150.
solo visite guidate; ott–mag: 9.30, 10.30, 11.30, 15, 16, 17 mart–dom; giu–set: 9.30–11.30 ogni 30', 15.20–17.20 ogni 30' tutti i gg.

Pietra Ligure ⑪

Savona. **Carta stradale** B4
9400.
piazza Martiri della Libertà 30, 019 629 003.
www.inforiviera.it
pietraligure@inforiviera.it
processione di San Nicolò, (8 lug); Confoëgu *(24 dic).*

L'IMPORTANTE CENTRO balneare prende il nome dal roccione emergente a nord-est del centro storico, su cui sorse in epoca bizantina un sito fortificato. Il borgo medievale si sviluppò ai piedi del **castello**, che conserva ancor oggi, pur con rimaneggiamenti risalenti al XVI secolo e ai successivi, tutto il suo fascino. Ad Antonio Novaro si devono gli affreschi delle sale del contiguo **Palazzo dei conti Leale Franchelli**, settecentesco, che oltre a una ricca biblioteca conserva collezioni di stampe e porcellane.
Il **Borgo Vecchio** venne costruito con pianta regolare sulle cinque vie longitudinali parallele alla linea di costa. Passeggiando oggi fra queste strade si possono ammirare antiche case medievali accanto a palazzi cinque-seicenteschi, accostamento dovuto alla ricostruzione parziale risalente al XVI secolo. In piazza XX Settembre, non distante dal mare, sorge la **parrocchiale di San Nicolò di Bari** (1750–91), con la facciata fiancheggiata da due campanili. All'interno, volta affrescata sempre da Novaro.

Loano ⑫

Savona. **Carta stradale** B4.
11.000.
corso Europa 19, 019 676 007.
www.inforiviera.it
loano@inforiviera.it
Carnevalöa, *il più grande carnevale della Liguria (anche in estate).*

DI ORIGINI ROMANE, appartenne ai vescovi di Albenga e, nel 1263, fu comprata da Oberto Doria. Successivamente appartenne alla Repubblica di Genova. L'edificio più interessante dal punto di vista architettonico è il **Palazzo Comunale**, risalente alla seconda metà del XVI secolo (1574–78), fatto costruire dalla famiglia Doria. L'austero aspetto tipico delle fortificazioni del periodo è ingentilito da balconi e logge; un ballatoio lo collega alla torre di guardia eretta nel 1602. Da notare anche il Palazzetto del Comandante, risalente al 1606, con resti di pitture decorative esterne. Sovrasta la cittadina il **convento di Monte Carmelo**, costruito tra il 1603 e il 1608 per i Doria. Il complesso consta della chiesa a croce latina, dell'annesso chiostro e del Casotto, residenza conventuale della famiglia.

Il castello medievale che domina Pietra Ligure

Grotte di Toirano ⓭

Il logo delle Grotte di Toirano

UNA VERA MERAVIGLIA DELLA NATURA. Così si possono definire queste grotte, tra le dieci più belle d'Italia, situate nell'area carsica della val Varatella, tra Albenga e Pietra Ligure. Scoperte da giovani ricercatori e speleologi toiranesi nel 1950, sono conosciute anche come grotte "della Bàsura", che in dialetto ligure significa strega: infatti queste cavità sotterranee, ricche di ampi saloni, stalattiti e stalagmiti di ogni dimensione e fiori di cristallo rarissimi, richiamano alla mente le immagini dell'inferno. Qui vivono anche le lucertole ocellate più grandi d'Europa. Il complesso, visitabile in un'ora e mezza di cammino, importante per le rarissime tracce di *Ursus spelaeus*, o orso delle caverne, che qui si trovano, rappresenta una delle maggiori attrattive della Riviera di Ponente.

L'Antro di Cibele offre uno spettacolo più unico che raro: concrezioni rotonde, bombate, addirittura sferiche, modellate da ritmiche ma continue oscillazioni del livello idrico.

★ Sala dei Misteri
Vi si notano ancora molte impronte riferibili a uomini preistorici e, soprattutto, le palline di argilla scagliate contro la parete di roccia. Probabilmente si trattava di riti propiziatori o di cerimonie di iniziazione alla caccia.

Nel cimitero degli orsi si possono vedere tracce di *Ursus spelaeus.*

Sala Morelli
Il percorso all'interno della grotta della Basura inizia da questa sala. Poco più avanti la Torre di Pisa (nella foto), una bella stalagmite centrale formatasi quando ormai sul pavimento non scorreva più acqua.

★ Salotto
Inoltrandosi sempre più all'interno, si giunge a quello che viene comunemente denominato Salotto, dove stalattiti, stalagmiti e concrezioni parietali creano un ambiente davvero fiabesco, specchiandosi nelle acque di un laghetto interno, con giochi di luce davvero suggestivi.

Sala del Pantheon
In questa sala una stalagmite raggiunge la notevole altezza di otto metri, ricoperta dai fiori di aragonite come un sottilissimo velo di zucchero sopra a un biscotto. L'ambiente ricorda, per vastità e suggestioni visive, le immagini infernali di Dante.

NOTE INFORMATIVE

Toirano (Savona). **Carta stradale** B4. *piazzale Grotte, Toirano.* *0182 980 62/989 938.* *ott–giu: 9.30–12.30, 14–17; lug e ago: 9.30–12.30, 14–17.30.* *(per gruppi prenotazione obbligatoria).* P
W www.inforiviera.it
W www.toiranogrotte.it
@ toirano@inforiviera.it

Nel Corridoio delle Colonne il segno di antichi terremoti si manifesta nelle linee di frattura che spezzano a metà numerose formazioni.

★ Grotta di Santa Lucia Inferiore
Essa non presenta nel suo interno reperti umani o animali: l'accesso è sempre stato troppo stretto per consentire il passaggio. Qui si possono ammirare depositi e cristallizzazioni di grande bellezza e rarità, come i fiori di aragonite.

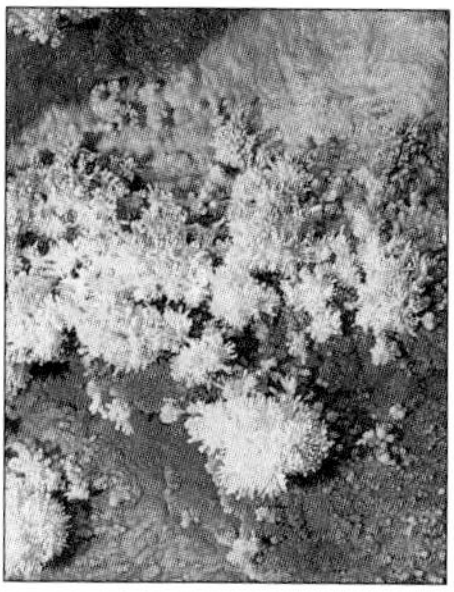

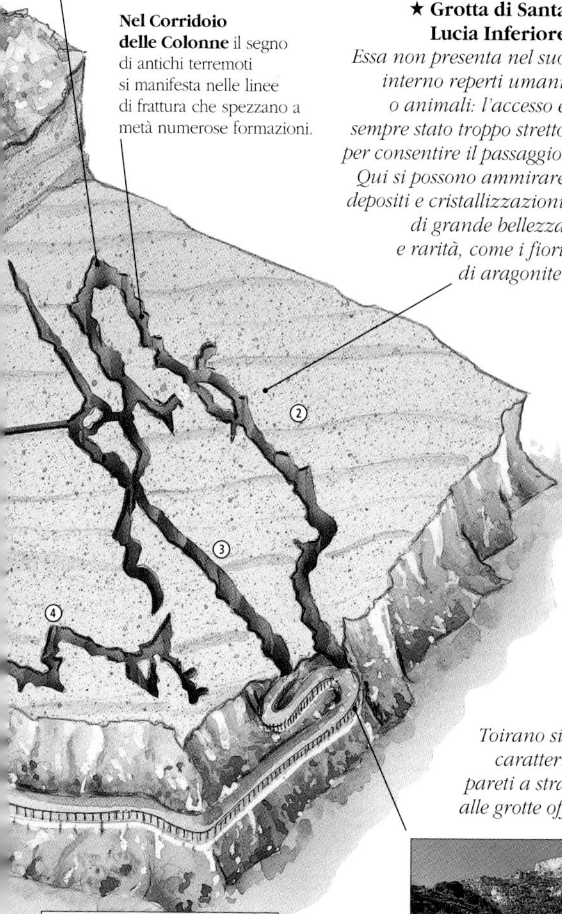

LEGENDA

1. Grotta della Basura
2. Grotta di Santa Lucia Inferiore
3. Grotta di Santa Lucia Superiore (non visitabile)
4. Grotta del Colombo (non visitabile)

Il paesaggio
Toirano si trova nell'alta val Varatella, caratterizzata da rocce carsiche con pareti a strapiombo. La strada che porta alle grotte offre bei panorami sulla zona.

DA NON PERDERE

- ★ **Grotta di Santa Lucia Inferiore**
- ★ **Sala dei Misteri**
- ★ **Salotto**

In dettaglio: Albenga ⓮

In provincia di Savona, una della città più importanti della Riviera di Ponente, che deve la sua notorietà non soltanto a uno dei centri storici meglio conservati di tutta la Liguria, ma anche alla mitezza del suo clima e alla fertilità del territorio in cui è posta. La Piana di Albenga infatti è piccola ma importantissima per l'intero sistema agricolo della regione, ricca com'è di sedimenti marini e fluviali. Coltivata sin dai tempi dei romani, oggi l'agricoltura specializzata produce, in orti e in serre, carciofi, asparagi, ortaggi, pesche, albicocche, fiori di ogni genere. Albenga è anche un raro esempio di città edificata in età medievale su fondamenta romane; il suo centro storico è rimasto praticamente intatto e deve gran parte del suo fascino alle torri in mattoni rossi, alcune ancora svettanti, altre in parte mozzate.

Torre e casa Lenguеglia Doria
sono situate all'estremità di via Ricci. La torre, con piani rialzati aperti da bifore, risale al XIII secolo, mentre la casa, con muratura in mattoni a vista, è del XV secolo.

Porta Torlaro
Un ampio bastione sporge dal perimetro murario nell'angolo a nord-ovest della cinta muraria: è il Torracco, adibito a carcere nel Medioevo. A fianco c'è Porta Torlaro, di forme seicentesche.

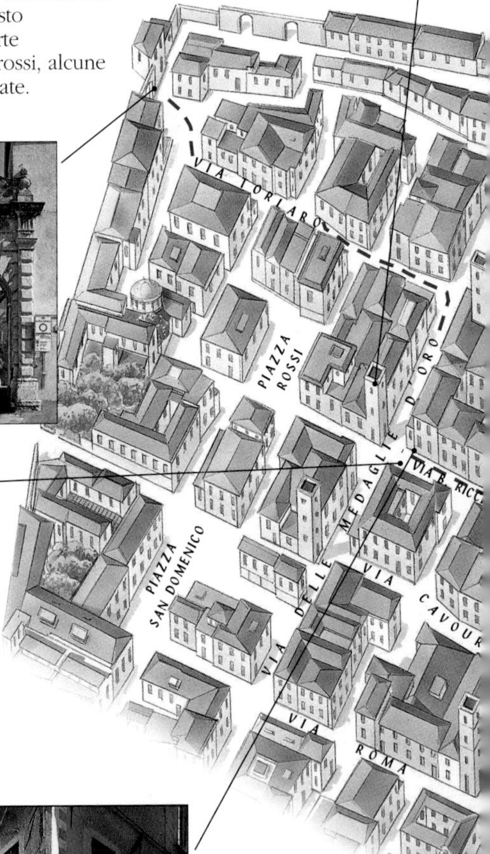

Via Bernardo Ricci
è la strada di gran lunga più pittoresca di Albenga, con una doppia schiera di case tutte di origine medievale. Anticamente, era anch'essa un tratto del decumano massimo come la precedente via Enrico d'Aste.

Legenda

— — — Percorso consigliato

0 metri 50

Loggia dei Quattro Canti
All'angolo tra via Ricci e via Medaglie d'Oro, la costruzione consta di un arco a pieno centro e di un arco ogivale databile al periodo di transizione tra romanico e gotico. Essa serviva nel Medioevo ad allargare la visibilità e il passaggio nel quadrivio.

Da non perdere

★ Battistero

★ Cattedrale

★ Piazza dei Leoni

★ Piazza dei Leoni

È il luogo più suggestivo della città, così chiamato per i tre leoni in pietra che i conti Costa, proprietari delle case medievali che qui si affacciano, portarono da Roma nel 1608. Un lato della piazza è chiuso dall'abside della cattedrale.

NOTE INFORMATIVE

Savona. **Carta stradale** B4.
22600. FS
Lungocenta Croce Bianca 12, 0182 558 444.
www.inforiviera.it
turismo@comune.albenga.sv.it
sfilata storica in costume medievale (1 lug), concerti d'organo di musica classica nella cattedrale di San Michele (ago); mostra mercato dell'antiquariato (secondo fine set giu–ago).

Porta Molino è la più grande tra le porte della cinta muraria.

★ Cattedrale

Riedificata in età medievale dove sorgeva la più antica basilica paleocristiana coeva al Battistero, è dedicata a San Michele. Il maestoso campanile, svettante sulla sinistra, risale al periodo tardogotico.

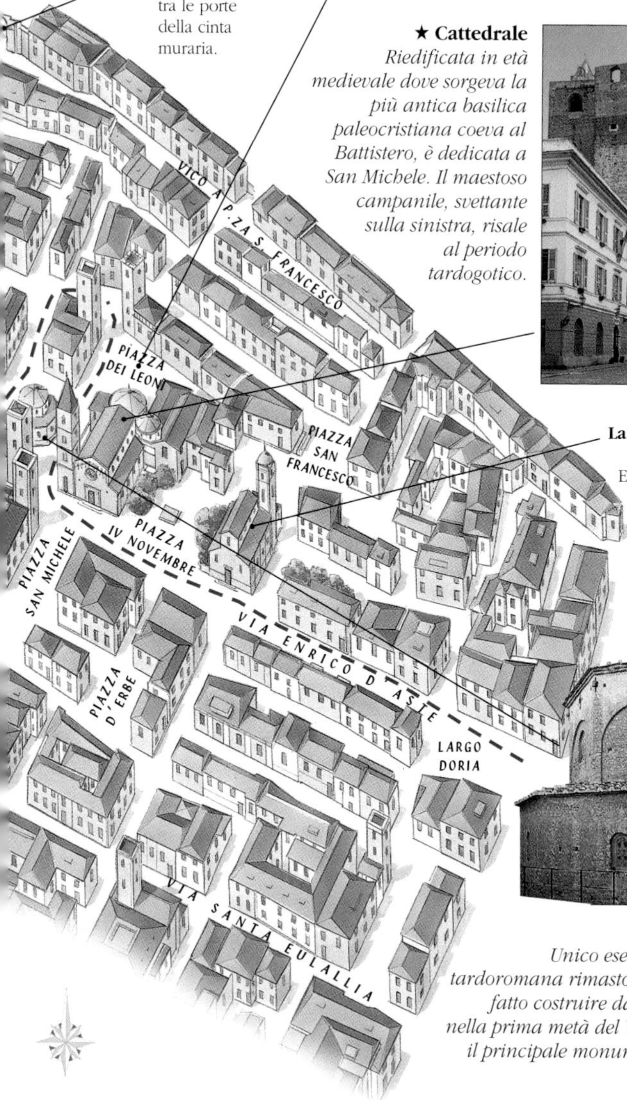

La chiesa di Santa Maria in Fontibus, sulla via Enrico d'Aste, è di origini altomedievali ma fu rimaneggiata nel 1600. Interessante la facciata, con il portale in pietra del XIV secolo.

★ Battistero

Unico esempio di architettura tardoromana rimasto intatto ad Albenga, fatto costruire dal generale Costanzo nella prima metà del V secolo, è senz'altro il principale monumento paleocristiano di tutta la Liguria.

Visitando Albenga

Particolare del mosaico del Battistero

Il centro storico di Albenga, così ben conservato nel suo aspetto medievale, con le piazze, i palazzi, le chiese, le vie disposte ad angoli retti e intersecantisi come nella struttura dell'antico *castrum* romano, è uno dei luoghi più interessanti da visitare di tutta la Liguria. La parte antica della città sorge sulle rive del fiume Centa, ed è collegata alla zona balneare da un lungo viale, con la ferrovia che separa il centro dal lungomare. Per coloro che si interessano alla storia locale è consigliata la visita ai due musei più importanti di Albenga: il Museo Navale Romano e il Civico Museo Ingauno. Ma basta anche una passeggiata a piedi tra via Enrico d'Aste, via Bernardo Ricci e via Medaglie d'Oro per cogliere tutta la bellezza di questa cittadina, e respirare la sua aria antica e moderna al tempo stesso.

Anfore romane esposte al Museo Navale

Palazzo Peloso Cepolla

Piazza San Michele.

Museo Navale Romano

0182 512 15. *inverno: 10–12.30, 14.30–18; estate 9.30–12, 15.30–19.30.* *lun.*

Costituito originariamente da più edifici (la parte medievale è venuta alla luce soltanto recentemente, dopo un restauro che ha eliminato gli interventi successivi), venne unificato in una costruzione tardorinascimentale nel '600. Al di sopra di esso domina la torre, sicuramente databile all'epoca romanica. All'interno del palazzo ha sede il **Museo Navale Romano**, i cui reperti più importanti sono costituiti da oltre 1000 anfore, vasi e oggetti di bordo provenienti dal relitto di una nave romana del I secolo a.C. affondata davanti ad Albenga.

Altri pezzi degni di nota i vasi da farmacia dell'ospedale di Albenga, databili tra il 1500 e il 1700, con ceramiche bianco-blu tipiche degli artigiani di Savona e Albisola.

Cattedrale di San Michele

Piazza San Michele.

7.30–20 tutti i giorni.

Rimaneggiata più volte dopo la sua costruzione in età medievale al posto di una più antica chiesa paleocristiana, ha una facciata col portale centrale risalente al 1699, i due laterali al secolo XIII, mentre nella zona centrale inferiore si possono scorgere tracce della fase romanica del secolo XI. Al 1200 si fanno risalire la parte superiore della facciata, i fianchi e la zona absidale. Il bel campanile è stato ricostruito dal 1391 al 1395 su un più antico basamento romanico. L'interno, a tre navate, è stato riportato alle primitive forme duecentesche da restauri compiuti negli anni '60. Nella navata destra, un'edicola ex voto del 1456; nell'abside, l'affresco del *Crocifisso con santi* risale al 1500. Affreschi del XIX secolo ricoprono la navata centrale, mentre la cripta è di epoca carolingia.

Affresco medievale nella Loggia di Palazzo Vecchio del Comune

Palazzo Vecchio del Comune

Via Bernardo Ricci.

Civico Museo Ingauno

0182 512 15.

per ristrutturazione, riapertura prevista a giugno 2006.

La costruzione risale ai primi anni del XIV secolo, e con la coeva torre Comunale forma un complesso di forte impronta medievale.

Il campanile di San Michele, la torre Comunale e questa del Vecchio Comune sono anche dette di "Preghiera", di "Governo" e di "Giustizia". Il piano superiore del palazzo venne ricostruito tra il 1387 e il 1391, e la facciata fu restaurata ai primi del Novecento. Interessante la grande Loggia comunale, che deve il suo attuale aspetto a una trasformazione avvenuta nel 1421. Alla sommità della torre si trova il "campanone", fuso nel 1303. La facciata posteriore del palazzo, verso il Battistero, presenta una merlatura ghibellina e una ripida doppia scala d'accesso esterna. All'interno del Palazzo Vecchio del Comune ha sede il **Civico Museo Ingauno**, che conserva reperti di vario genere rinvenuti sul territorio di Albenga, dall'età preromana al Medioevo: oltre a mosaici, lapidi e sculture, anche ceramiche di epoca romana.

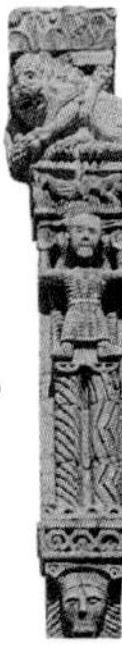

Decorazione sulla facciata della cattedrale

Battistero
Piazza San Michele.
visita unica con Museo Ingauno.
Il monumento più importante della cittadina ligure è anche l'unica testimonianza dell'epoca paleocristiana in tutta la Liguria. Lo si vuole fondato da Costanzo, generale dell'imperatore Onorio, nel V secolo. I restauri del Novecento hanno riportato l'edificio all'antico aspetto, integrato alla cattedrale e al Palazzo Vecchio del Comune, dalla cui Loggia si accede scendendo alcuni gradini. Il Battistero ha forma di decagono irregolare all'esterno e di ottagono dai lati regolari all'interno. L'architettura interna presenta fasce orizzontali sovrapposte: nella prima si aprono nicchie quadrangolari e semicircolari, con colonne in granito di Corsica con capitelli corinzi; al di sopra di esse, la seconda fascia reca 16 archetti in corrispondenza delle nicchie. Un restauro del 1900 asportò l'originaria cupola ritenendola un'aggiunta rinascimentale. Interessanti le tombe altomedievali con decorazioni longobarde; al centro, si apre la vasca ottagonale per il battesimo a immersione, e a fianco dell'ingresso quella per la lavanda dei piedi. Bellissime le transenne in arenaria traforata (di cui restano solo due esemplari) che decorano le finestre delle nicchie. Alla nicchia dell'altare, la *Trinità e gli apostoli in forma di colombe*, mosaico dei secoli V–VI, in stile bizantino; in un'altra nicchia, *Battesimo di Gesù*, affresco di epoca romanica.

L'isola Gallinara

Fra Albenga e Alassio, a circa 1800 metri dalla costa, sorge quest'isola, il cui nome deriva dalle centinaia di galline selvatiche che anticamente la abitavano. L'isola Gallinara è dal 1989 una riserva naturale regionale per la ricchezza della sua flora e della sua fauna; non è visitabile ma se ne può compiere il giro turistico. Fu sede di monaci eremiti: tra il 357 e il 361 vi trovò rifugio san Martino di Tours, poi dei benedettini che vi fondarono una abbazia decaduta alla fine del 1400, ancora visibile nei resti della villa padronale. Sulla sommità dell'isola svetta la Torre di vedetta, eretta dalla Repubblica di Genova nel XVI secolo.

Riserva naturale regionale dell'isola Gallinara
W www.parks.it

Palazzo Vescovile
Via Episcopo.
Museo Diocesano d'Arte Sacra
0182 502 88.
10–12, 15–18 mart–sab.
lun.
La costruzione è un insieme di fabbriche medievali, riaccorpate nella seconda metà del '500, con facciata principale che si volge al Battistero. L'ala più antica, all'estremità destra, risale agli anni intorno al 1000, mentre una torre del XII secolo si alza sull'angolo sinistro. Su via Ricci sono ancora visibili le decorazioni a strisce bianche e nere, tipicamente genovesi, risalenti al 1400. All'interno del Palazzo Vescovile è stato allestito dal 1981 il **Museo Diocesano d'Arte Sacra**, nel quale si possono ammirare preziosi arredi ecclesiastici, codici miniati della Biblioteca capitolare, arazzi fiamminghi, argenti e opere pittoriche di grande valore: il *Martirio di Santa Caterina* di Guido Reni, un'*Ultima Cena* di Domenico Piola, un'*Annunciazione* di Domenico Fiasella.

L'interno del Battistero, con la vasca ottagonale al centro

Dintorni: inseriti all'interno del **Parco Culturale Riviera delle Palme**, interessanti i resti archeologici dell'antica *Albingaunum* (spostandosi verso Alassio, l'anfiteatro, l'acquedotto, vari altri edifici, il monumento funebre detto "il Pilone"), e della strada romana che si ritiene fosse la via consolare Julia Augusta. Circa 10 km a sud-ovest di Albenga, merita una visita **Villanova d'Albenga**, sede dell'aeroporto internazionale "C. Panero". La città, ancora oggi molto ben conservata, risulta a pianta poligonale, con mura e una decina di torri di epoca medievale. Dello stesso periodo è il pozzo che si trova proprio al centro della via, con copertura e catene d'epoca. Molto suggestive le viuzze che attraversano il paese, con il loro sapore antico.

Il celebre muretto di Alassio, di fronte al Caffè Roma

Alassio 15

Savona. **Carta stradale** B4.
11.300. FS
Via Mazzini 68, 0182 647 027.
www.inforiviera.it
alassio@inforiviera.it
elezione "Miss Muretto" (ago); "Premio Alassio Centolibri, un editore per l'Europa" (estate).

Quattro chilometri circa di spiaggia finissima, che scende quasi senza pendenza in mare, fanno di Alassio la regina incontrastata della Riviera delle Palme. Verso la fine dell'Ottocento i turisti inglesi la elessero loro meta preferita, costruendo splendide ville con giardini, molte delle quali trasformate oggi in alberghi di squisito gusto liberty. Secondo la leggenda, il nome deriva da Adelasia, figlia dell'imperatore Ottone I di Sassonia, che qui si stabilì col suo amato Aleramo, fondando la città di *Alaxia*, poi Alassio.
La sua origine risale ai secoli VI–VII, un borgo marinaro che dall'inizio del 1300 divenne proprietà di Albenga, e che, ora come allora, è attraversato dalla via Aurelia. Il carattere tipicamente ligure di Alassio si ritrova integro nel lungo *carruggio* parallelo al mare, stretto fra case cinque-seicentesche e negozi moderni: via XX Settembre, da tutti conosciuta come il "budello", centro dell'attività commerciale. Dal budello si diramano gli *esci*, stretti vicoli che portano sul lungomare. All'angolo tra via Dante e via Cavour, il **Caffè Roma** è fin dagli anni Trenta simbolo dell'Alassio turistica. Fu l'allora proprietario del caffè, all'inizio degli anni Cinquanta, che pensò di collocare sul muro dei giardini di piazza Libertà delle piastrelle in ceramica con i nomi dei personaggi famosi che frequentavano il locale. Nacque così il celeberrimo **muretto**, sul quale si trovano autografi di personaggi dell'arte, della cultura e dello spettacolo.
Il monumento più importante è la **parrocchiale di Sant'Ambrogio**. Costruita nel XV secolo sui resti di una costruzione del secolo X, ha facciata ottocentesca con portale in pietra nera (1511) e campanile a bifore e trifore (1507). L'interno barocco a tre navate conserva opere di pittori liguri del XVI e XVII secolo.
Percorrendo la strada romana, si giunge al capo Santa Croce, ove sorge a picco sul mare l'omonima chiesetta, con muratura, abside e fianco sinistro risalenti al secolo XI.

Dintorni: chiude a ponente la baia di Alassio **Laigueglia**, cittadina balneare con antico borgo molto ben conservato e pittoresche case dalle facciate multicolori. Di origine romana, divenne nel XVI secolo un importante centro di pesca del corallo. Un **torrione circolare** del 1564 è l'edificio più antico della cattadina, l'unico rimasto dei tre bastioni che proteggevano Laigueglia dai pirati. La **chiesa di San Matteo**, con facciata a più piani ricurvi e i due campanili con cupolette policrome maiolicate, è uno dei più felici esempi di architettura barocca della Liguria.
Sul crinale tra Laigueglia e Andora sorge **Colla Micheri**, suggestivo nucleo di case contadine, risistemato ed eletto a propria dimora da Thor Heyerdal, navigatore ed etnologo norvegese famoso per il viaggio in zattera dal Perù alla Polinesia.

Il torrione circolare di Laigueglia

La chiesa dei Santi Giacomo e Filippo

Andora 16

Savona. **Carta stradale** B4.
6600. FS *via Aurelia 122a, Villa Laura, 0182 681 004.*
www.inforiviera.it
andora@inforiviera.it
Estate Musicale Andorese, rassegna di musica classica.

Ultima località costiera di ponente della Riviera delle Palme, formata da Marina di Andora e da vari borghi dell'entroterra, ha origini antichissime, fondata forse dai focesi dell'Asia Minore alcuni secoli a.C. Appartenne ai romani, a cui si devono la strada verso la Provenza e il ponte sopra il torrente Merula. Quello che si vede oggi, chiamato lo stesso **ponte romano**, a dieci arcate, di cui tre a schiena d'asino, risale invece all'epoca medievale, e fu costruito su un ponte più antico che scendeva da Colla Micheri e dal castello di

Andora. Sulla sommità del colle, in suggestiva posizione, si ergono i ruderi del **castello** dei marchesi di Clavesana e la bellissima **chiesa dei Santi Giacomo e Filippo**, risalente al 1100, uno dei complessi medievali più interessanti del Ponente. Interamente costruita con pietra a vista proveniente dal capo Mele, la chiesa ha una facciata arricchita da cornici e archetti gotici, con portale a tutto sesto e una pentafora aperta durante i restauri del 1901. Notevoli il portale sul lato sinistro e la zona absidale; nell'interno, sempre in pietra a vista, grandi colonne rotonde e pilastri ottagonali. All'ingresso del nucleo centrale del castello sorge San Nicolò, la primitiva chiesa del complesso, di origini protoromaniche.

Cervo ⓱

Imperia. **Carta stradale** B5.
1270. FS i piazza Santa Caterina 2, 0183 408 197.
W www.rivieradeifiori.org
@ infocervo@rivieradeifiori.org
festival internazionale di musica da camera (10 serate lug e ago).

QUESTO BORGO, arroccato su un'altura tra il capo Cervo e la foce del torrente omonimo, segna l'ingresso nel territorio della provincia di Imperia. Appartenne ai Del Carretto e ai Doria prima del 1384, anno in cui entrò sotto il dominio di Genova, seguendone le alterne vicende. Domina l'abitato il **castello** appartenuto ai marchesi Clavesana, di cui si hanno notizie fin dal 1196; oggi è sede del **Museo Etnografico del Ponente Ligure**, che presenta ricostruzioni della vita dei campi e della vita sul mare, e gli ambienti originali di una casa cervese. È rivolta invece verso il mare la scenografica facciata concava e abbellita di stucchi della **parrocchiale di San Giovanni Battista**, opera dell'architetto Giovanni Battista Marvaldi.

Museo Etnografico di Cervo

Iniziata nel 1686 e consacrata nel 1736, è uno dei migliori esempi del barocco ligure. Il campanile sulla sinistra della chiesa è un'aggiunta del 1771, mentre l'interno, decorato da affreschi e stucchi sempre settecenteschi, contiene un'opera in legno policromo *(San Giovanni Battista)* di Marcantonio Poggio e un *Crocifisso* attribuito a Maragliano. Nell'abitato, interessanti alcuni palazzi sei-settecenteschi, come **Palazzo Morchio**, sede del comune, e **Palazzo Viale**,con porticato settecentesco.

Museo Etnografico del Ponente Ligure
Piazza Santa Caterina, 2. *0183 408 197. 9–12.30, 15–18.30.*

Pieve di Teco ⓲

Imperia. **Carta stradale** B4.
1450. FS Imperia Oneglia.
i Comunità Montana Alta Valle Arroscia, via San Giovanni Battista 1, 0183 362 78. mercatino dell'antiquariato e dell'artigianato (ult dom del mese).

QUESTO ANTICO BORGO nell'entroterra di Imperia, quasi al confine col Piemonte, fondato nel 1293, appartenuto come tanti altri nei dintorni al marchesato dei Clavesana e successivamente (fine secolo XIV) passato sotto il dominio di Genova, è famoso per la produzione artigianale di scarpe da montagna. Due piazzette delimitano alle estremità il porticato **corso Ponzoni**, cuore dell'abitato medievale. Interessante la quattrocentesca **chiesa di Santa Maria della Ripa**, l'antica pieve con campanile

I portici di corso Ponzoni

coevo. Edificata tra il 1782 e il 1806, la **parrocchiale di San Giovanni Battista** custodisce all'interno importanti dipinti, tra cui un *San Francesco di Paola* attribuito a Luca Cambiaso. Nel quattrocentesco **convento degli Agostiniani**, da vedere il chiostro, il più grande della Riviera di Ponente: è retto da 24 pilastri, e comprende una costruzione ottagonale con finestre e occhi su tutti i lati. Nel 2005 ha riaperto al pubblico, totalmente ristrutturato, l'ottocentesco Teatro Salvini, considerato il più piccolo al mondo. Poco lontano dall'abitato, sorge un ponte medievale a schiena d'asino sul torrente Arroscia.

Il ponte medievale sull'Arroscia, a valle dell'abitato di Pieve di Teco

Imperia ⓳ - Oneglia

Stemma del Museo dell'Olivo di Imperia

UNO DEI QUATTRO CAPOLUOGHI di provincia della Liguria, posto proprio al centro del litorale chiamato Riviera dei Fiori, è costituita dai due centri di Oneglia e Porto Maurizio, uniti nel 1923 a formarne uno più vasto. Imperia deve il suo nome al torrente Impero, naturale confine geografico tra i due centri, collegati dal lungo viale Matteotti. Imperia è una città "doppia" (due sono i porti, due le stazioni ferroviarie, due le uscite dell'autostrada, persino due i dialetti), e proprio per questo affascinante.

Oneglia
Il nome deriva probabilmente dall'antica piantagione di olmi su cui sorse l'abitato, di cui si hanno notizie fin dal 935, quando venne distrutta dai saraceni. Dominio dei vescovi di Albenga dall'XI secolo, nel 1298 fu venduta ai Doria e in seguito appartenne ai Savoia, che la strapparono agli spagnoli nel 1614, e ai genovesi nel 1746. Entrata a far parte con Porto Maurizio della Repubblica ligure, nel 1814 passò definitivamente sotto il dominio dei Savoia, che la dichiararono *civitas fidelissima* erigendola a capoluogo di provincia. Nel 1887 un terremoto procurò gravi danni al patrimonio artistico. Oneglia ha dato i natali al grande ammiraglio Andrea Doria e a Edmondo De Amicis, l'autore del famosissimo *Cuore*.

Il porto
A est della foce del torrente Impero, il porto di Oneglia è riservato per lo più all'attività commerciale. Sin dal 1670, diversi sono stati i progetti che, realizzati uno dopo l'altro, hanno modificato questa parte della cittadina, fino alla dominazione dei Savoia, quando il porto assunse l'aspetto attuale.

Calata Giovan Battista Cuneo
Proprio sul porto si affaccia questa caratteristica costruzione, sotto i cui portici si alternano pescherie, trattorie e case di pescatori. Quando i pescherecci rientrano dal loro giro in mare aperto, qui si tiene l'asta del pesce fresco, un vero e proprio mercato ittico, fondamentale economia delle zone marittime.

Collegiata di San Giovanni Battista
Piazza San Giovanni.
0183 292 530. 8–12, 15–19 tutti i giorni.
Sulla piazza omonima, proprio nel cuore dell'Oneglia dei negozi, sorge questa chiesa, edificata da Gaetano Amoretti tra il 1739 e il 1762 in forme tardobarocche. La facciata fu terminata solo nel 1838. L'interno è a tre navate, ripartite da pilastri; ogni cappella laterale prende luce da una propria cupoletta. La decorazione ad affresco dell'interno risale all'Ottocento. È da attribuirsi alla scuola dei Gaggini il tabernacolo marmoreo che si trova a sinistra del presbiterio, e che risale al 1516: vi sono rappresentati diversi santi e, nella lunetta, *Cristo che esce dal sepolcro*. Interessante anche il coro ligneo nel presbiterio.

La *Madonna del Rosario*

La *Madonna del Rosario* nella prima cappella della navata sinistra è opera notevole attribuita alla scuola dello scultore settecentesco A.M. Maragliano. Forse di Francois Lacroix, ma più probabilmente di matrice genovese, il *Crocifisso* nella quarta cappella sempre della navata sinistra, risalente alla fine del '600. È sicuramente opera di Gregorio De Ferrari, invece, pittore nativo di Porto Maurizio che dopo il 1684 fu molto attivo a Genova, la *Santa Chiara che scaccia i Saraceni*, dipinto nel 1681.

Chiesa di San Biagio
Piazza Ulisse Calvi.
0183 292 747. 7.30–11.30, 17–17.30 tutti i giorni.
L'edificio del 1740, attribuibile all'architetto Francesco Maria Marinaldi, è caratterizzato da una sobria facciata e da un campanile barocco. Una volta a vela caratterizza l'ampio e luminoso interno, di forma ovale, che si conclude nel coro schiacciato. Nella chiesa sono custodite parecchie opere d'arte, fra cui la *Gloria di San Biagio* di Bocciardo, visibile nell'abside, e un *Crocifisso* ligneo della scuola di Maragliano sull'altare destro.

Via Bonfante
Percorrendo, dalla piazza San Giovanni, la pedonale via San Giovanni verso nord, si arriva in via Bonfante, l'arteria principale della città, sotto i cui portici

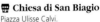

Le variopinte case porticate della calata Giovan Battista Cuneo

Piazza Dante, cuore di Oneglia

ottocenteschi si affollano i negozi più rinomati. La via è l'ideale per una passeggiata tranquilla, per vivere appieno lo spirito di Oneglia, infilando anche le nuove gallerie che qui si aprono e attirano i passanti con bei negozi e caffè.

Piazza Dante

Alla fine di via Bonfante si giunge alla centrale piazza Dante, vero cuore di Oneglia, detta anche "piazza della fontana". Trafficato crocevia di strade, la piazza è circondata da palazzi neomedievali, tra i quali, al numero civico 4, è degno di nota l'eclettico prospetto dell'ex **Palazzo Comunale**, edificato tra il 1891 e il 1892.

Museo dell'Olivo

Via Garessio 11. *0183 295 762.*
www.museodellolivo.com
9–12, 15–18.30 lun–sab. *dom.*

Allestito nelle sale dell'oleificio "Fratelli Carli" a partire dal 1992, il Museo dell'Olivo svela ai suoi visitatori tutti i segreti della lavorazione, del trasporto e del commercio, con uno sguardo anche alle tematiche "sacre" legate dalla civiltà classica all'olivo. In dodici sezioni si svolge la storia dell'olivicoltura, partendo dall'antichità (interessanti i vasetti che servivano a raccogliere i profumi e i contenitori per oli medicamentosi), quando l'olivo serviva più a fini medicinali e cosmetici che alimentari. La sezione centrale del percorso, supportata da sistemi audiovisivi per rendere più concreta la spiegazione, è dedicata alla preparazione dell'olio: in mostra frantoi, presse, attrezzi per filtrare l'olio, contenitori per conservarlo e per trasportarlo; c'è persino la ricostruzione della stiva di una nave dell'età romana completa di anfore. Il percorso si chiude con la visita al frantoio a ciclo continuo utilizzato dalla "Fratelli Carli".

Note informative

Carta stradale B5.
40.400. FS *viale Matteotti 37, 0183 660 140.*
infoimperia@rivieradeifiori.org
Infiorata del Corpus Domini; Raduno internazionale di vele d'epoca (settembre, cadenza biennale).

Ricostruzione della stiva di una nave romana col carico d'olio

Il centro di Oneglia

Calata Giovan Battista Cuneo ②
Chiesa di San Biagio ④
Collegiata di San Giovanni Battista ③
Il porto ①
Museo dell'Olivo ⑦
Piazza Dante ⑥
Via Bonfante ⑤

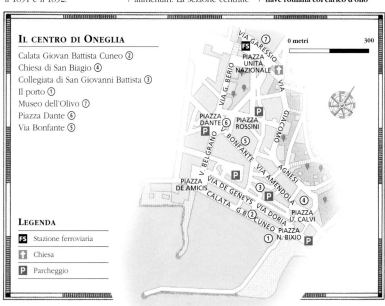

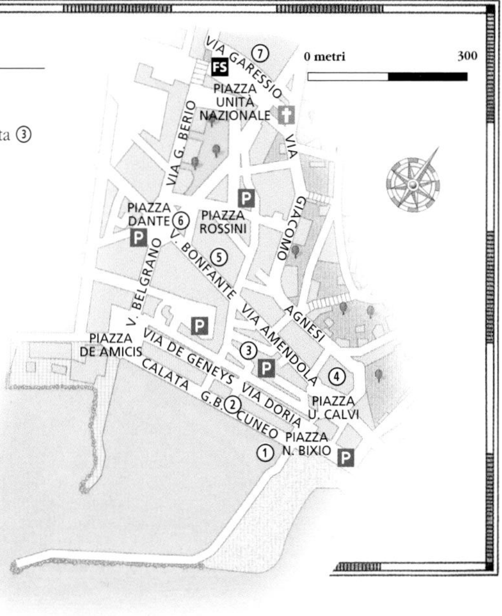

Legenda

FS Stazione ferroviaria
Chiesa
P Parcheggio

Imperia - Porto Maurizio

Targa dedicata a San Maurizio

Mentre Oneglia rappresenta l'anima più moderna e commerciale, Porto Maurizio è il cuore antico di Imperia, con i suoi lunghi portici, i bastioni risalenti al Cinquecento, le chiese barocche, come il Duomo. E proprio intorno alla cattedrale si trova il Parasio, il quartiere medievale, con i suoi stretti vicoli di impronta tipicamente ligure. Sempre qui hanno sede i due musei più importanti di Imperia: la Pinacoteca Civica e il Museo Navale Internazionale del Ponente ligure.

L'interno a pianta centrale del Duomo

Porto Maurizio
Il secondo centro abitato che forma la città di Imperia ha una storia simile e nello stesso tempo differente da quella di Oneglia. Porto Maurizio, che si situa a ovest della foce del torrente Impero, ha conservato tracce di epoche più antiche rispetto a Oneglia, sviluppatasi prevalentemente tra Settecento e Ottocento. Fu dominata alternativamente dalle truppe franco-spagnole e piemontesi, e passò nelle mani di Genova nel 1797 con la nuova Repubblica ligure. Capoluogo della Giurisdizione degli Ulivi, nel 1805 venne annessa con Genova alla Francia. Restituita alla Repubblica ligure nel 1814, entrò a far parte del Regno di Piemonte nel 1860. Fino al 1923, anno dell'unione con Oneglia, aveva il ruolo di capoluogo.

Il porto
Detto anche Porto di Ponente (per distinguerlo da quello di Oneglia, Porto di Levante), il porto è protetto da due moli. Fornito di pontili galleggianti, è riservato alle imbarcazioni da diporto, consentendo l'attracco di imbarcazioni lunghe fino a 20 metri.

Duomo
Piazza del Duomo. *0183 619 01.*
7–12, 15–19 tutti i giorni.
Sulla piazza omonima, in posizione rialzata, sorge la maestosa mole del Duomo, realizzato da Gaetano Cantoni secondo i canoni dello stile neoclassico nel periodo in cui la città era annessa al Regno di Sardegna (1781–1838), e nel luogo ove sorgeva l'antica parrocchiale di San Maurizio, demolita appunto nel 1838. Otto colonne doriche, culminanti in un timpano fiancheggiato da due solidi campanili che duplicano la successione degli ordini, scandiscono la maestosa facciata, formando un pronao. Una lanterna sovrasta la grande cupola. Sotto il portico hanno la loro collocazione le statue che appartenevano alla parrocchiale di San Maurizio. Il maestoso interno, a pianta centrale, è decorato in muratura con profondi chiaroscuri, è ricco di tele e affreschi ottocenteschi d'ispirazione neoclassica, opere di pittori che gravitavano nelle zone tra la Liguria e il Piemonte. Degna di interesse tra queste opere almeno la *Predica di San Francesco Saverio*, attribuita al De Ferrari. Nella terza cappella sinistra, bello il *Crocifisso* ligneo di scuola del Maragliano, mentre nella seconda cappella destra è custodita una statua della *Madonna della Misericordia*, risalente al 1618 e proveniente anch'essa dalla demolita parrocchiale di San Maurizio.

Pinacoteca Civica
Piazza Duomo. *0183 611 36.*
set–giu: 16–19 mer–sab; lug–ago 21–23 mer–sab; altri giorni su appuntamento per gruppi.
Sulla piazza del Duomo, che venne aperta quando fu costruita la basilica di San Maurizio, si trova l'ingresso alla Pinacoteca Civica. Vi sono esposte collezioni provenienti da lasciti e varie donazioni, oltre a opere provenienti da premi ed esposizioni locali. Tele di Barabino, Rayper, Frascheri, Semino (solo per citare alcuni nomi) fanno parte della collezione Rebaudi, che comprende opere liguri e genovesi dell'Ottocento.

Museo Navale Internazionale del Ponente Ligure
Piazza Duomo 11. *0183 651 541.*
set–giu: 16–19 mer–sab; lug–ago 21–23 mer–sab; altri giorni su appuntamento per gruppi.
Una delle istituzioni più interessanti della città, assolutamente da non perdere per chi si occupa o semplicemente si interessa alla vita sul mare. In uno spazio espositivo purtroppo molto esiguo, sono raccolti documenti e testimonianze di varia natura sulle attività della gente di mare della Riviera di Ponente. Suddiviso in varie sezioni, di cui la più interessante è sicuramente quella riguardante la vita di bordo, il museo è anche un centro di documentazione marittima.

Una muta da palombaro al Museo Navale

Il Parasio, o città vecchia, in posizione elevata sopra Porto Maurizio

Parasio

Prende il nome dal "Paraxu", l'antico palazzo del governatore genovese (che si trovava sull'alto della collina in piazza Chiesa Vecchia) il quartiere medievale che si estende attorno al Duomo, e risalente nella sua struttura più antica al Medioevo. Dopo un lungo periodo di vero e proprio degrado, il Parasio è stato in questi ultimi anni oggetto di un grande progetto di riqualificazione, dovuto per la maggior parte a investitori stranieri. E non si può dire di avere visto a fondo Imperia se non si sono fatti almeno quattro passi per questi suggestivi vicoli, che sono davvero l'anima antica di una città divisa in due.

In via Acquarone, degno di interesse il **Palazzo Pagliari** del 1300–1400, che presenta un portico con archi a ogiva.

Oratorio di San Leonardo

Via Santa Caterina. *0183 627 83.*
9–12, 15–20 su appuntamento.
primo lun del mese.

Nella parte sud del Parasio, quella che affaccia verso il mare, si trova questo oratorio, risalente al '600, che conserva al suo interno una bella opera di Gregorio De Ferrari *(Addolorata e le anime purganti)* e due attribuite a Domenico Bocciardo *(Morte di San Giuseppe, Tobia seppellisce i morti)*. Nella casa annessa all'oratorio nacque San Leonardo (1676–1751).

Convento e Logge di Santa Chiara

Via Santa Chiara 9. *0183 627 62.*
7–12, 15.30–19 su appuntamento.

La ragione principale della visita a questo complesso risalente al 1300 ma rifatto nel XVIII secolo è il grandioso porticato sul retro del monastero, da cui si gode una eccezionale vista sul mare. All'interno della chiesa, interessanti un *San Domenico Soriano e la Madonna* a opera di Domenico Fiasella e la *Madonna col Bambino e Santa Caterina da Bologna* di Sebastiano Conca.

Oratorio di San Pietro

Salita San Pietro.
0183 701 551, 0183 619 01.

All'altezza di un loggiato affacciato sul mare, sempre all'interno del Parasio, sorge la chiesa di San Pietro, risalente al 1100 ma restaurata nel '600, sui resti delle antiche mura. Molto movimentata la facciata, eretta nel 1789: colonne binate sorreggono tre arcate, una torre d'avvistamento medievale fa da base al campanile di forma cilindrica. L'interno a pianta rettangolare conserva un ciclo pittorico sulla *Vita di San Pietro* attribuibile a Tommaso e Maurizio Carrega.

Il centro di Porto Maurizio

Chiesa di San Pietro ⑧
Convento di Santa Chiara ⑦
Duomo ②
Museo Navale Internazionale del Ponente Ligure ④
Oratorio di San Leonardo ⑥
Parasio ⑤
Pinacoteca Civica ③
Porto ①

Legenda

Informazioni turistiche
Chiesa
Parcheggio

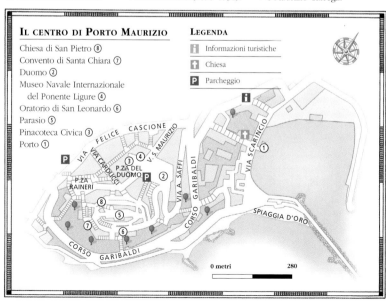

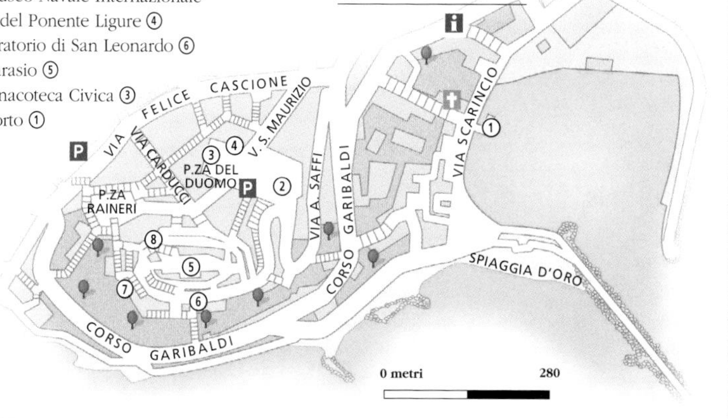

La collegiata dell'Assunta, Triora

Dolcedo ⑳

Imperia. **Carta stradale** B4-5.
1200. FS Imperia.
piazza Doria 35, 0183 280 004.
mercatino del prodotto biologico (seconda dom del mese); processione del lunedì di Pentecoste (ago).

SITUATO NELL'ENTROTERRA di Porto Maurizio, nella valle del torrente Prino, ha l'aspetto di un borgo di montagna, con le mulattiere lastricate di pietra, e tanti mulini ad acqua disposti lungo il Prino, a ricordare la tradizione olearia del borgo cominciata intorno al 1100. Sul torrente esistono ancora cinque ponti, il più antico dei quali, ad arcata unica, detto **ponte Grande** o dei **Cavalieri di Malta**, reca un'epigrafe latina con la data del 1292. Preceduta da una piccola piazza, pavimentata secondo lo stile ligure in ciottoli bianchi e neri, si erge la **parrocchiale di San Tommaso**, autentico gioiello d'arte barocca, edificato nel 1738 al posto di una più antica costruzione medievale, di cui resta il portale in pietra nera del 1492.

Triora ㉑

Imperia. **Carta stradale** A4.
500. FS Sanremo. Pro Loco, corso Italia 1, 0184 944 77.
deposizione del Cristo dalla Croce (Ven Santo); processione del Monte (seconda dom dopo Pasqua); festa della Madonna della Misericordia (prima dom di lug).

CONOSCIUTO ANCHE come il "paese delle streghe", l'antico borgo medievale di Triora domina dai suoi 800 metri di altezza tutta la valle Argentina. Qui, negli anni dal 1587 al 1589, vennero effettuati dal Tribunale dell'Inquisizione diversi processi per stregoneria, che divennero in breve tempo famosissimi. E non è un caso se proprio a Triora esiste un **Museo Etnografico e della Stregoneria**, unico nel suo genere e meta molto frequentata.

Il centro dell'abitato conserva ancora molto integre le tracce dell'aspetto medievale, con i vicoli, le stradine, le case addossate l'una all'altra, le piazzette. Delle sette porte che esistevano un tempo, l'unica rimasta è **Porta Soprana**, ad arco tondo, vicino a cui sorge la fontana Soprana, la più antica dell'abitato. Da non perdere la **collegiata dell'Assunta**, che dell'originario edificio romanico-gotico conserva sulla facciata (rifatta in stile neoclassico nel 1837) il portale e la base del campanile. Nell'interno, che venne ridotto a un'unica navata nel 1770, oltre ad altre notevoli opere, è custodita una tavola su fondo oro rappresentante *Cristo sulle sponde rocciose del Giordano*, magnifica opera del 1397 del senese Taddeo di Bartolo, la più antica testimonianza di questo genere della Liguria di ponente.

Museo Etnografico e della Stregoneria

Corso Italia 1. *0184 944 77.*
nov–mar: 14.30–18 lun–ven; 10.30–12, 14.30–18 sab, dom e festivi; apr–ott: 15–18.30 lun–ven; 10.30–12, 15–18.30 sab, dom e festivi; ago e set: 10.30–12, 15–18.30 tutti i giorni.

DINTORNI: oltre Triora, sul versante opposto della valle Argentina, si trova il caratteristico borgo di **Realdo**, affacciato in posizione straordinaria su uno strapiombo roccioso a picco sul vuoto. Le abitazioni presentano caratteristiche di tipo alpino, e i pochi abitanti si esprimono in lingua occitanica.

Taggia ㉒

Imperia. **Carta stradale** A5.
13.600. FS via Boselli, villa Boselli, 0184 437 33.
www.rivieradeifiori.org
infoarmataggia@rivieradeifiori.org
mercatino dell'antiquariato (terza dom del mese); corteo storico dei rioni (quarta dom di feb); festa della Maddalena (terza dom di lug).

LA CINQUECENTESCA CINTA muraria di Taggia cela un nucleo di grande valore, dal punto di vista sia artistico sia architettonico. Su **via Soleri**, cuore del centro storico, fiancheggiata da portici con arcate in pietra nera, affacciano numerosi edifici antichi. Quattordici cappelle ricche di pregevoli opere sono nella **parrocchiale dei Santi Giacomo e Filippo**. Altra interessante costruzione è la chiesa di **Santa Maria del Canneto**, che custodisce affreschi di Giovanni e Luca Cambiaso e di Francesco Brea. Delle sedici arcate dell'imponente **ponte medievale**, soltanto le ultime due sono romaniche. Il monumento più importante è però il **convento di San Domenico**. Costruito tra il 1460 e il 1490, è considerato la maggiore pinacoteca della scuola pittorica ligure-nizzarda. Tra i capolavori custoditi all'interno spiccano cinque opere di Ludovico Brea.

Convento di San Domenico

Piazza Beato Cristoforo. *0184 476 254. 9–12, 15–17 (estate fino alle 18). dom.*

La porticata via Soleri a Taggia, con arcate in pietra nera

Ludovico Brea

DEI TANTI ARTISTI STRANIERI attivi in Liguria, soprattutto nella Riviera di Ponente, tra la fine del XV e l'inizio del XVI secolo, Ludovico Brea è senz'altro quello di cui rimangono più opere a documentarne le straordinarie capacità.

***Pietà*, Pinacoteca di Taggia**

Nato a Nizza nella seconda metà del XV secolo, formò la sua arte nella città natale e venne probabilmente influenzato dalle pratiche artistiche della vicina Avignone. In quel periodo gli scambi culturali, favoriti dai traffici mercantili, tra la Liguria e la Francia del Sud – scalo per le merci provenienti dal Nord Europa – erano molto frequenti; poteva quindi capitare che dipinti fiamminghi, o i pittori stessi, giungessero nel territorio ligure. Brea ebbe dunque occasione di esercitarsi su esemplari di scuole pittoriche differenti tra loro e acquisire elementi culturali molteplici e variegati. Su di lui fecero presa sia i modelli della pittura nordica, in particolare fiamminga, sia le miniature dei codici medievali. Egli seppe anche capire in modo molto preciso i gusti dei suoi committenti liguri, cosa che gli permise di lavorare per lungo tempo in Italia.

Dopo aver realizzato le prime opere nella sua città natale, Brea si trasferì in Liguria; le tracce dei suoi spostamenti e della sua vita in quel tempo sono molto labili, e si possono fare considerazioni sulla sua pittura e sulle influenze in campo artistico solo confrontando i lavori eseguiti in epoche successive in diverse località della regione. Uno studio interessante per capire la cultura figurativa ligure a cavallo tra il '400 e il '500.

IL PITTORE ALL'OPERA

Brea concentrò la maggior parte della sua attività in tre località liguri: a Genova, maggiore città della regione, dove le sue opere sono presenti nella galleria di Palazzo Bianco *(Crocifissione* e *San Pietro)* e nella chiesa di Santa Maria di Castello *(Conversione di San Paolo* e *Incoronazione della Vergine)*; a Savona, seconda città ligure, che custodisce opere nell'oratorio di Nostra Signora di Castello *(Madonna e santi)*, nel Museo del Tesoro della cattedrale *(Assunta e santi*, nella foto un particolare*)*, nella Pinacoteca Civica *(Cristo in croce tra la Madonna e San Giovanni Evangelista)*; a Taggia, con le opere conservate nel convento di San Domenico e nell'attiguo museo.

La* Madonna del Rosario, opera del 1513, è caratterizzata da uno sfondo paesaggistico profondo, con il cielo che si schiarisce all'orizzonte.*

***Il* Battesimo di Cristo** *è un polittico che si trova in San Domenico, a Taggia, nella cappella a sinistra del presbiterio, ed è l'unica opera che sia completa di cornici e predella.*

Nel polittico *dedicato a Santa Caterina da Siena, stupisce l'adozione del fondo oro punzonato, su cui le figure emergono in maniera quasi iperreale.*

Tour delle valli Armea e Crosia ㉓

Uno dei colorati murales di Apricale

LUNGO UNA CINQUANTINA di chilometri, questo itinerario, percorribile in una giornata, porta il visitatore a conoscere alcuni tra i borghi più pittoreschi dell'estremo Ponente ligure, sulle alture che si trovano nell'entroterra tra Sanremo e Bordighera. Perché la Liguria, soprattutto in questa parte di territorio, non è soltanto paesi della Riviera, pur interessanti e mete turistiche italiane e internazionali, ma anche antichi paesi sviluppatisi nelle valli interne, vicinissimi ai confini con la Francia, lungo le antiche vie del sale. Tra verdi colline che in fretta diventano montagne, questi paesi hanno mantenuto intatto il loro antico aspetto anche con lo scorrere del tempo.

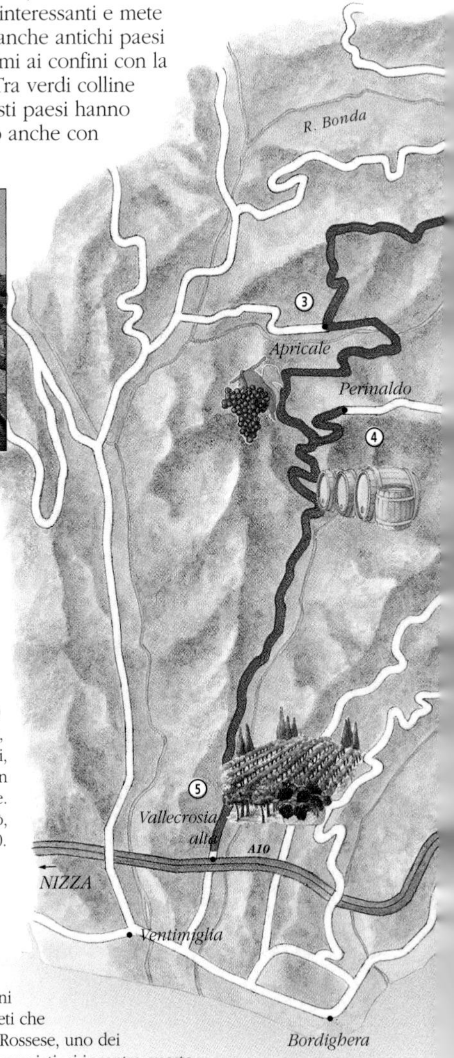

Apricale ③
Centro di questo borgo medievale in posizione panoramica è piazza Vittorio Emanuele, su cui affacciano la parrocchiale della Purificazione di Maria, l'oratorio di San Bartolomeo e le rovine del castello. Apricale (da *apricus*, rivolto a mezzogiorno) è conosciuto anche come il "paese degli artisti", per i murales moderni dipinti sulle facciate delle case antiche.

Perinaldo ④
Posto sulla sommità della val Crosia, il paese diede i natali a Gian Domenico Cassini, l'astronomo del Re Sole, a cui è dedicato un museo allestito nel Palazzo del Comune. Interessante la parrocchiale di San Nicolò, risalente al 1495 ma rimaneggiata nel '600.

Vallecrosia Alta ⑤
Tra coltivazioni di fiori e vigneti che producono il Rossese, uno dei vini liguri più pregiati, si incontra questo centro, che ha un nucleo più moderno sul mare, vicino a Bordighera. Nell'abitato medievale da vedere la chiesa di San Rocco, con ara votiva dedicata ad Apollo. Interessante, a Garibbe, il Museo della Canzone e della Riproduzione Sonora.

Baiardo ②

A 900 metri di altezza, poco oltre il passo Ghimbegna, sorge il paese sovrastato dai pittoreschi ruderi della chiesa di San Nicolò, crollata a causa del terremoto che nel 1887 sconvolse l'abitato. Dalla terrazza dietro la chiesa, splendido panorama sulle Alpi Marittime. Nell'oratorio di San Salvatore, il polittico con la *Trasfigurazione* risalente al 1552.

Note informative

Imperia. **Carta stradale** A4-5. **Lunghezza:** *circa 50 km.* **Tempo di percorrenza:** *una giornata.* **Ceriana** *comune, corso Italia 141, 0184 551 017.* **Baiardo** *comune, via Roma 72, 0184 673 054.* **Apricale** *Ente turistico, via Roma 1, 0184 208 641; comune, 0184 208 126.* **Perinaldo** *comune, piazza Sant'Antonio 1, 0184 672 001.* **Vallecrosia Alta** *comune, via Orazio Raimondo 73, 0184 255 21.* *Vallecrosia Alta: "U cantun de l'antigu", mercatino dell'antiquariato, dell'artigianato e dell'hobbistica (seconda dom del mese); Apricale: A come amore ad Apricale (settimana di San Valentino); "E le stelle stanno a guardare", rassegna teatrale (settimana di ferragosto).*

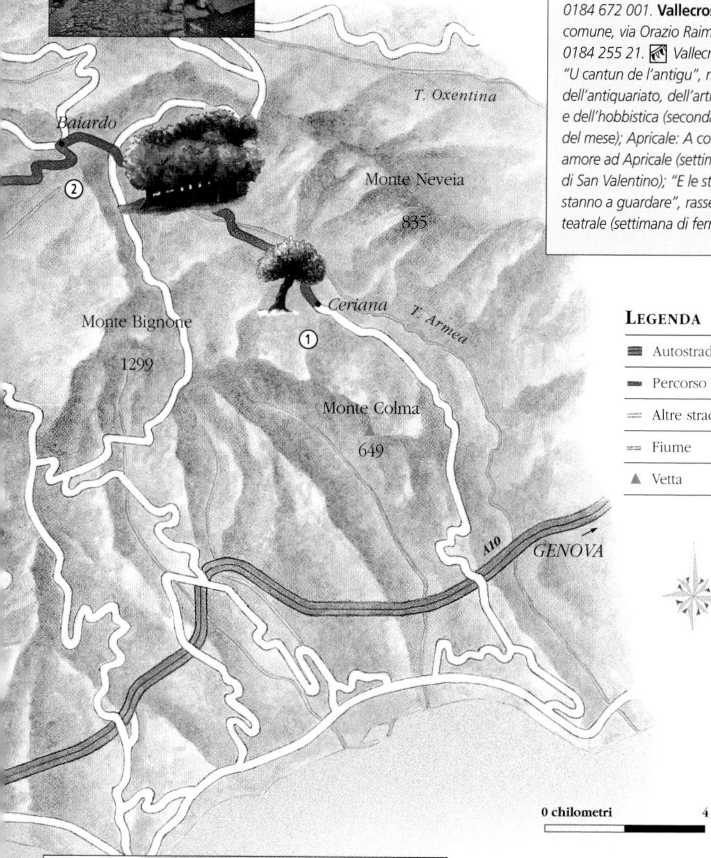

Legenda

- Autostrada
- Percorso del tour
- Altre strade
- Fiume
- ▲ Vetta

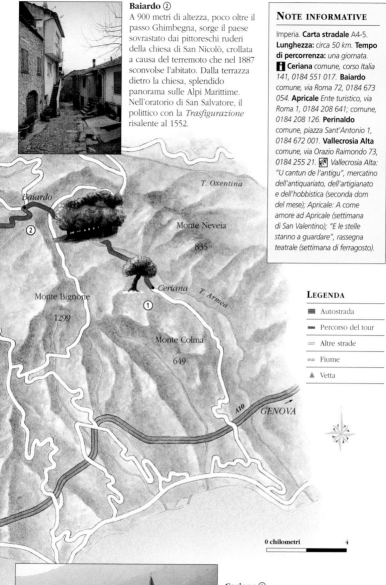

Ceriana ①

Subito fuori Sanremo, all'inizio della valle Armea, si incontra questo piccolo paese arroccato sulla cima di un monte. Edificato in età medievale sui resti di una villa romana, Ceriana ha un borgo antico ancora cinto da mura, perfettamente conservato, e camminare tra le stradine e i vicoli riserva belle sorprese, con scorci inaspettati e suggestivi.

Sanremo ㉔

Imperia. **Carta stradale** A5.
56.100.
APT Riviera dei Fiori, largo Nuvoloni 1, 0184 590 59.
www.rivieradeifiori.org
infosanremo@rivieradeifiori.org
Festival della canzone italiana (ult sett di feb); Milano-Sanremo (sab dopo il 19 mar); Rally di Sanremo (ott); Premio "Luigi Tenco" – Rassegna della canzone d'autore (ult sett di ott).

FIORI E CANZONI: basterebbero la fiorentissima industria floricola e il Festival della canzone italiana a definire Sanremo, una delle località liguri più rinomate. Anche qui il turismo, soprattutto inglese, ebbe un vero e proprio boom tra la fine dell'800 e l'inizio del '900, periodo di grande espansione urbana: lo stanno a testimoniare i diversi palazzi in stile liberty, tra cui **Palazzo Borea d'Olmo** tra corso Matteotti e via Cavour, un curioso misto tra manierismo e barocco, oggi sede del **Museo Civico** (diviso in tre sezioni: una raccolta di reperti archeologici di diverse epoche, cimeli garibaldini, quadri del '700 e '800). Altra testimonianza della Belle Epoque è il **Casinò municipale**, progettato da Eugenio Ferret nel 1904-06, con ampi saloni. Dello stesso periodo, la caratteristica **chiesa ortodossa russa di Cristo Salvatore, Santa Caterina martire e San Serafim di Sarov**, in corso Nuvoloni, con le inconfondibili cupole, eretta per volere della zarina Maria Alexandrovna, che fu a Sanremo nell'inverno del 1874. Ma Sanremo conserva anche tutto il fascino del Medioevo nella "città vecchia", quartiere chiamato anche **La Pigna** per la sua caratteristica conformazione, un labirinto di vicoli, scalinate, archi, passaggi coperti che si diramano ad anelli concentrici dalla sommità della collina, e nei suoi importantissimi monumenti, tutti prospicienti la centralissima piazza San Siro: la **cattedrale di San Siro**, il **Battistero** e l'**oratorio dell'Immacolata Concezione**. La cattedrale risale al 1200, e venne edificata dai Maestri Comacini. Due bei portali si aprono sui fianchi esterni della chiesa, con bassorilievi entro lunette a ogiva: quello a sinistra è del XII secolo, e rappresenta l'*Agnello pasquale*. Nell'interno a tre navate, con altrettante absidi prolungate nel 1600, sono custodite pregevoli opere d'arte, tra cui un *Crocifisso* nero del '400. A nord dell'abitato, sopra La Pigna, il **santuario di Nostra Signora della Costa**, rifatto nel '600, conserva all'altare maggiore, tra quattro statue di Maragliano, la splendida *Madonna col Bambino* dell'ambito di Barnaba da Modena (1401). Dalla celeberrima **passeggiata Imperatrice** (in onore della zarina Maria Alexandrovna) hanno inizio le passeggiate a mare. Attraverso il **lungomare Vittorio Emanuele II** e il **lungomare delle Nazioni**, strade divise da aiuole e fiancheggiate da ampi spazi verdi, si arriva al porto, articolato nel moderno porto turistico di Portosole e nel porto vecchio o comunale. Alla fine di corso Trento e Trieste, dopo i **giardini Ormond**, si trova **Villa Nobel**, oggi sede di istituzioni culturali, dove visse e morì nel 1896 il famoso scienziato svedese.

Il porto di Sanremo

Il celebre Casinò di Sanremo

Statua della *Primavera*, lungomare di Sanremo

Museo civico

Corso Matteotti 143.
0184 531 942.
9–12, 15–18. *dom e lun.*

DINTORNI: a circa una decina di chilometri a est di Sanremo, dopo aver oltrepassato l'abitato della nuova **Bussana**, si arriva a uno dei luoghi più suggestivi del Ponente, **Bussana Vecchia**. Distrutta dal terremoto del 1887, che lasciò intatto soltanto il campanile della barocca **chiesa del Sacro Cuore**, Bussana Vecchia fu oggetto di recupero parziale a partire dal 1960, quando una colonia di artisti vi si trasferì, aprendo *atelier* e botteghe artigiane, cercando nello stesso tempo di alterare il meno possibile l'aspetto del paese.
A 15 km da Sanremo, merita una visita anche **Coldirodi**, soprattutto per la **Pinacoteca e Biblioteca "Rambaldi"** che, oltre a 6000 volumi antichi, conserva splendide opere (tra gli altri) di Lorenzo di Credi, Salvator Rosa, e falsi d'autore.

Pinacoteca e Biblioteca "Rambaldi"

Piazza San Sebastiano 18.
0184 670 131. *10–12 gio.*

◁ La suggestiva chiesetta di Sant'Ampelio, a Bordighera

Pigna 25

Imperia. **Carta stradale** A4.
1015. FS *Ventimiglia.*
piazza Umberto I 1, 0184 241 016.

SITUATO NELL'ALTA VAL NERVIA, Pigna (la cui conformazione urbanistica ricorda quella dell'omonimo quartiere sanremese) mantiene intatto tutto il suo fascino. Passeggiando per i *chibi* (cioè "cupi", nome con cui vengono chiamati i vicoli) ci si rende conto di come era costruita la città antica: una moltitudine di strade concentriche con le case accavallate a difesa. Monumento più importante di Pigna è la **parrocchiale di San Michele**, edificata nel 1450. Impreziosisce la facciata uno splendido rosone, opera attribuibile forse a Giovanni Gaggini. Svetta a lato il campanile, con cuspide a forma di piramide. Nell'interno è custodito il *Polittico di San Michele*, monumentale opera del piemontese Giovanni Canavesio (1500), in cui si risente anche l'influenza dei fratelli Brea. Sempre di Canavesio sono gli interessanti affreschi raffiguranti la *Passione di Cristo*, risalenti al 1482 e conservati nella piccola **chiesa di San Bernardo**, all'interno del cimitero. Oltre alle rovine della **chiesa di San Tommaso**, si consiglia di vedere **piazza Castello**, con vista bellissima sul paese di Castel Vittorio.

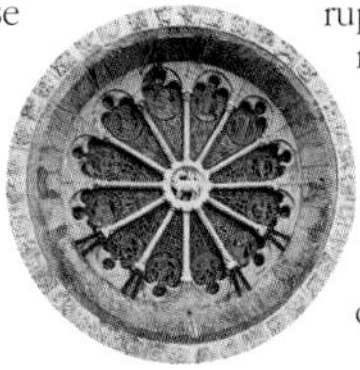

Rosone della parrocchiale di San Michele, Pigna

Dolceacqua 26

Vedi pp 166–7.

Bordighera 27

Imperia. **Carta stradale** A5.
10.200. FS *via Vittorio Emanuele II 172/174, 0184 262 322.*
www.rivieradeifiori.org
infobordighera@rivieradeifiori.org
Bordighera città dell'umorismo (apr–mag).

UN CELEBRE DIPINTO di Monet mostra il panorama di Bordighera "tra le colline e il mare", e testimonia della fama crescente che questa solare cittadina, una delle ultime della Riviera di Ponente, ebbe (e conserva tuttora) a livello internazionale, meta anch'essa di turisti soprattutto britannici. Tra essi Clarence Bicknell, studioso di botanica e archeologia, che a Bordighera fondò l'omonima **Biblioteca**, oggi anche museo, che raccoglie calchi di incisioni rupestri ritrovate nella non lontana Vallée des Merveilles, corredi funerari d'età romana, nonché un fornito erbario e una curiosa collezione di farfalle. Nella stessa sede è allestita la **Mostra permanente "Pompeo Mariani"**, che raccoglie opere del pittore monzese. Non mancano nemmeno qui palazzi in stile liberty (molti dei quali trasformati in alberghi e residence), e piacevolissima è la passeggiata sul **lungomare Argentina**, frequentatissimo e ricco di locali, alla fine del quale si giunge a capo Sant'Ampelio. Qui sorge la **chiesa di Sant'Ampelio**, con cripta del secolo XI, nel luogo dove sarebbe vissuto l'eremita fatto santo. Nel centro storico, si segnala la seicentesca **chiesa di Santa Maria Maddalena**, che conserva sull'altare maggiore un gruppo marmoreo attribuito alla bottega di Domenico Parodi. In piazza De Amicis si trova la **fontana di marmo** del 1783 con la statua di Magiargiè, schiava dei mori di Spagna morta a Bordighera, figura femminile acefala di epoca romana (la testa è un'aggiunta settecentesca). Oltre 3000 specie di piante cactacee e succulente si trovano presso il **giardino esotico Pallanca**.

Piante grasse a Bordighera nel giardino esotico Pallanca

Il cartello che accoglie i turisti a Seborga, nei pressi di Bordighera

Museo e Biblioteca "Clarence Bicknell"
Via Romana 39 bis. *0184 263 601.* *9.30–13, 13.30–16.45 lun–ven.* *sab, dom e festivi.*

Fondazione "Pompeo Mariani"
Via Romana 52. *0184 265 556.* *su appuntamento.*

Giardino esotico Pallanca
Via Madonna della Ruota 1.
0184 266 347. *inverno: 9–17; estate: 9–12.30, 14.30–19.* *lun mattina.* www.pallanca.it

DINTORNI: a 12 km da Bordighera, in posizione panoramica, c'è **Seborga**, dalle antichissime origini, che si fregia del titolo di "principato". Quattordici chilometri quadrati, 360 abitanti, che nel 1964 hanno eletto il loro sovrano, Giorgio I. Incredibile ma vero, a Seborga si conia una moneta propria, il "Luigino" (la zecca venne istituita dai monaci benedettini di Lerino nel 1660), si stampano francobolli, le auto hanno una targa con lo stemma e la sigla SB.

Dolceacqua ㉖

Da non perdere

★ **Chiesa di San Giorgio**

★ **Castello dei Doria**

★ **Ponte Vecchio**

Iscrizione che riporta le parole di Monet

SCHERZI DEL DESTINO: questo meraviglioso borgo medievale, che visto dall'alto fa quasi pensare a un paesaggio da presepe, a dispetto del nome è patria di uno dei vini più pregiati e famosi d'Italia, il Rossese, apprezzato sia da Napoleone sia da papa Giulio III. Sovrastato dall'imponente e nello stesso tempo aerea mole del Castello Doria, il paese si distende sulle pendici del monte per giungere sino alle sponde del torrente Nervia, che divide l'abitato in due zone, una a sinistra più antica, l'altra di formazione più recente, chiamate rispettivamente Terra e Borgo. Claude Monet, grande amante di queste zone, dipinse il castello, e definì "gioiello di leggerezza" l'antico ponte che collega i due quartieri.

★ **Chiesa di San Giorgio**

Posta sulla riva destra, proprio all'ingresso del paese, questa era la prima collegiata di Dolceacqua, risalente al secolo XII. Rifatta anch'essa in epoca barocca, ha la parte interna del tetto ricoperta da travature dipinte. Nella cripta, il sepolcro della famiglia Doria.

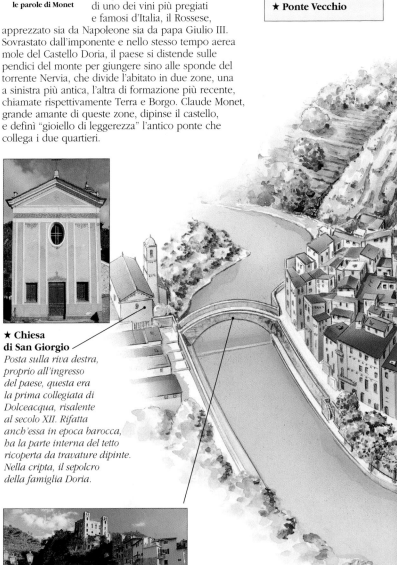

★ **Ponte Vecchio**

Elegante e leggerissima costruzione a schiena d'asino, a una sola arcata di 33 metri di luce. Il ponte, di origine medievale, collega i due quartieri di Terra e Borgo, divisi dal torrente Nervia.

★ Castello dei Doria
Edificato con funzioni difensive nel 1100, col passare dei secoli assunse sempre più l'aspetto di palazzo nobiliare. L'edificio fu gravemente danneggiato nel 1754, ma fu il terremoto del 1887 a dare il colpo finale.

NOTE INFORMATIVE

Imperia. **Carta stradale** A5.
1950. FS *Ventimiglia.*
via Barberis Colomba 3, 0184 206 666 (sab e dom); comune, 0184 206 899.
www.dolceacqua.it
processione di San Sebastiano (dom più vicina al 20 gen); festa patronale dell'Assunta (15 ago); festa della "michetta" (16 ago).

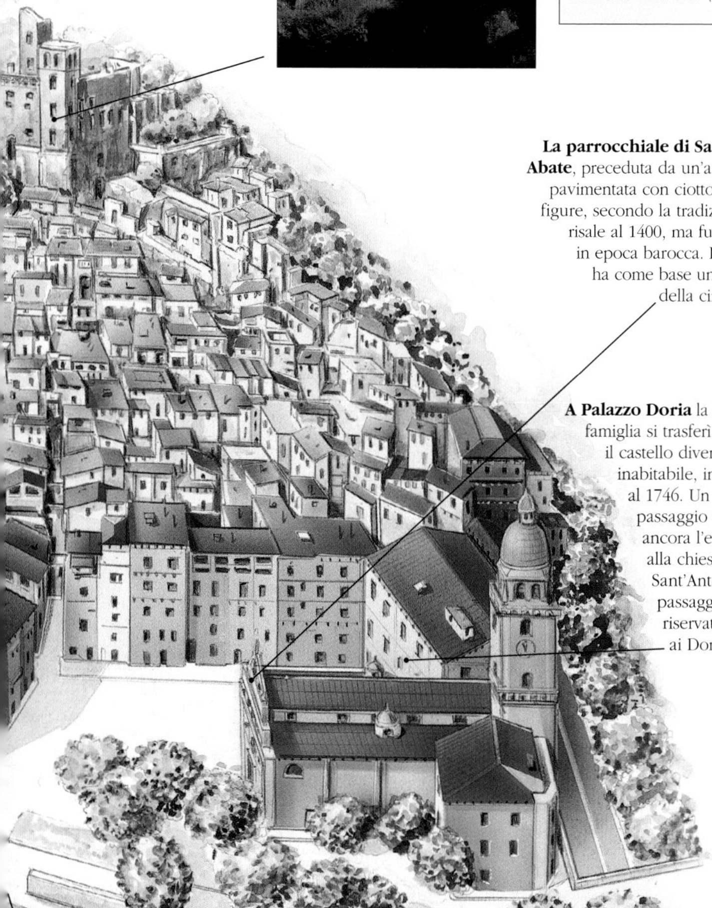

La parrocchiale di Sant'Antonio Abate, preceduta da un'ampia piazza pavimentata con ciottoli a formare figure, secondo la tradizione ligure, risale al 1400, ma fu trasformata in epoca barocca. Il campanile ha come base una delle torri della cinta muraria.

A Palazzo Doria la nobile famiglia si trasferì dopo che il castello divenne inabitabile, intorno al 1746. Un antico passaggio collega ancora l'edificio alla chiesa di Sant'Antonio, passaggio riservato soltanto ai Doria.

Monumento al gombo
Presso il Nervia, quest'opera del pittore Barbadirame dedicata al frantoio (gombo) ricorda l'importanza locale dell'olio d'oliva.

Ventimiglia ㉘

Imperia. **Carta stradale** A5.
26.800. FS
via Cavour 61, 0184 351 183.
www.rivieradeifiori.org
infoventimiglia@rivieradeifiori.org
corteo storico in costumi medievali (prima o sec dom di ago); Battaglia di fiori (estate).

VENTIMIGLIA, l'ultimo importante centro abitato della Riviera ligure di Ponente prima del confine con la Francia, riassume perfettamente le caratteristiche delle città di questa parte della Riviera, e più in generale di tutte quelle costiere della regione: un luogo dove passato e presente convivono perfettamente, dall'età romana alle ultime trovate dell'industria vacanziera, fiorente anche a Ventimiglia. Città di frontiera per eccellenza (la sua storia è costellata da infinite dispute con la vicina Francia per la regolazione delle linee di confine nazionali), Ventimiglia si trova proprio a cavallo delle valli Roia e Nervia, tra le più belle delle Alpi liguri, e vanta poco distante meraviglie naturali quali le Grotte dei Balzi Rossi e i giardini di Villa Hanbury. Della dominazione romana, succeduta a quella dei liguri intemelii che fondarono *Albium Intemelium*, Ventimiglia reca tracce ben visibili nell'area degli scavi di **Albintimilium**, alla periferia orientale del moderno abitato. Ben visibili dal cavalcavia sull'Aurelia, sono composti da un tratto di *decumanus maximus*, da nuclei di abitazioni rivolte al mare,

Esterno dell'abside della cattedrale dell'Assunta di Ventimiglia

dalle *insulae* occidentali con le grandi terme (dalle quali proviene il bellissimo Mosaico di Airone, situato davanti all'ospedale), e dal Teatro, il più importante monumento romano della Liguria. Risalente all'inizio del III secolo d.C., poteva contenere più di 5000 spettatori in un diametro di 21 metri; ancora ben conservati i dieci ordini delle gradinate del settore inferiore, in pietra della Turbia, e una delle due porte d'accesso, quella di ponente, praticamente intatta. I reperti archeologici trovati in questa zona sono conservati al **Museo Archeologico "Gerolamo Rossi"**, istituito di recente al Forte dell'Annunziata in città. La foce del fiume Roia divide in due la città: la parte medievale è quella a ovest, al cui centro si trova l'imponente mole della **cattedrale dell'Assunta**. Costruita al posto di una precedente chiesa carolingia, essa venne edificata in due tempi: alla fase romanica (XI secolo) sono attribuibili il fianco destro e la facciata (il portico, con pseudoprotiro gotico, è un'aggiunta del 1222), mentre le tre absidi e il tiburio sono del 1200. Il campanile, poggiante su una torre risalente al secolo XII, venne riedificato in età barocca e rimaneggiato nell'800. Le cappelle del fianco sinistro sono un'aggiunta del 1500. Nell'interno, da vedere la cripta, in cui sono visibili i resti della chiesa altomedievale, con preziose sculture preromaniche. A lato dell'Assunta si trova il **Battistero** (sec. XI) con pianta ottagonale, al cui interno è conservata una vasca battesimale a immersione riferibile ai secoli XII–XIII. Di fronte alla cattedrale

Coperchio di urna cineraria in marmo, I secolo d.C.

si apre **via Garibaldi**, chiamata anche "la piazza", la strada principale della città vecchia, sulla quale si affacciano il **Palazzo Pubblico**, la **Loggia del Magistrato dell'Abbondanza**, e l'ex Teatro Civico, edificio neoclassico ora sede della **Biblioteca Aprosiana** (1648), ricca di manoscritti e incunaboli. Su via Garibaldi prospettano anche diversi palazzi gentilizi con giardini pensili sul retro aperti al piano nobile, secondo la tradizione cinquecentesca; proseguendo ancora, ecco il barocco **oratorio dei Neri o di San Secondo**, che conserva nell'interno affreschi dei fratelli Carrega, poi la **chiesa di San Francesco**, sconsacrata, che custodisce due affreschi del '400, per arrivare alla **Porta Nizza**.

Il Teatro romano di Ventimiglia, risalente al III secolo d.C.

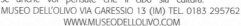

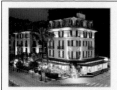

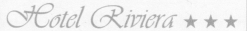

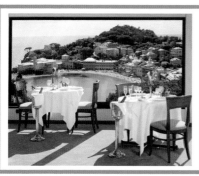

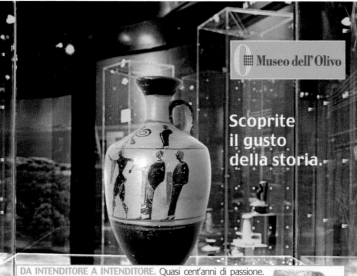

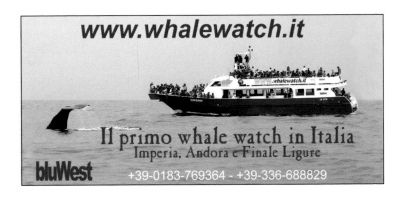

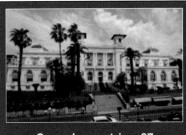

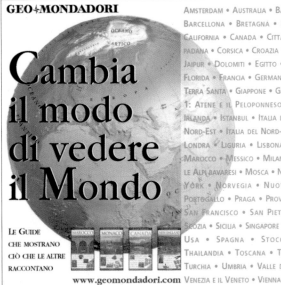

Una veduta panoramica di Ventimiglia

Da qui, seguendo via della Torre e via Appio, si giunge in breve a piazza Colletta, su cui prospetta la suggestiva **chiesa romanica di San Michele**. La facciata è stata ricostruita nel 1885, mentre il corpo dell'edificio, di cui rimane solo la navata centrale, è del 1000; campanile, abside e volta sono del secolo successivo. All'interno, interessante la cripta dell'XI secolo, costruita con materiale romano proveniente da altri edifici. Molto frequentata, soprattutto dai francesi, la parte est di Ventimiglia, quella moderna, ricca di attività commerciali legate al turismo. Dall'alto di **Castel d'Appio**, dove sono visibili i resti della fortezza ricostruita dai genovesi nel '200, si gode uno splendido panorama.

Museo Archeologico "Gerolamo Rossi"

Via Verdi 41. *0184 351 181.*
9–12.30, 15–17 mart–sab; 10–12.30 dom. *lun.*

Balzi Rossi 29

Grimaldi di Ventimiglia (Imperia).
Carta stradale A5.

A 11 CHILOMETRI da Ventimiglia, e a circa 200 metri dal confine italo-francese, più o meno presso il centro di Grimaldi, sorge questo sito preistorico, uno dei più famosi del Mediterraneo occidentale, che consta di nove caverne esplorate a più riprese fin dal XIX secolo.

Il nome Balzi Rossi deriva dal colore rossastro della parete calcarea che cade a strapiombo; Grotta del Principe, Barma Grande, Riparo Bombrini, Grotta del Caviglione, Riparo Mochi, Grotta di Florestano, Riparo Lorenzi, Grotta dei Fanciulli e Grotta del Conte Costantini sono le nove cavità che, da est a ovest, formano questo suggestivo luogo, che ha restituito ai ricercatori tracce evidenti dell'insediamento umano, avvenuto in questa zona della Liguria nel Paleolitico, probabilmente per le condizioni naturali in massimo grado favorevoli. Numerosi strumenti litici e ossei, resti fossili di animali, diversi oggetti ornamentali e artistici sono stati rinvenuti nelle grotte, in particolar modo in quella del Principe, un poco scostata rispetto alle altre, ma anche la più grande. L'interesse più grande è rivestito dalle numerose sepolture, che hanno dato i pochissimi indizi tangibili della vita dell'uomo 240.000 e più anni fa. Il più famoso di questi ritrovamenti, chiamato **Triplice sepoltura**, venne scoperto nella Barma Grande nel 1892, e oggi è custodito nel **Museo Preistorico dei Balzi Rossi**, fondato da Sir Thomas Hanbury nel 1898 nell'abitato di Grimaldi. Ai lati vi sono due individui maschili, un fanciullo a sinistra e un uomo alto più di due metri a destra; al centro una ragazza, di circa 16 anni. I due uomini impugnavano due lame, e sopra una lama di selce è appoggiato il cranio dell'adulto, mentre quello della ragazza riposa su un femore di bue. Un ricco corredo completava la sepoltura, tra cui conchiglie marine, pendagli d'osso lavorati, una collana fatta con vertebre di pesce, denti di cervo forati. È conservata nel museo anche la riproduzione della sola figura incisa in stile naturalistico trovata ai Balzi Rossi, più precisamente nella caverna del Caviglione: il profilo di un cavallo di bassa statura e massiccio, lungo 40 cm e alto 20. È conosciuto come **il cavallo di Przewalskii**, di cui rimangono pochissimi esemplari oggi in Mongolia. Completano il museo strumenti litici, resti fossili di animali, statuine e placchette ossee incise.

Monile ritrovato nella Triplice sepoltura

Una delle nove Grotte dei Balzi Rossi

Museo Preistorico dei Balzi Rossi

Ponte San Ludovico, via Balzi Rossi, 9. *0184 381 13.*
inverno: 9–13, 14.30–18; estate: 9–12.30, 14–18.
lun.

Giardini botanici Hanbury ㉚

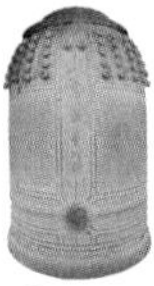

Campana bronzea orientale

A CHIUDERE LA RIVIERA DEI FIORI, a capo Mortola, non poteva essere che uno splendido parco con villa annessa. Più precisamente un giardino botanico di acclimatazione, vasto 18 ettari, frutto della passione per la terra ligure e il suo clima di Sir Thomas Hanbury, ricco commerciante inglese vissuto a lungo in Cina, che nel 1867 comprò il terreno appartenuto ai marchesi Orengo di Ventimiglia.

Nel 1898 si contavano 7600 specie di piante, tra cui una collezione di piante grasse. Oggi non vi sono più tante varietà, ma l'effetto resta il medesimo, unico: vedere riunite piante indigene e piante esotiche in uno stesso luogo, pensato per esaltare la bellezza incontrastata della natura.

Agave
Aloe e agavi, predilette da Sir Hanbury, sono piantate fra le rocce, per ricreare l'ambiente desertico da cui provengono.

★ Fontana del Drago
Circondata da papiri, piante originarie dei paesi caldi ma qui perfettamente acclimatate, che le danno al tempo stesso un aspetto antico e molto misterioso, questa fontana ha al centro un drago, un altro richiamo al lontano Oriente.

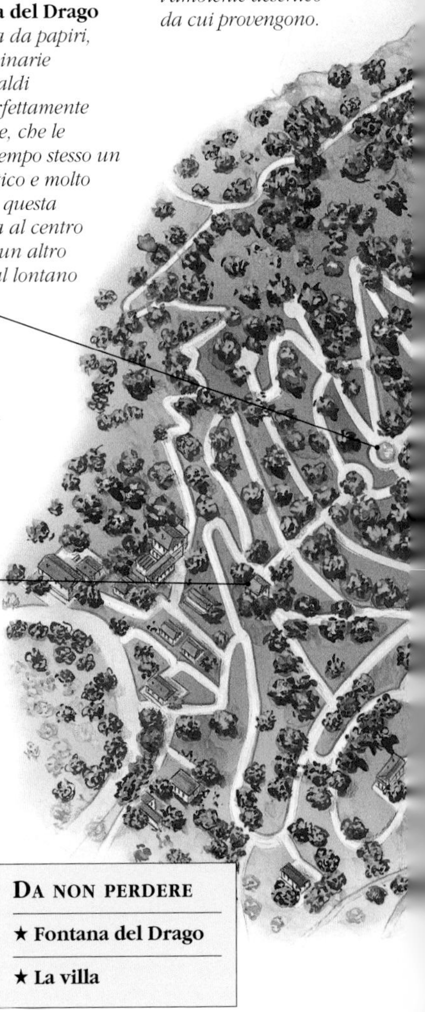

Tempietto delle Quattro Stagioni
Uno dei tanti che Sir Thomas inserì nel percorso del parco, secondo il gusto della fine dell'Ottocento, evocante con il suo stile classico il giardino all'italiana rinascimentale.

DA NON PERDERE

★ **Fontana del Drago**

★ **La villa**

Le Terrazze
Qui le piante sono riunite in modo da formare dei "giardini tematici". Dal Pavillon si gode uno splendido panorama.

NOTE INFORMATIVE

Corso Montecarlo 43, La Mortola Inferiore (Imperia).
Carta stradale A5.
0184 229 507.
FS *Ventimiglia.*
1 mar–15 giu e 16 set–15 ott: 9.30–17; 16 giu–15 set: 9.30–18; 16 ott–28 feb: 9.30–16.

Il viale dei Cipressi è uno dei luoghi più suggestivi del giardino, con gli alti alberi disposti a filare, come spesso se ne vedono nella bella campagna italiana.

★ La villa
In origine torre isolata, divenne il primo nucleo del palazzo che i Lanteri costruirono nel 1300. Nel 1611 ne divennero proprietari i marchesi Orengo, che ampliarono la villa. Dalla loggia, sotto la quale si trova il busto di Sir Thomas Hanbury, si gode una splendida vista sul giardino e sul mare.

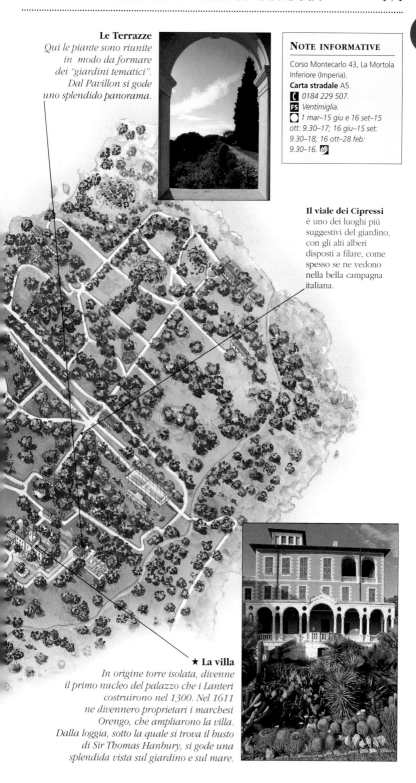

INFORMAZIONI TURISTICHE

Dove alloggiare

Terra di turismo da sempre, regione di confine, la Liguria offre ai suoi visitatori possibilità di soggiorno davvero diversificate, sia sulle coste sia nell'entroterra. Sulla Riviera di Levante e su quella di Ponente, con centri che sono diventati nel corso del tempo rinomate mete di turismo italiano e internazionale si susseguono quasi senza soluzione di continuità alberghi da sogno e pensioni a conduzione familiare, aperti praticamente tutto l'anno.

Logo del Grand Hotel Diana di Alassio

Genova, città d'arte tra le più belle della penisola, dà a chi la visita possibilità di soggiornare sia nel centro storico sia nelle sue immediate vicinanze, anche qui con offerte diversificate che accontentano tutti i gusti. Anche agriturismi e campeggi si sono accresciuti in questi ultimi anni, i primi soprattutto all'interno, i secondi un po' ovunque, anche nelle vicinanze dei centri maggiori, per consentire un soggiorno più a contatto con la natura.

Categorie alberghiere e prezzi

La classificazione degli alberghi liguri è quella standard seguita da tutte le regioni e province italiane. Le categorie vanno da una a cinque stelle, ovvero dalla fascia più a buon mercato fino a quella degli alberghi di lusso. Mediamente i servizi che ogni complesso offre sono di buon livello, e a seconda della stagione, oppure considerando la presenza di feste, eventi culturali o festival, i prezzi cambiano. Il rapporto migliore qualità-prezzo si deve ricercare generalmente nella categoria dei "tre stelle", che per i pagamenti sono abilitati nella quasi totalità dei casi ad accettare tutte le carte di credito. Per gli alberghi di categorie più basse, conviene sincerarsene prima.

Prenotazioni

In una regione come la Liguria si può dire che la bassa stagione praticamente non esiste, limitandosi soltanto a brevi periodi. Il boom è ovviamente in estate, dal momento che la Liguria è per tutta la sua estensione affacciata sul mare. A chi vi si reca, soprattutto in questo periodo, è vivamente consigliata la prenotazione. Il più delle volte basta un fax di conferma, oppure l'invio di una e-mail all'eventuale indirizzo di posta elettronica.

Alberghi

Essendo una regione che basa gran parte delle sue entrate sul turismo, la Liguria ha una rete alberghiera molto sviluppata, e adatta a tutte le esigenze: praticamente ogni centro abitato della costa offre sistemazioni a tutti i livelli,

Turisti affollano la bellissima spiaggia di Monterosso

dall'albergo a cinque stelle alla pensione a conduzione familiare. L'elenco delle diverse realtà, con prezzi aggiornati, è disponibile presso gli uffici turistici delle località più importanti.

Agriturismo e bed & breakfast

L'agriturismo come forma alternativa di soggiorno si è sviluppato in Liguria soprattutto in questi ultimi anni, per chi ama stare più a contatto con la natura e desidera praticare sport all'aria aperta che solitamente non vengono contemplati nei tipi di soggiorno tradizionale in alberghi e hotel. La formula, semplice, è comune a quella sviluppatasi in tutte le altre regioni d'Italia: le aziende agricole offrono ai turisti la

L'accogliente hall dell'Hotel Royal a Sanremo

◁ Prodotti freschi e genuini sono alla base della cucina ligure

Il lungomare di Bordighera, su cui si affacciano i grandi alberghi

possibilità di stanze e servizi immersi nel verde: si va dalla piccola fattoria familiare capace di ospitare soltanto poche persone alle grandi strutture che, sebbene meno tradizionali, offrono però servizi di maggiore livello. In ognuno di questi posti, comunque, la cucina è genuina, fatta con i prodotti che offre la zona, magari coltivati (nel caso di frutta e verdura) dagli stessi proprietari dell'azienda agricola, e preparati secondo la migliore tradizione locale: una volta assaggiati durante il soggiorno, si possono anche comprare da portare a casa.
Il bed & breakfast è sicuramente una delle soluzioni più comode e meno dispendiose. L'offerta consiste solitamente di una camera con prima colazione inclusa. Strutture di questo tipo si trovano soprattutto nelle città più grandi e nei luoghi di vacanza più importanti. Se ne può trovare qualche raro esempio anche nell'entroterra ma, a differenza dell'agriturismo, in questo caso non è prevista la ristorazione.

Campeggi

Anch'essi sono abbastanza diffusi su tutto il territorio ligure: quasi tutte le località rivierasche ne hanno uno, attrezzato per gli appassionati della vita in tenda, camper o roulotte. Molti sono situati proprio in prossimità del mare, con spiagge private riservate appositamente agli ospiti del campeggio.
I campeggi liguri sono generalmente censiti e catalogati dalle guide della ricettività regionale pubblicate dalle APT.
Di media sono puliti e ben tenuti, sistemati in ambienti naturali degni di un certo interesse. Come nelle altre regioni d'Italia, la sosta dei camper è regolamentata da norme molto rigide.

Segnalazioni turistiche

Indirizzi

APT Cinque Terre e Golfo dei Poeti
Viale Mazzini 47,
La Spezia.
Tel. *0187 254 311.*
FAX *0187 770 908.*
W www.aptcinqueterre.sp.it
@ info@aptcinqueterre.sp.it

APT Genova
Via Roma 11/3,
Genova.
Tel. *010 576 791.*
FAX *010 581 408.*
W www.apt.genova.it
@ aptgenova@apt.genova.it

APT Riviera Ligure delle Palme
Viale Gibb, 26,
Alassio.
Tel. *0182 647 11.*
FAX *0182 644 690.*
W www.inforiviera.it
@ aptpalme@inforiviera.it

APT Riviera dei Fiori
Largo Nuvoloni 1,
Sanremo.
Tel. *0184 590 59.*
FAX *0184 507 649.*
W www.rivieradeifiori.org
@ aptfiori@rivieradeifiori.org

APT Tigullio
Via XXV Aprile 4,
Santa Margherita Ligure.
Tel. *0185 292 91.*
FAX *0185 290 222.*
W www.apttigullio.liguria.it
@ infoapt@apttigullio.liguria.it

Agenzia Regionale per la Promozione Turistica "In Liguria"
Piazza Matteotti 9,
Genova.
Tel. *010 530 821.*
FAX *010 595 85 07.*
W www.inliguria.liguriainrete.it

Il bed & breakfast A casa di Roby

Case in affitto

Data la grandissima affluenza nei mesi estivi, in Liguria, oltre a trovare sistemazione in alberghi, hotel, agriturismi o campeggi, è possibile affittare un appartamento in tutti i centri più importanti della costa, sia sulla Riviera di Levante sia su quella di Ponente. Sempre negli opuscoli informativi pubblicati dalle diverse APT (o sui loro rispettivi siti Internet) è possibile trovare indirizzi e numeri di telefono delle diverse agenzie che si occupano di affitti a breve termine, oppure anche i nomi e i numeri di telefono degli stessi privati che affittano.

Scegliere l'albergo

Gli alberghi di Genova e della Liguria che riportiamo di seguito sono raggruppati per zona rispettando la suddivisione in aree geografiche utilizzata nella parte turistica della guida. All'interno di questa scansione, l'elenco degli esercizi segue l'ordine alfabetico delle rispettive località e, tra quelli di una medesima località, del relativo nome.

	Camere	Carte di credito	Giardino o terrazza	Parcheggio	Ristorante
Genova					
Centro storico: *Bristol Palace* €€€€€ Via XX Settembre 35. **Tav** 6 D-E4. *010 592 541.* FAX *010 561 756.* W www.hotelbristolpalace.com @ info@hotelbristolpalace.com Il più affascinante albergo della città in un palazzo dai caratteristici ambienti fine Ottocento. Le sale comuni sono ariose e ricche di atmosfera; dalla hall un imponente scalone porta ai vari piani dove si trovano le ampie ed eleganti stanze arredate con mobili d'epoca. Sala convegni.	133	●			■
Centro storico: *Colombo* €€ Via Porta Soprana 27. **Tav** 2 F4. e FAX *010 251 36 43.* W www.hotelcolombo.it @ mail@hotelcolombo.it Questo albergo si trova tra il duomo di San Lorenzo e la casa dove nacque Cristoforo Colombo. A non più di cento metri c'è il Palazzo Ducale.	24	●	■		
Centro storico: *Jolly Hotel Marina* €€€€€ Molo Ponte Calvi 5. **Tav** 2 E3, 6 A2. *010 253 91.* FAX *010 251 13 20.* W www.jollyhotels.it @ genova_marina@jollyhotels.com A soli 50 metri dall'Acquario di Genova, offre tutte le qualità degli alberghi della catena, con camere dotate di ogni comfort.	140	●		●	■
Centro storico: *Locanda di Palazzo Cicala* €€€ Piazza San Lorenzo 16. **Tav** 2 F4, 5 C3. *010 251 88 24.* FAX *010 246 74 14.* W www.palazzocicala.it @ palazzocicala@mentelocale.it Il primo hotel urban-chic di Genova, di fianco al Duomo, con un arredamento che appartiene alla storia del design, inserito in un contesto storico che risale alla metà del '500.	6	●			
Le Strade nuove: *Acquaverde* €€ Via Balbi 29/6. **Tav** 2 E2. *010 265 427.* FAX *010 246 48 39.* W www.hotelacquaverde.it @ hotelacquaverde@tiscalinet.it L'hotel, recentemente ristrutturato, si sviluppa su 3 piani in un palazzo d'epoca sito in via Balbi, una delle più antiche e prestigiose vie di Genova.	11	●			
Le Strade nuove: *Agnello d'oro* €€ Vico delle Monachette 6r. **Tav** 2 D2. *010 246 20 84.* FAX *010 246 23 27.* W www.hotelagnellodoro.it @ info@hotelagnellodoro.it A due passi da piazza Principe e da Palazzo Reale, è un albergo tranquillo e dal buon rapporto qualità-prezzo. Stanze semplici e curate. Bella terrazza panoramica sulla città.	20	●	■	●	
Le Strade nuove: *Balbi* € Via Balbi 21/3. **Tav** 2 E2, 5 A1. *010 247 21 12.* FAX *010 252 362.* @ hotelbalbi@inwind.it Family hotel situato nel centro, in zona universitaria, all'interno di un palazzo storico caratterizzato da affreschi e parquet. Sconti per studenti e famiglie.	15	●			
Le Strade nuove: *Cairoli* €€ Via Cairoli 14/4. **Tav** 2 F3. *010 246 14 54.* FAX *010 246 75 12.* W www.hotelcairoligenova.com Nel cuore delle Strade Nuove sottoposte a restyling per il 2004, un piccolo confortevole hotel a pochi minuti da tutti i principali luoghi di interesse del centro storico.	12	●			
Le Strade nuove: *City Best Western* €€€ Via San Sebastiano 6. **Tav** 3 A2. *010 584 707.* W www.bestwestern.it In una traversa della centralissima via Roma, è un quattro stelle che coniuga funzionalità e comodità, ideale per gli uomini d'affari. Stanze dotate di ogni comfort con bei bagni dalle finiture curate.	66	●		●	■

Fasce di prezzo per una stanza doppia, per notte, con colazione, tasse e servizi inclusi:
€ meno di 75 euro
€€ 75–125 euro
€€€ 125–175 euro
€€€€ 175–225 euro
€€€€€ oltre 225 euro

Carte di credito
Alberghi che accettano le principali carte di credito.

Giardino o terrazza
Albergo dotato di parco o giardino oppure di una terrazza panoramica con vista.

Parcheggio
Parcheggio custodito interno o esterno all'albergo.

Ristorante
Ristorante di particolare qualità aperto anche ai non residenti.

	Camere	Carte di credito	Giardino o terrazza	Parcheggio	Ristorante
Le Strade nuove: *Helvetia* €€ Piazza della Nunziata 1. **Tav** 2 E2, 5 B1. *010 246 54 68.* FAX *010 247 06 27.* W www.hotelhelvetiagenova.it Ubicato nella centralissima piazza dell'Annunziata, comoda per i mezzi pubblici e per lo shopping. Ambiente sobrio ed elegante, camere spaziose e ricche di comfort.	32	●	■	●	
Le Strade nuove: *Metropoli Best Western* €€€€ Piazza Fontane Marose. **Tav** 3 A2. *010 246 88 88.* FAX *010 246 86 86.* Elegante albergo situato nel centro storico e commerciale della città. Le stanze sono arredate con gusto e dotate di ogni comfort. Bella la hall e ricchissimo il buffet della prima colazione. Sala convegni.	48	●			
Le Strade nuove: *Ramada & Suites Genova Center* €€€€€ Via Balbi 38. **Tav** 2 E2. *010 269 91.* FAX *010 246 29 42.* W www.britannia.it @ britannia@britannia.it Camere dotate di videolettore, cassaforte, collegamento con le pay-tv e molti comfort tra cui il biliardo, la sauna, la palestra e la possibilità di uno snack. Sala convegni.	83	●			
Le Strade nuove: *Savoja Majestic* €€€ Via Arsenale di Terra 1. **Tav** 2 D2. *010 261 641.* FAX *010 261 883.* W www.hotelsavoiagenova.it @ info@hotelsavoiagenova.it Grande albergo ospitato in un palazzo di fine Ottocento, nelle vicinanze della stazione di piazza Principe. Le stanze sono molto spaziose e gli arredamenti curati. Ben tenuti e accoglienti i saloni e il ristorante. Sala convegni.	119	●			■
Le Strade nuove: *Vittoria & Orlandini* €€ Via Balbi 33/45. **Tav** 2 E2. *010 261 923.* FAX *010 246 26 56.* W www.vittoriaorlandini.com @ info@vittoriaorlandini.com Bella casa ligure di fianco a Palazzo Reale con stanze ampie e dal taglio particolare. Piante e qualche bell'oggetto d'epoca adornano i gradevoli interni.	41	●			
Fuori dal centro: *Assarotti* €€ Via Assarotti 40c. **Tav** 3 B1. *010 885 822.* FAX *010 839 12 07.* W www.hotelassarotti.it @ mail@hotelassarotti.it Situato nel cuore della città ottocentesca, a poca distanza dall'Acquario e dalla Fiera di Genova, l'hotel dispone di camere con telefono con linea diretta e tv via satellite. Sala colazione e sala tv.	25	●		●	
Fuori dal centro: *Columbus Sea* €€€ Via Milano 53. **Tav** 1 B3. *010 265 051.* FAX *010 255 226.* W www.colombussea.com @ colombussea@mclink.it Nei pressi della Lanterna, è un albergo dalle strutture moderne e funzionali, con vista sul bacino del Porto Vecchio. Servizio navetta per il centro storico e per l'aeroporto.	80	●		●	
Fuori dal centro: *Hotel Moderno Verdi* €€€€ Piazza G. Verdi 5. **Tav** 3 C3. *010 553 21 04.* FAX *010 581 562.* W www.modernoverdi.it @ info@modernoverdi.it Hotel "Charme & Relax" con camere confortevoli e insonorizzate (in alcune, anche la vasca per l'idromassaggio) all'interno di una struttura in stile Liberty. Dotato di belle sale comuni, american bar e ristorante tipico. Vicino alla stazione ferroviaria Brignole e all'air terminal.	87	●			■
Fuori dal centro: *La Capannina* €€ Via Tito Speri 7. *010 317 131.* FAX *010 362 26 92.* W www.lacapanninagenova.it @ info@lacapanninagenova.it Nel quartiere residenziale di Albaro è un albergo tranquillo, non distante dal mare. Le stanze sono semplici e sobrie. Dispone di una grande terrazza dalla quale si gode di una bella vista. Sala convegni.	30	●	■	●	

Per la legenda dei simboli vedi risvolto posteriore

Fasce di prezzo per una stanza doppia, per notte, con colazione, tasse e servizi inclusi:
- € meno di 75 euro
- €€ 75–125 euro
- €€€ 125–175 euro
- €€€€ 175–225 euro
- €€€€€ oltre 225 euro

CARTE DI CREDITO
Alberghi che accettano le principali carte di credito.

GIARDINO O TERRAZZA
Albergo dotato di parco o giardino oppure di una terrazza panoramica con vista.

PARCHEGGIO
Parcheggio custodito interno o esterno all'albergo.

RISTORANTE
Ristorante di particolare qualità aperto anche ai non residenti.

FUORI DAL CENTRO: *Starhotel President* €€€€€
Corte Lambruschini 4. *010 52 27.* FAX *010 553 18 20.*
www.starhotels.it president.ge@starhotels.it
Struttura moderna e imponente vicino alla stazione Brignole e non lontano dalla Fiera. Comfort, lusso e funzionalità sono presenti ovunque, dalle spaziosissime stanze alla hall, dalle sale convegni al ristorante La Corte.

FUORI DAL CENTRO: *Torre Cambiaso* €€€€
Via Scarpanto 49, Pegli. *010 698 06 36.* FAX *010 697 30 22.*
L'edificio in cui l'albergo è ospitato dagli anni '80 era in origine una torre d'avvistamento per i saraceni; nel corso degli anni fu adibito a villa (nel '400) poi a castelletto (nell'800) dunque a convento (anni '20). Alcune stanze conservano affreschi originali e qualche mobile d'epoca.

FUORI DAL CENTRO: *Villa Pagoda* €€€€€
Via Capolungo 15, Nervi. *010 372 61 61.* FAX *010 321 218.*
www.villapagoda.it info@villapagoda.it
Costruzione di aspetto orientaleggiante, di inizio '800, immersa in una rigogliosa oasi a due passi dal mare. Arredi d'epoca, lampadario di Murano, pavimenti in marmo di Carrara.

LA RIVIERA DI LEVANTE

BONASSOLA (SP): *Villa Belvedere* €€
Via Ammiraglio Serra 33. **Carta stradale** E4. *0187 813 622.* FAX *0187 813 709.*
In posizione incantevole e panoramica, in una zona dal clima mite in tutte le stagioni grazie al mare e alle colline che la circondano, si trova l'hotel Villa Belvedere. Immerso nella quiete del suo parco, è composto da camere dotate di ogni comfort. *15 ott–31 mar.*

CAMOGLI (GE): *Cenobio dei Dogi* €€€€€
Via Cuneo 34. **Carta stradale** D4. *0185 72 41.* FAX *0185 772 796.*
www.cenobio.it cenobio@cenobio.it
Tra le colline e il mare si scorge questa splendida costruzione color rosa pastello che fu la residenza estiva dei dogi di Genova. Camere spaziose e molto confortevoli con vista sul golfo del Paradiso.

CAMOGLI (GE): *La Camogliese* €€
Via Garibaldi 55. **Carta stradale** D4. *0185 771 402.* FAX *0185 774 024.*
www.lacamogliese.it info@lacamogliese.it
Grazioso albergo affacciato sul mare, dalla gestione familiare accorta e cortese. Le stanze sono semplici e curate, alcune con terrazzino con vista mare. Buono il ristorante esterno all'albergo.

CHIAVARI (GE): *Santa Maria* €€€
Viale Tito Groppo 29. **Carta stradale** E4. *0185 363 321.* FAX *0185 323 508.*
www.santamaria-hotel.com info@santamaria-hotel.com
Affacciato sul mare del golfo del Tigullio, a due passi dal centro storico di Chiavari, è dotato di stanze modernamente arredate e con tutti i comfort. L'hotel dispone anche di un grazioso giardino e di una grande terrazza panoramica/solarium.

LA SPEZIA: *Corallo* €€
Via F. Crispi 32. **Carta stradale** F4. *0187 731 366.* FAX *0187 754 490.*
www.hotelcorallospezia.com info@hotelcorallospezia.com
L'hotel si trova in una posizione tranquilla a pochi passi dalla passeggiata sul lungomare dalla quale è possibile l'imbarco verso le rinomate zone turistiche del Golfo dei Poeti. L'ottimale posizione permette inoltre il facile raggiungimento delle varie strutture artistiche della città tra le quali il Museo "Amedeo Lia" e il Museo Navale presso l'Arsenale militare.

	Camere	Carte di credito	Giardino o terrazza	Parcheggio	Ristorante
Starhotel President	193	●	■		■
Torre Cambiaso	46	●	■	●	■
Villa Pagoda	17	●	■	●	
Villa Belvedere	24	●	■	●	■
Cenobio dei Dogi	106	●	■	●	■
La Camogliese	21	●		●	
Santa Maria	34	●	■	●	■
Corallo	35	●		●	

La Spezia: *Firenze e Continentale* €€€ | 67 | ● | | ● | |

Via Paleocapa 7. **Carta stradale** F4. *0187 713 210.* FAX *0187 714 930.*
W www.hotelfirenzecontinentale.it @ hotel_firenze@hotelfirenzecontinentale.it
Da poco ristrutturato, è un albergo di buon livello con camere spaziose, nuove e ben arredate. Molto gradevole la saletta panoramica dove consumare un'ottima prima colazione a buffet.
● *21 dic–7 gen.*

Lavagna (GE): *Villa Fieschi* €€€ | 13 | ● | ■ | ● | ■ |

Via Rezza 12. **Carta stradale** E4. *0185 304 400.* FAX *0185 313 809.*
W www.hotelvillafieschi.it @ info@hotelvillafieschi.it
Bella villa patrizia di fine '800 completamente ristrutturata e immersa in un grande parco. Le gradevoli stanze in stile antico sono dotate di minibar e tv-sat. ● *metà ott–metà mar.*

Lerici (SP): *Byron* €€ | 30 | ● | ■ | ● | ■ |

Via Biaggini 19. **Carta stradale** F4. *0187 965 699.* FAX *0187 967 104.*
W www.byronhotel.com @ hbyron@cdh.it
Situato sul lungomare di Lerici, in splendida posizione a pochi passi dal centro, è stato costruito agli inizi degli anni '60. Dispone di un ristorante interno e offre possibilità di soggiorni a scelta fra trattamento bed & breakfast, mezza pensione o pensione completa.

Lerici (SP): *Florida* €€€ | 37 | ● | | | |

Lungomare Biaggini 35. **Carta stradale** F4. *0187 967 332.* FAX *0187 967 344.*
W www.hotelflorida.it @ florida@hotelflorida.it
Graziosissimo albergo sul lungomare che da Lerici porta a San Terenzo. Camere luminose, ariose e ben curate, con balconcino vista mare. Abbondante prima colazione a buffet. Cortesia e professionalità garantite.
● *20 dic–1 mar.*

Levanto (SP): *Nazionale* €€€ | 33 | ● | ■ | ● | ■ |

Via Jacopo da Levanto 20. **Carta stradale** E4. *0187 808 102.* FAX *0187 800 901.*
W www.nazionale.it @ hotel@nazionale.it
È un po' l'albergo storico del paese con belle stanze spaziose, il giardino attrezzato con sedie, dondolo e tavolini, e un ristorante dalla cucina particolarmente curata. ● *nov–mar.*

Levanto (SP): *Stella Maris* €€€€ | 15 | ● | ■ | ● | ■ |

Via Marconi 4. **Carta stradale** E4. *0187 808 258.* FAX *0187 807 351.*
W www.hotelstellamaris.it @ renza@hotelstellamaris.it
Ambiente e decorazioni fine Ottocento in questo delizioso albergo dai toni discreti e dall'ambiente rilassante. Belle le stanze impreziosite da qualche mobile d'epoca. Buona la cucina regionale.

Manarola (SP): *Ca' d'Andrean* €€ | 10 | | ■ | | |

Via Discovolo 101. **Carta stradale** F4. *0187 920 040.* FAX *0187 920 452.*
W www.cadandrean.it @ cadandrean@libero.it
Piccolo albergo in una tranquilla casetta in posizione sopraelevata. Curate e luminose le stanze e gradevolissimo il giardino interno dove è possibile consumare la prima colazione. ● *nov–dic.*

Moneglia (GE): *B&B A casa di Roby* €€€ | 3 | ● | ■ | ● | |

Strada San Lorenzo 7A. **Carta stradale** E4. e FAX *0185 496 42.*
W www.acasadiroby.it @ info@acasadiroby.it
Dimora di charme ricavata da un antico frantoio del '700 ristrutturato. Collocata in panoramica posizione collinare in mezzo agli ulivi, con piscina-idromassaggio. Offre 3 stanze con vista sul golfo di Moneglia, curate nei dettagli e servite da tv–sat e minibar. Abbondante prima colazione a buffet. Produzione propria di olio.

Monterosso (SP): *Le Agavi* €€ | 10 | | | | |

Via Fegina 30. **Carta stradale** E4. *0187 817 171.* FAX *0187 818 264.*
Situato sul lungomare di Fegina è un meublé al primo piano di un palazzo a torretta, già albergo negli anni Trenta. Le stanze sono curate e alcune hanno una splendida vista sul mare.

Monterosso (SP): *Porto Roca* €€€€€ | 43 | ● | ■ | | ■ |

Via Corone 1. **Carta stradale** E4. *0187 817 502.* FAX *0187 817 692.*
W www.portoroca.it @ portoroca@cinqueterre.it
Albergo in posizione incantevole, incastonato nella scogliera, con terrazze da cui si gode di vista mare. Arredamento elegante che alterna allo stile mediterraneo dei mobili d'epoca. Belle le stanze e la panoramica terrazza-ristorante. ● *nov–mar.*

Per la legenda dei simboli vedi risvolto posteriore

Fasce di prezzo per una stanza doppia, per notte, con colazione, tasse e servizi inclusi:
€ meno di 75 euro
€€ 75–125 euro
€€€ 125–175 euro
€€€€ 175–225 euro
€€€€€ oltre 225 euro

Carte di credito
Alberghi che accettano le principali carte di credito.

Giardino o terrazza
Albergo dotato di parco o giardino oppure di una terrazza panoramica con vista.

Parcheggio
Parcheggio custodito interno o esterno all'albergo.

Ristorante
Ristorante di particolare qualità aperto anche ai non residenti.

Portofino (GE): *Domina Inn Piccolo* €€€€€
Via Duca degli Abruzzi 31. **Carta stradale** D4.
0185 269 015. FAX *0185 269 621.*
W www.domina.it @ piccolo@domina.it
È ospitato in un'antica villa ligure ristrutturata completamente nel 1992. Affacciato direttamente sul mare, ha il fascino discreto del piccolo albergo nella località esclusiva. Cura e buon gusto nell'arredamento delle camere e dei bagni. Accesso privato alla spiaggia. ● *nov–feb.*

Portofino (GE): *Splendido* €€€€€
Viale Baratta 16. **Carta stradale** D4. *0185 267 801.* FAX *0185 267 806.*
W www.splendido.net @ reservations@splendido.net
Fra gli alberghi più esclusivi e prestigiosi di tutto il mondo. In posizione elevata, nascosto nel verde del promontorio, offre una vista unica. Stanze lussuose con terrazza panoramica. Ristorante di alto livello.
● *ott–apr.*

Portovenere (SP): *Il Genio* €€
Piazza Basteri 8. **Carta stradale** D4.
0187 790 611. FAX *0187 790 611.*
Graziosissimo meublé ricavato in parte dalle antiche mura di cinta del paese e dalla torre di guardia. Le stanze sono pulite, con un terrazzino fiorito vista mare. Cortese la gestione.

Portovenere (SP): *Royal Sporting* €€€€
Via degli Olivi 34. **Carta stradale** F5.
0187 790 326. FAX *0187 777 707.*
W www.royalsporting.com @ royal@royalsporting.com
Albergo di ottimo livello con stanze molto spaziose e luminose e piscina su terrazza panoramica. Campi da tennis e gradevole giardino.
● *fine ott–metà mar.*

Rapallo (GE): *Excelsior Palace* €€€€€
Via San Michele di Pagana 8. **Carta stradale** E4.
0185 230 666. FAX *0185 230 214.*
W www.excelsiorpalace.thi.it @ excelsior@thi.it
È senza dubbio fra gli alberghi con più fascino e tradizione dell'intera riviera ligure. Nelle suite hanno soggiornato personaggi illustri e reali. Sontuosi i saloni, lussuose le stanze. Lo stabilimento balneare privato si trova sulla scogliera in splendida posizione.

Rapallo (GE): *Rosa Bianca* €€€
Lungomare V. Veneto 42. **Carta stradale** E4. *0185 503 90.* FAX *0185 650 35.*
W www.hotelrosabianca.it @ hotel.rosabianca@tin.it
Piccolo albergo, rifinito con gusto, in posizione privilegiata di fronte al mare. Le stanze sono molto confortevoli e curate, così come i bagni.

San Fruttuoso (GE): *Da Giovanni* €€
Casale Portale 23. **Carta stradale** D4. *0185 770 047.* FAX *0185 770 47.*
Piccola locanda in uno dei luoghi più suggestivi della riviera, di fianco alla famosa abbazia e alla turchese insenatura. Le stanze sono semplici ed essenziali; il ristorante propone un'ottima cucina di mare.
● *nov.*

Santa Margherita Ligure (GE): *Argentina* €€
Via Paraggi a Monte 56. **Carta stradale** E4.
0185 286 708. FAX *0185 284 894.*
W www.argentinaportofino.it @ info@argentinaportofino.it
Piccolo e grazioso albergo immerso nella splendida macchia mediterranea di Paraggi. Le stanze sono semplici e graziose, alcune con vista. Convenzione con stabilimento balneare.
● *nov–feb.*

Albergo	Camere	Carte di credito	Giardino o terrazza	Parcheggio	Ristorante
Domina Inn Piccolo	22	●	●	●	●
Splendido	66	●	●	●	●
Il Genio	8	●	●	●	
Royal Sporting	60	●	●	●	●
Excelsior Palace	131	●	●	●	●
Rosa Bianca	18	●		●	
Da Giovanni	7	●	●	●	●
Argentina	12	●		●	

SANTA MARGHERITA LIGURE (GE): *Grand Hotel Miramare* €€€€€ (81)
Via Lungomare Milite Ignoto 30. **Carta stradale** E4. *0185 287 013.* FAX *0185 284 651.*
www.grandhotelmiramare.it @ miramare@grandhotelmiramare.it
Storico albergo inizi del '900 che domina il lungomare di Santa Margherita. È immerso in un parco fiorito con una piscina riscaldata dove in stagione estiva viene allestito il barbecue.

SANTA MARGHERITA LIGURE (GE): *Imperiale Palace Hotel* €€€€€ (89)
Via Pagana 19. **Carta stradale** E4. *0185 288 991.* FAX *0185 284 223.*
www.hotelimperiale.com @ info@hotelimperiale.com
Albergo simbolo di Santa Margherita, domina il golfo dalla splendida posizione. Sontuosi gli arredi dei saloni e della sala ristorante. Le camere sono molto belle, alcune ristrutturate recentemente, e hanno una vista spettacolare. Ameno parco che conduce fino alla spiaggia privata.
nov–mar.

SESTRI LEVANTE (GE): *Grand Hotel Villa Balbi* €€€€€ (92)
Viale Rimembranza 1. **Carta stradale** E4. *0185 429 41.* FAX *0185 482 459.*
www.villabalbi.it @ villabalbi@tigullio.it
Storico albergo ospitato in una villa del '600 con soffitti affrescati, fregi barocchi e arredata con mobili d'antiquariato. Servizio discreto ed efficiente.
metà ott–fine dic.

SESTRI LEVANTE (GE): *Miramare* €€€€ (33)
Via Cappellini 9. **Carta stradale** E4. *0185 480 855.* FAX *0185 410 55.*
www.miramaresestrilevante.com @ info@miramaresestrilevante.com
È splendidamente affacciato sulla baia del Silenzio, con accesso diretto alla spiaggia privata. Belle e ariose le stanze, meritano quelle con il terrazzino vista mare. Gestione professionale ed efficiente.

LA RIVIERA DI PONENTE

ALASSIO (SV): *Beau Rivage* €€€ (20)
Via Roma 82. **Carta stradale** B4. *0182 640 585.* FAX *0182 640 585.*
www.hotelbeaurivage.it @ b.rivage@libero.it
Di fronte al mare, in una villa fine Ottocento, è un grazioso albergo con gradevoli sale comuni e stanze con qualche arredo d'epoca e balcone panoramico. *metà ott–25 dic.*

ALASSIO (SV): *Diana Grand Hotel* €€€€ (57)
Via Garibaldi 110. **Carta stradale** B4. *0182 642 701.* FAX *0182 640 304.*
www.hoteldianaalassio.it @ hotel@dianagh.it
Ha tutti i comfort che un Grand Hotel deve fornire: giardino e terrazza solarium sul mare, piscina coperta con idromassaggio, palestra, sauna, camere spaziose e due ristoranti di buon livello.
metà nov–metà dic e 10–30 gen.

ALBENGA (SV): *Marisa* €€ (16)
Via Pisa 28. **Carta stradale** B4. *0182 502 41.* FAX *0182 555 122.*
Fra tutti gli alberghi di Albenga è forse il più particolare, con antichi oggetti sparsi per i corridoi misti a strane sculture e quadri bizzarri. Le stanze sono grandi. *ott.*

ALBISSOLA MARINA (SV): *Garden* €€ (34)
Viale Faraggiana 6. **Carta stradale** C3. *019 485 253.* FAX *019 485 255.*
www.hotelgardenalbissola.com @ garden@savonaonline.it
Situato sul mare, ma non lontano dalle montagne e da luoghi ideali per le passeggiate, interamente climatizzato e insonorizzato, mantiene un accentuato spirito familiare che vanta una tradizione e un'esperienza di cinque generazioni.

APRICALE (IM): *Locanda Apricus* €€ (5)
Via IV Novembre 5. **Carta stradale** A4. *0184 209 020, 339 796 31 39.*
www.apricuslocanda.com
Camere a tema affacciate sulla valle, arredate con gusto dai proprietari Janette e Artur che hanno costruito con le loro mani la locanda e l'hanno arredata andando a caccia di pezzi speciali nei mercatini provenzali.

BORDIGHERA (IM): *Grand Hotel del Mare* €€€€ (99)
Via Portico della Punta 34. **Carta stradale** A5. *0184 262 201.* FAX *0184 262 394.*
www.grandhoteldelmare.it @ info@grandhoteldelmare.it
Gradevole costruzione bianca immersa in un parco rigoglioso di piante e fiori tropicali. Le stanze sono spaziose, funzionali e con balconi vista mare. Anche un beauty center. *10 ott–26 dic.*

Per la legenda dei simboli vedi risvolto posteriore

Fasce di prezzo per una stanza doppia, per notte, con colazione, tasse e servizi inclusi:
- € meno di 75 euro
- €€ 75–125 euro
- €€€ 125–175 euro
- €€€€ 175–225 euro
- €€€€€ oltre 225 euro

CARTE DI CREDITO
Alberghi che accettano le principali carte di credito.

GIARDINO O TERRAZZA
Albergo dotato di parco o giardino oppure di una terrazza panoramica con vista.

PARCHEGGIO
Parcheggio custodito interno o esterno all'albergo.

RISTORANTE
Ristorante di particolare qualità aperto anche ai non residenti.

BORDIGHERA (IM): *Villa Elisa* €€€
Via Romana 70. **Carta stradale** A5.
0184 261 313. FAX *0184 261 942.*
W www.villaelisa.com @ info@villaelisa.com
Amena costruzione circondata da un giardino fiorito. Le camere, recentemente ristrutturate, sono dotate di ogni comfort. Ristorante con veranda nel verde. Molti i servizi dedicati all'intrattenimento dei bambini. ● *nov–20 dic.*

BORGIO VEREZZI (SV): *Villa Delle Rose* €
Via Nazario Sauro 1. **Carta stradale** C4.
019 610 461. FAX *019 610 461.*
W www.villarose.it @ hvillarose@ivg.it
Moderna costruzione situata in posizione centrale a 100 metri dal mare. L'albergo, davvero confortevole, è dotato di un ampio giardino, di piano bar e di ristorante con terrazza sul mare.
● *metà nov–fine dic.*

CERVO (IM): *Miracervo* €
Via Aurelia 53. **Carta stradale** B5.
0183 400 263. FAX *0183 400 263.*
A 50 metri dal mare, l'hotel si presenta confortevole e moderno. Tutte le camere sono con servizi privati e terrazza. Veranda con vista verso il borgo antico. La cucina è tipicamente ligure con specialità a base di pesce, curata direttamente dalla proprietaria, signora Maria, che ne assicura la genuinità.
● *nov.*

FINALE LIGURE (SV): *Punta Est* €€€€
Via Aurelia 1. **Carta stradale** C4.
019 600 611. FAX *019 600 611.*
W www.puntaest.com @ info@puntaest.com
Albergo esclusivo nella macchia mediterranea, su un promontorio a picco sul mare. Le stanze si suddividono tra una villa ottocentesca e una struttura più moderna circondata da piante.
● *metà ott–metà apr.*

IMPERIA: *Croce di Malta* €€€
Via Scarincio 148. **Carta stradale** B5.
0183 667 020. FAX *0183 636 87.*
W www.hotelcrocedimalta.com @ info@hotelcrocedimalta.com
Si trova proprio nel cuore del "Borgo Marina" di Imperia, antico borgo abitato una volta prevalentemente da pescatori. Le camere hanno vista mare con balcone, oppure vista sul porto turistico. Tv, satellite, pay-tv interna, impianto di climatizzazione, frigobar, cassaforte, telefono, presa telefonica computer per collegamento a Internet.

IMPERIA: *Hotel Kristina* €€
Spianata Borgo Peri 8. **Carta stradale** B5.
0183 293 564. FAX *0183 293 565.*
W www.hotelkristina.com @ info@hotelkristina.com
Durante la stagione estiva, insieme alla camera, è possibile prenotare il proprio posto al sole nella spiaggia situata di fronte all'hotel. La maggior parte delle camere sono vista mare con ampi terrazzi da dove è possibile ammirare tutto il golfo imperiese.

LOANO (SV): *Grand Hotel Garden Lido* €€€€
Lungomare Nazario Sauro 9. **Carta stradale** B4.
019 669 666. FAX *019 668 552.*
W www.gardenlido.com @ info@gardenlido.com
Affaccia sul porticciolo e dispone di stanze ampie, moderne e con un grande terrazzo. Bel giardino con due piscine, pianobar e animazione.

	Camere	Carte di credito	Giardino o terrazza	Parcheggio	Ristorante
Villa Elisa	35	●	■	●	■
Villa Delle Rose	46	●	■		■
Miracervo	13	●		●	■
Punta Est	48	●	■	●	■
Croce di Malta	39	●	■	●	■
Hotel Kristina	34	●	■	●	■
Grand Hotel Garden Lido	77	●	■	●	■

LOANO (SV): *Villa Beatrice* € | 30 ● ■ ● ■
Via Sant'Erasmo 6. **Carta stradale** B4. *019 668 244.* FAX *019 668 245.*
www.panozzohotels.it @ hvbeatrice@tin.it
Villa antica completamente ristrutturata internamente. Le stanze si affacciano sul giardino o sul porticciolo turistico. A disposizione anche una piscina per bambini, vasche idromassaggio riscaldate e minigolf.
● *ott.*

NOLI (SV): *Miramare* €€ | 28 ● ■ ● ■
Corso Italia 2. **Carta stradale** C4. *019 748 926.* FAX *019 748 927.*
www.hotelmiramarenoli.it @ hotelmiramare@libero.it
Ricavato in un antico forte d'avvistamento, conserva ancora alcuni elementi originali, dalle spesse mura a oggetti d'epoca. Bella la vista dalle stanze. Gradevole giardino interno. ● *ott–dic.*

PIETRA LIGURE (SV): *Royal Grand Hotel* €€ | 105 ● ■ ● ■
Via G. Bado 129. **Carta stradale** B4. *019 616 192.* FAX *019 616 195.*
www.royalgrandhotel.it @ hotel.royal.pietra@libero.it
Situato in posizione privilegiata, tra palme e giardini, sulla passeggiata a mare, il Royal Grand Hotel è uno dei più prestigiosi e rinomati alberghi della Riviera. La maggior parte delle camere ha vista sul mare.
● *ott–metà dic.*

SANREMO (IM): *Paradiso* €€€ | 41 ● ■ ● ■
Via Roccasterone 12. **Carta stradale** A5. *0184 571 211.* FAX *0184 578 176.*
www.paradisohotel.it @ info@paradisohotel.it
Situato in una zona tranquilla e verdeggiante, è circondato da un bel giardino. Le stanze sono comode e confortevoli. Veranda-ristorante con vista sul verde.

SANREMO (IM): *Royal* €€€€€ | 138 ● ■ ● ■
Corso Imperatrice 80. **Carta stradale** A5. *0184 53 91.* FAX *0184 661 445.*
www.royalhotelsanremo.com @ reservations@royalhotelsanremo.com
Da oltre un secolo questo albergo di tradizione offre tra i servizi migliori della riviera dei fiori. Le stanze sono splendide e con vista mare. Nell'incantevole giardino ricco di piante tropicali si trova la piscina di acqua di mare, annoverata fra le più belle d'Europa.
● *ott–19 dic.*

SAVONA: *Mare Hotel* €€€ | 66 ● ■ ● ■
Via Nizza 89r. **Carta stradale** C4. *019 264 065.* FAX *019 263 277.*
www.marehotel.it @ info@marehotel.it
Di recentissima ristrutturazione, direttamente sulla spiaggia e con piscina, ha camere affacciate sul golfo di Savona e sulle colline dell'entroterra. Alcune camere sono con vasca idromassaggio e appartate terrazze solarium.

SPOTORNO (SV): *Delle Palme* €€ | 33 ● ■ ● ■
Via Aurelia 39. **Carta stradale** C4. e FAX *019 745 161.*
www.hoteldellepalme.it @ info@hoteldellepalme.it
L'hotel sorge sull'elegante lungomare, di fronte ai giardini pubblici. Dispone di camere con telefono diretto e tv color. Il ristorante si caratterizza per la rinomata cucina regionale con specialità a base di pesce. ● *nov.*

VARAZZE (SV): *El Chico* €€€ | 38 ● ■ ● ■
Strada Romana 63. **Carta stradale** C3. *019 931 388.* FAX *019 932 423.*
www.bestwestern.it @ elchico.sv@bestwestern.it
Costruzione caratteristica in stile mediterraneo situata nel mezzo di un vasto parco con piscina. Le camere sono luminose, molte con vista. A disposizione anche una palestra attrezzata. ● *fine dic–fine gen.*

VARAZZE (SV): *Soggiorno Mery* € | 10 ● ■
Piazza Dante 25. **Carta stradale** C3. e FAX *019 967 17.* www.soggiornomery.it
Affacciata sulla spiaggia e sulla via dello shopping, una piccola pensione in posizione strategica con poche camere dall'arredamento curato. Servizio simpatico e affabile, cucina casalinga.
● *ott–nov.*

VENTIMIGLIA (IM): *Sole Mare* €€ | 27 ● ■ ● ■
Lungomare Marconi 22. **Carta stradale** A5. *0184 351 854.* FAX *0184 230 988.*
www.hotelsolemare.it @ info@hotelsolemare.it
Hotel situato sulla passeggiata a mare e a pochi passi dal centro, in posizione privilegiata tra Sanremo (km 17) e Montecarlo (km 18). Ambiente adatto per un soggiorno veramente tranquillo. Tutte le camere sono spaziose, con balcone vista mare.

Dove mangiare

Insegna di un negozio che vende specialità liguri

Menu a base di pesce o menu a base di carne, sempre comunque nel rispetto della tradizione? La trattoria a conduzione familiare scoperta (quasi) per caso camminando senza meta nel centro storico delle cittadine che si affacciano sul mare o arroccate sui colli dell'entroterra, oppure il ristorante di un certo livello segnalato dalle guide specializzate? Terra di sapori forti e di antiche tradizioni culinarie, la Liguria è ricca di trattorie, ristoranti e sagre dove si possono gustare i prodotti del territorio. In fatto di ristorazione, la regione non ha nulla da invidiare ad altre realtà italiane, e anche qui c'è solo l'imbarazzo della scelta. Specialità locali si possono assaggiare anche durante le numerose sagre gastronomiche e le feste che si susseguono in tutte le stagioni. In agriturismo poi c'è la possibilità di assaggiare una buona cucina preparata anche qui con prodotti genuini.

Orari e prezzi

Gli orari di apertura dei ristoranti e delle trattorie liguri sono simili a quelli delle altre regioni dell'Italia del Nord. Il pranzo di solito viene servito da mezzogiorno alle 14.30–15, la cena a partire dalle 19 fino a tarda sera, soprattutto nelle località più rinomate dove c'è vita notturna. La chiusura dipende dalla stagione e dal tipo di locale, anche se generalmente ristoranti e trattorie rimangono quasi dovunque aperti tutto l'anno, soprattutto nei centri rivieraschi, sia a Levante sia a Ponente. I prezzi, com'è ovvio, sono molto variabili. In diversi ristoranti il conto può facilmente superare i 50 euro a persona esclusi i vini, specialmente se si mangia il pesce (che in Liguria viene servito praticamente ovunque, anche nell'entroterra), mentre nelle trattorie meno raffinate si mangia in genere con 18–20 euro a persona.
Per quanto riguarda la mancia, vale la consuetudine italiana di lasciare a fine pasto una somma variabile fra il 5% e il 10% del conto pagato.

Spesso i ristoranti hanno tavoli all'aperto nei caratteristici *carruggi*

Menu e prodotti

La cucina ligure propone piatti legati a una tradizione molto antica, con ingredienti sia di terra sia di mare, talvolta rielaborati dagli chef dei migliori locali. La regione mette a disposizione prodotti eccellenti di tutti i tipi, da quelli della terra, coltivati con i più avanzati e naturali sistemi, a quelli del mare, sempre freschissimi e genuini, anche quando sono conservati sott'olio o marinati.
Il vino ligure (tra cui il raro Sciacchetrà e il Rossese) e l'olio prodotto nelle verdi colline dell'entroterra sono fra i più rinomati e apprezzati non soltanto in Italia ma molto oltre i nostri confini, e rinomate sono le verdure e la frutta coltivati nella splendida piana di Albenga. Tra le prelibate specialità che si possono gustare in tutti i ristoranti della Liguria, oltre al famosissimo pesto che serve a condire la tipica pasta fresca, ci sono gli ottimi formaggi a base di latte di capra o di pecora, oppure dolci secchi come gli amaretti di Sassello o i baci di Albenga. Dappertutto poi si trova la focaccia, simbolo gastronomico della regione, in diverse varianti, tra cui quella al formaggio tipica di Recco. Tra le specialità di pesce, da ricordare almeno lo stoccafisso accomodato e i muscoli ripieni.

Il pesce fresco abbonda nei menu liguri

La trattoria ligure

Interessante per gli amanti della buona tavola, anche se più dimessa, la tipica trattoria ligure si può ancora trovare soprattutto nei paesi dell'entroterra. Il turismo ha cambiato un po' le carte in tavola: il proliferare di fast food e pizzerie per turisti ha reso più difficile, soprattutto nei centri molto frequentati, trovare un vero ristorante tradizionale, dove spendere un po' meno che nei ristoranti di grido. In genere, il modo più consono per scovare le vere trattorie "all'antica" è quello di chiedere alle persone del posto.

Agriturismo

Le materie prime prodotte direttamente dall'azienda sono gli ingredienti base per la cucina schietta e genuina che queste strutture propongono ai propri ospiti. Il menu, vario e gustoso, permette di gustare la vera cucina locale.

Torte di verdure e focacce sono alcuni dei prodotti tipici

Bar e caffè

Le giornate nelle città liguri iniziano con una visita al bar. Il rito della colazione seduti ai tavolini, esterni o interni che siano, magari leggendo il giornale, è da non perdere, specialmente se la vista può spaziare su tratti di costa incantevoli. Inoltre un caffè al bar può essere un'ottima occasione per familiarizzare con la gente del posto. In genere i migliori caffè propongono ai loro avventori anche una selezione di pasticceria e gelati artigianali. I prezzi sono più o meno simili a quelli di tutti gli altri bar italiani, ma bisogna ricordare che nei caffè storici o in quelli delle località turistiche più in voga sono spesso più alti.

Un momento di relax, seduti ai tavoli di un bar davanti al mare

Tipica trattoria ligure dove apprezzare la gastronomia locale

Feste di piazza

Anche in Liguria, come in tutte le altre regioni italiane, le sagre e le feste di paese sono ottime occasioni per assaggiare le specialità gastronomiche e i vini locali, e sono affollate di turisti italiani e stranieri. Tra le principali sagre gastronomiche, da ricordare la sagra delle focaccette di Recco, che si svolge a fine aprile, e poi a maggio la festa dell'olio a Baiardo, del basilico a Diano Marina e, a metà mese, la famosissima sagra del pesce in quel di Camogli. Durante la festa del limone, che si svolge a Monterosso, una delle località delle celebri Cinque Terre, a fine maggio, viene premiato il limone più pesante. L'ultima domenica di giugno a Lavagna si tiene la sagra dell'acciuga, mentre dal 4 all'8 luglio a Sestri Levante ecco la sagra del totano e, a Riva Trigoso, il 15 luglio, c'è la frequentatissima sagra del *bagnun* (tradizionale pasto del pescatore). Sempre il 15 luglio, ma a Diano Borganzo, tutti in piazza per la sagra delle trenette al pesto. A Badalucco, infine, a metà settembre, vengono cucinati e distribuiti ogni anno circa 500 chili di stoccafisso appositamente per l'omonima sagra.

Disabili

I locali liguri stanno rapidamente aggiornando le proprie strutture per essere in grado di accogliere i disabili. La disponibilità è elevata ma, soprattutto nelle vecchie trattorie dei centri storici o delle località dell'entroterra, sussistono ancora gradini, porte d'ingresso strette e altre barriere architettoniche.

Fumo

In seguito all'entrata in vigore della legge contro il fumo, i ristoranti e i bar devono mettere a disposizione aree fumatori separate o vietare del tutto di fumare. Se nei locali non è stata allestita una zona fumatori si può fumare solo nei tavoli all'aperto.

Cosa mangiare e cosa bere

Pestello in legno

OLIO EXTRAVERGINE DI OLIVA, vino, formaggi, legumi e verdure, e poi tanto pesce, sia fresco sia conservato sott'olio o essiccato. La cucina ligure, nonostante il territorio poco esteso, è una delle più ricche e gustose d'Italia, e offre vere prelibatezze, una genuinità degli alimenti dovuta al sole, alla terra, al mare. La Liguria, terra di confine per eccellenza, ha saputo esportare in tutto il mondo alcuni dei suoi piatti tradizionali, come il pesto e la focaccia alla genovese.

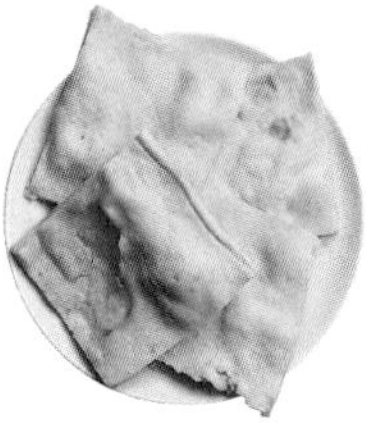

***La* fugassa** *al formaggio è tipica di Recco, in provincia di Genova: ingredienti base sono farina, olio di oliva, sale, acqua e formaggella freschissima.*

ANTIPASTI

Focacce, torte salate, torte di verdure sono solo alcune delle specialità servite come stuzzichini. Non mancano salumi e insaccati e, ovviamente, il pesce.

***La* fainà** *(farinata) è fatta di farina di ceci, cotta nel forno a legna e mangiata calda.*

La torta pasqualina *è preparata con pasta sfoglia che racchiude un ripieno di carciofi o bietole.*

L'antipasto di mare, *caldo o freddo, è un classico della tavola ligure.*

Il pesto alla genovese *ha come ingrediente fondamentale il basilico, accompagnato da aglio, pinoli, sale, parmigiano, pecorino e olio extravergine d'oliva.*

PRIMI PIATTI

Alle zuppe, di pesce o di cereali e legumi, si affiancano le paste fresche fatte in casa, come le trofie o i *pansoti* (ravioli ripieni di verdure), condite con il pesto o la salsa di noci.

La salsa di noci *è un altro famosissimo condimento per i* pansoti.

Trofie al pesto, *ma anche* pansoti, piccagge, mandilli de sèa, *trenette. Questi i nomi dei più diffusi tipi di pasta fresca liguri, alcuni dei quali entrati nel vocabolario gastronomico comune, dal momento che sono famosi anche al di fuori dei confini della regione.*

***La* mesciua**, *letteralmente "mescolanza", zuppa a base di ceci, fagioli e frumento, è tipica dello spezzino.*

***Il* ciuppin**, *zuppa di pesce originaria di Sestri Levante, è un passato di pesci poco pregiati ma gustosi, insaporito con aromi e olio d'oliva.*

Il minestrone *alla genovese è fatto con verdure, erbe aromatiche e l'aggiunta di un po' di pesto; predilige una pasta corta.*

La cima è un involucro di carne di vitello farcito con un ripieno a base di carne, uova, formaggio e verdure.

SECONDI

Fra i secondi di carne si ricordano il coniglio alla ligure e la cima, tipica della zona di Genova, mentre per il pesce si può optare per un piatto di frittura o di muscoli. Tutti i piatti sono accompagnati da verdure e legumi coltivati nella regione, fra cui spicca il carciofo di Albenga.

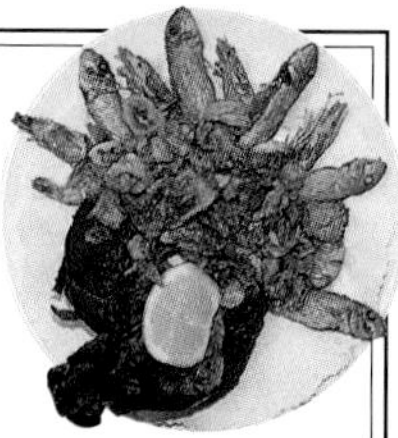

Il pesce, fritto o in umido, insaporito con erbe aromatiche, non manca mai sulla tavola ligure.

DOLCI E FORMAGGI

Anche in fatto di dolci, la Liguria offre molte specialità preparate secondo ricette antiche e note anche oltre i suoi confini. Per quanto riguarda i formaggi, le zone di produzione privilegiate sono le colline e i monti dell'entroterra.

Il **bagnun** *di acciughe è nato come sostanziosa colazione dei pescatori.*

Il formaggio San Stè, di Santo Stefano d'Aveto, è un formaggio grasso a pasta semicotta ottenuto da latte vaccino intero.

Caciotta di Brugnato

I Baci, fatti di nocciole, uova e cacao, sono farciti con crema al cioccolato.

I canestrelli, dal classico colore pallido, fragranti e friabili, sono ideali per la prima colazione.

Gli amaretti di Sassello sono a base di mandorle, zucchero e chiara d'uovo.

Il pandolce, i cui ingredienti sono acqua di fiori d'arancio, zibibbo e cedro candito, nato come dolce natalizio, ormai si trova tutto l'anno.

OLIO D'OLIVA

L'extravergine ligure è ottenuto da pregiate qualità di olive attraverso la spremitura a freddo, metodo plurisecolare per il quale si utilizzano ancora le vecchie macine in granito.

VINO

Il Rossese di Dolceacqua e lo Sciacchetrà delle Cinque Terre sono soltanto due, i più rinomati, tra i vini liguri, che contano in tutto una ventina di Denominazioni d'Origine Controllata, tra bianchi e rossi, tutti di ottima qualità. Tra i bianchi, ricordiamo il Vermentino della val Nervia, o il Pigato della valle Arroscia, che si imbottigliano anche ad Albenga, assieme al Rossese. Altri pregevoli bianchi sono il Lumassina di Finale Ligure (così chiamato perché si beve di solito con le lumache), e il bianco di Coronata che si produce a Genova. Tra i rossi, da assaggiare l'Ormeasco che si imbottiglia a Pieve di Teco e Pornassio, asciutto e dal sentore di ciliegia e mora. A Sestri Levante si producono il Musaico e il rosato Ciliegiolo.

Il Rossese, prodotto nella Riviera di Ponente, è un rosso adatto ai primi piatti robusti, salumi e formaggi duri.

Il Vermentino è un bianco ideale per antipasti di pesce, minestre e frittate con erbe spontanee.

Il Cinque Terre Sciacchetrà è un bianco pregiatissimo dal bouquet intenso di fiori e di frutta.

Scegliere il ristorante

I ristoranti di Genova e della Liguria che riportiamo di seguito sono elencati rispettando la suddivisione in aree geografiche usata nella parte turistica della guida. All'interno di questa scansione, gli esercizi si susseguono secondo l'ordine alfabetico delle rispettive località e, tra quelli della medesima località, del relativo nome.

Genova

Ristorante	Carte di credito	Parcheggio	Tavoli all'aperto	Cucina tradizionale	Cucina di mare
Centro storico: *Alle Due Torri* €€ Salita del Prione 53r. **Tav** 5 C4. ☎ *010 251 36 37* Frequentatissima trattoria sotto le torri di Porta Soprana. Cucina della tradizione con buone paste (anche di formati particolari) e secondi con ampia scelta di pesce e alcuni piatti di carne. Menu più economici a pranzo. ● *sab pranzo, dom.*	■			●	
Centro storico: *Antica Osteria di Vico Palla* €€ Vico Palla 15r, da via del Molo. **Tav** 5 A4. ☎ *010 246 65 75.* Bagnun di acciughe, picagge con sugo di funghi, trenette col pesto, torte di verdura, frittelle di triglia. Tutto il meglio della cucina ligure tradizionale in questo locale nei pressi del Porto Antico. Ampia la scelta dei vini. Servizio attento e veloce. Sempre affollatissima, d'obbligo la prenotazione. ● *lun.* 🍷	■			●	■
Centro storico: *Antica Trattoria Sà Pesta* € Via Giustiniani 16r. **Tav** 5 BC4. ☎ *010 246 83 36.* Farinotto storico: dal forno a legna farinata di ceci (anche da asporto), torte di verdura e riso, ripieni e polpettoni, dalla cucina tutti i classici della tradizione, dalle picagge al pesto al minestrone alla buridda. La sera chiude presto. ● *dom; 15 lug–8 set.* ♿				●	
Centro storico: *Cantina di Colombo* €€ Via di Porta Soprana 55/57r. **Tav** 2 F4. ☎ *010 247 59 59.* Ottime carni (ma non manca lo stoccafisso), fornitissima cantina a vista e una "mitica" torta al cioccolato. Tra i primi alcuni classici e proposte più sostanziose come le mezze maniche al ragù bianco di agnello e carciofi, e i maccheroni con salsiccia, radicchio rosso e taleggio. Sala fumatori. ● *sab e lun pranzo, dom; ago.* 🍷	■			●	
Centro storico: *Da Gianna* €€ Vico Camelie 26r. **Tav** 5 B4. ☎ *010 246 86 59.* Una delle trattorie più classiche, atmosfera familiare, buona cucina a buoni prezzi in un vicolo nascosto di fronte al Porto Antico. Anche interessanti proposte di pesce. ● *dom; ago.*				●	■
Centro storico: *Da Maria* € Vico Boccanoro. **Tav** 5 C5. ☎ *010 581 080.* A pochi metri da piazza Fontane Marose, è una vera istituzione: piatti (buonissimi) della tradizione in ambiente molto molto informale (sconsigliato agli schizzinosi). Per i genovesi è un classico, per chi visita Genova una tappa d'obbligo per respirare l'atmosfera dei "posti" di una volta. ● *dom sera.*				●	
Centro storico: *Da Rina* €€€ Mura delle Grazie 3r. **Tav** 2 F5. ☎ *010 246 64 75.* Locale storico in cui sono passate molte celebrità. Il menu è il trionfo del pescato del giorno: bianchetti, triglie, acciughe, polpi, gamberi, branzini cucinati in una gran varietà di modi. Da non perdere gli spaghetti alla Rina con vongole veraci, le tagliatelle con muscoli e punte d'asparagi e i ravioli di branzino al sugo di crostacei. ● *lun; ago.*	■				■
Centro storico: *Franca* €€€ Vico della Lepre 8r. **Tav** 5 C2. ☎ *010 247 44 73.* Cucina raffinata e soprattutto ottimo pesce in un ambiente estremamente curato. Dalle zuppe ai tagliolini al fritto misto, le proposte variano con il pescato del giorno, ma la qualità resta sempre alta. ● *lun.* ♿ 🍷	■			●	■
Centro storico: *La Berlocca* €€€ Via Macelli di Soziglia 45r. **Tav** 5 C3. ☎ *010 247 41 62.* Atmosfere soffuse in questo ristorantino dalla cucina sorprendente nella via del commercio alimentare. Il nome curioso è quello del segnale con cui si annunciava il pranzo sulle navi e nei cantieri navali. ● *sab e dom pranzo, lun.* ♿ 🍷	■			●	

Fasce di prezzo per un pasto completo comprensivo di una bottiglia media di vino:
€ meno di 30 euro
€€ 30–40 euro
€€€ 40–50 euro
€€€€ 50–60 euro
€€€€€ oltre 60 euro

Carte di credito
Ristoranti che accettano le principali carte di credito.
Parcheggio
Parcheggio o garage custodito a cura del ristorante.
Tavoli all'aperto
Possibilità di mangiare seduti in tavoli all'aperto, su una terrazza, in un giardino o in una piazzetta.
Cucina tradizionale
Cucina legata alle tradizioni del territorio.
Cucina di mare
Ristorante con cucina a base di pesce di mare.

Centro storico: *Torre dei Greci* €€€€
Vico Lavatoi 6r, da via del Molo. **Tav** 5 A4. *010 251 88 51.*
Un locale situato in uno dei quartieri più antichi della città, il Molo Vecchio, che propone piatti di pesce originali e dai gusti particolari. Pane fatto in casa.
pranzo, dom.

Centro storico: *Trattoria Vegia Zena* €€
Vico Serriglio 15r. **Tav** 5 B2. *010 251 33 32.*
Perfetta sintesi fra la vecchia trattoria genovese e il ristorante classico, di fronte all'Acquario, propone piatti della tradizione ligure, soprattutto a base di pesce, preparati con ingredienti freschissimi. Da assaggiare gli antipasti di mare; tra le specialità lo stoccafisso accomodato, i tortelli di pesce e la pasta la pesto. Buoni i dolci. *lun; ago.*

Centro storico: *Zeffirino* €€€€€
Via XX Settembre 20. **Tav** 6 D-E4. *010 570 59 39.*
Nella centralissima via XX Settembre, un locale storico, in un ambiente classico, che offre ai buongustai piatti tipici quali i moscardini alla ligure, scampi al basilico, sorbetto ai limoni di Nervi. Servizio professionale. Sala fumatori. *mai.*

Le Strade nuove: *Europa* €€€
Galleria Mazzini 51. **Tav** 6 D3. *010 581 259.*
Ristorante di lunga e consolidata tradizione, situato nell'antico "salotto" dei genovesi. Molto frequentato, sia di giorno che di notte, data la vicinanza col Teatro Carlo Felice. Cucina svelta e di qualità, soprattutto di pesce (ma anche arrosti di carne). Anche pizzeria e dopoteatro. Interessante la lista dei vini. *dom, ago.*

Le Strade nuove: *Gaia* €€
Vico dell'Argento 13r. **Tav** 5 B1. *010 246 16 29.*
Cucina di stretta osservanza genovese (anche lattughe ripiene e tomaxelle) in questa piacevole trattoria nascosta in un vicolo a pochi passi da via Cairoli.
sab pranzo, dom; ago.

Le Strade nuove: *Saint Cyr* €€€€€
Piazza Marsala 4r. **Tav** 3 A1. *010 886 897.*
Una cucina sofisticata, che unisce la tradizione ligure, quella piemontese e quella francese, servita in un locale davvero elegante, di impronta classica e suggestiva. Servizio adeguato. Ampia scelta di vini anche esteri. Notevoli gli antipasti.
sab pranzo, dom.

Fuori dal centro: *Antica Osteria del Bai* €€€€€
Via Quarto 12, loc. Quarto dei Mille. *010 387 478.*
www.anticaosteriadelbai.com bai@publinet.it
Ottimi piatti della cucina ligure tradizionale, soprattutto a base di pesce accompagnato da verdure e aromi, proposti in un ambiente in legno che ricorda le antiche locande marinare, e si affaccia sul mare. Servizio veloce e garbato per un locale storico. *lun; gen, ago.*

Fuori dal centro: *Baldin* €€€€
Piazza EnricoTazzoli 20r, Sestri Ponente. *010 653 14 00.*
Locale tradizionale, ambiente curato e spazioso, con cucina a base di pesce e, quando è stagione, di funghi e tartufi. Ampia scelta di formaggi. I dolci, buoni, sono fatti in casa. Buona la scelta dei vini. Servizio cortese e attento.
dom, lun; ago.

Fuori dal centro: *Bruxaboschi* €€€€
Via F. Mignone 8, loc. San Desiderio. *010 345 03 02.*
www.bruxaboschi.com bruxaboschi@libero.it
Un ristorante che propone funghi e altri prodotti terragni in alternativa ai piatti a base di pesce, pure presenti. Lista dei vini con ampia scelta, soprattutto dei distillati. Deve il nome a un appellativo con cui veniva chiamato il vecchio proprietario. Piatti per celiaci e menu per bambini.
dom sera, lun; ago, Natale.

	Carte di credito	Parcheggio	Tavoli all'aperto	Cucina tradizionale	Cucina di mare
Torre dei Greci	■			●	■
Trattoria Vegia Zena				●	■
Zeffirino	■			●	■
Europa	■		■	●	■
Gaia	■			●	
Saint Cyr	■			●	
Antica Osteria del Bai	■			●	■
Baldin	■			●	■
Bruxaboschi			■	●	■

Fasce di prezzo per un pasto completo comprensivo di una bottiglia media di vino:
- € meno di 30 euro
- €€ 30–40 euro
- €€€ 40–50 euro
- €€€€ 50–60 euro
- €€€€€ oltre 60 euro

CARTE DI CREDITO
Ristoranti che accettano le principali carte di credito.

PARCHEGGIO
Parcheggio o garage custodito a cura del ristorante.

TAVOLI ALL'APERTO
Possibilità di mangiare seduti in tavoli all'aperto, su una terrazza, in un giardino o in una piazzetta.

CUCINA TRADIZIONALE
Cucina legata alle tradizioni del territorio.

CUCINA DI MARE
Ristorante con cucina a base di pesce di mare.

	CARTE DI CREDITO	PARCHEGGIO	TAVOLI ALL'APERTO	CUCINA TRADIZIONALE	CUCINA DI MARE
FUORI DAL CENTRO: *Edilio* €€€€€ Corso A. De Stefanis 104r. *010 811 260.* Uno dei più noti e migliori ristoranti della città, dove poter gustare piatti di pesce e di carne preparati a metà tra tradizione e originalità. Ambiente molto elegante, servizio adeguato. Ampia scelta di vini. Tra le specialità, le alici ripiene. Gustosi dolci fatti in casa. ● *dom sera, lun.*	■			●	■
FUORI DAL CENTRO: *Enoteca Sola* €€ Via C. Barabino 120r. **Tav** 3 C4. *010 594 513.* Un ambiente semplice e gradevole, per una cucina sana e genuina di tradizione squisitamente ligure. Si comincia con le torte genovesi e altri antipasti, poi il minestrone di riso carnaroli, e secondi divisi tra carne e pesce. Dolci casalinghi (ottima la crostata di pesche). Servizio efficiente. ● *dom; ago.*	■			●	
FUORI DAL CENTRO: *Gran Gotto* €€€€€ Viale Brigata Bisagno 69r. **Tav** 3 C4. *010 564 344.* Ottimo ristorante di lunga e consolidata fama, un locale piccolo ed elegante che riprende le tradizioni della vecchia osteria in ambiente moderno. Piatti a base di pesce, ricercati e prelibati. Possibili menu per celiaci. Servizio adeguato. ● *sab pranzo, dom; ago.*	■				■
FUORI DAL CENTRO: *Le Perlage* €€€€ Corso G. Marconi 10r. **Tav** 3 C5. *010 588 551.* Arredato in legno secondo lo stile inglese, il ristorante si trova di fronte alla Fiera Internazionale, in piena area commerciale. I piatti, leggeri, tutti a base di pesce, sono frutto di originale invenzione, secondo la gastronomia moderna. Da segnalare: polpo alla greca, tortino di rossetti, gnocchetti di polpo. Vasto assortimento di formaggi. ● *dom; ago.*	■				■

LA RIVIERA DI LEVANTE

	CARTE DI CREDITO	PARCHEGGIO	TAVOLI ALL'APERTO	CUCINA TRADIZIONALE	CUCINA DI MARE
AMEGLIA (SP): *Dai Pironcelli* €€ Via delle Mura 45. **Carta stradale** F5. *0187 601 252.* Minuscola trattoria, simile negli arredi alle case contadine dei primi del '900. Oltre che nella piccola saletta, riscaldata dal camino in pietra, si può cenare all'aperto a lume di candela. Ricette con il pesce povero della tradizione come le acciughe. Selezione di formaggi italiani. ● *mer, pranzo tranne dom in inverno; gen.*			■	●	■
AMEGLIA (SP): *Locanda dell'Angelo Paracucchi* €€€€€ Viale XXV Aprile 60. **Carta stradale** F5. *0187 643 91, 643 92.* www.paracucchilocanda.it Ambiente sobrio e raffinato. Cucina creativa che valorizza i prodotti del territorio: gazpacho di pomodori e agrumi con gamberi al vapore; scaloppa di foie gras con composta di albicocche; risotto di farro con gamberi e crema al basilico; tortelli alla mozzarella di bufala e melanzane; medaglioni di astice e olive taggiasche; maialino da latte cotto al forno con patate e pesche. ● *dom sera, lun e mart pranzo; 20 giorni a gen.*	■	●		●	■
BOGLIASCO (GE): *Tipico* €€€ Via Poggio Favaro 20. **Carta stradale** D4. *010 347 07 54.* Locale classico e familiare. Si gustano i piatti tipici della cucina ligure rielaborati: crudi di mare e caldi mare e terra; pansotti alle noci; risotti alle erbe o alla rana pescatrice e marinari; fettuccine verdi al basilico con gamberi; spaghettini coi novellini; spiedino del golfo; pesce alla ligure al forno con patate; novellini alla ghiottona; branzino con piccole verdure. ● *lun; 10–30 gen.*	■			●	■
CAMOGLI (GE): *La cucina di nonna Nina* €€ Via F. Molfino 126, località San Rocco. **Carta stradale** D4. *0185 773 835.* Ambiente familiare e accogliente, in una tipica casa di campagna ligure di fine '800. Cucina essenzialmente basata su antiche ricette liguri: frittelle o zuppetta di gianchetti; taglierini con la maggiorana; acciughe ripiene e fritte; stoccafisso in umido; coniglio alla ligure. ● *mer; 15 gg a nov, 15 gg a gen.*	■		■	●	■

CAMOGLI (GE): *Rosa* €€€
Largo F. Casabona 11. **Carta stradale** D4. *0185 773 411.*
Ambiente familiare e romantico. Vengono proposte le specialità della cucina ligure a base di pesce: tonnetto in salsa agrodolce; carpaccio di ricciola; muscoli ripieni; pansotti in salsa di noci; lasagne al pesto; taglierini in sugo di triglie; risotto con gamberi e scampi; zuppa di vongole; grigliate e fritture di pesce; moscardini affogati; rombo alla ligure; dentice al timo. *mart, mer pranzo; 7 gen–6 feb, 14 nov–6 dic.*

CASTELNUOVO MAGRA (SP): *Al castello* €€
Via Provinciale 247. **Carta stradale** F5. *0187 674 214.*
Appena fuori dalle mura che circondano il castello, cucina schietta e senza fronzoli, offerta con entusiasmo e familiarità. Panissa e fiori di zucca fritti, torte di verdura. Tra i primi più significativi: tortelli al ragù di carne o con ripieno di melanzane o carciofi.
lun; 2 sett a set–ott, 2 sett a gen.

CASTELNUOVO MAGRA (SP): *Armanda* €€
Piazza Garibaldi 6. **Carta stradale** F5. *0187 674 410.*
Ristorante familiare, arredato in modo rustico. Propone i piatti della cucina tradizionale regionale: flan di verdure; lattughe ripiene; tortelloni con salsa di noci; tortelli di melanzane; taglierini ai fiori di zucca; sella di coniglio con olive; coniglio farcito; cosciotto di agnello al timo; trippe.
mer in inverno, lun–ven pranzo in estate; fine giu–inizi lug, Natale.

CAVI DI LAVAGNA (GE): *Raieu* €€
Via Milite Ignoto, loc. Borgo. **Carta stradale** E4. *0185 390 145.*
Ambiente accogliente e simpatico, arredato in stile ligure marinaro. Propone specialità come insalata di mare; spaghetti allo scoglio; ravioli di pesce; fritto del golfo Tigullio; grigliata di pesce; buridda.
lun; nov, 1 sett a feb.

CHIAVARI (GE): *Lord Nelson* €€€€€
Corso Valparaiso 27. **Carta stradale** E4. *0185 302 595.*
Ambiente in stile marinaro. Propone piatti della cucina internazionale e di quella ligure: sfogliatina d'astice con crema di ceci; carpaccio di tonno scottato; composizione tiepida di mare all'olio buono; tagliolini di zucca con scaglie di bottarga; ravioli di branzino con ragù di triglia; crostacei agli agrumi; bocconcini di gallinella in guazzetto; filetto di manzo con uvetta e polpa d'olive; gratin di frutti di bosco. *mer; nov.*

FIUMARETTA DI AMEGLIA (SP): *Locanda delle Tamerici* €€€€€
Via Litoranea 106. **Carta stradale** F5. *0187 642 62.*
Ristorante intimo e familiare. Offre le specialità della tipica cucina regionale ligure e creativa: flan di polpa di cicale su salsa di ceci, con scalogno caramellato, al profumo di ricci di mare; calamaro ripieno di verdure e scampi con salsa di crostacei; tagliatelle allo zafferano con finferli e cozze; fidelini con frutti di mare e triglie croccanti al profumo di zenzero e limone; branzino avvolto nelle melanzane su salsa di zucchine.
lun, mart; 24 dic–15 gen.

LA SPEZIA: *Antica Trattoria Dino* €€€€
Via Cadorna 18. **Carta stradale** F4. *0187 736 157.*
Immersa nel verde tra il centro e la passeggiata a mare. Rivisitazione di ricette spezzine e toscane. Prodotti biologici. Ottimi piatti di pesce freschissimo, anche crudo, con attenzione agli abbinamenti di oli e vini. *lun.*

LA SPEZIA: *Aütedo* €€
Via Fieschi 138. **Carta stradale** F4. *0187 736 061.*
A 3 km dal centro, recentemente ristrutturato, accoglienza calorosa e familiare. Il menu varia giornalmente e i piatti si alternano secondo stagione. Protagoniste fin dagli antipasti sono le acciughe. Da provare il macheto, preparato in inverno con piccole acciughe fresche messe a macerare con olio e peperoncino, e la stopeta, un baccalà crudo sfilacciato con cipolle e peperoncino.
lun; 3 sett a set–ott.

LA SPEZIA: *Osteria da Gianni* €
Corso Cavour 352. **Carta stradale** F4. *0187 717 980.*
In una zona popolare, ricca di piccole botteghe, forni artigianali e osterie, classica osteria in cui fin dal mattino i clienti abituali accompagnano un bicchiere di vino con una fetta di torta di riso salata o una frittella di baccalà. A voce i piatti del giorno. Il martedì trippa in umido con patate, il venerdì stoccafisso. Vino solo sfuso.
dom, sempre a cena; 20 ago–10 set.

Fasce di prezzo per un pasto completo comprensivo di una bottiglia media di vino:
- € meno di 30 euro
- €€ 30–40 euro
- €€€ 40–50 euro
- €€€€ 50–60 euro
- €€€€€ oltre 60 euro

Carte di credito
Ristoranti che accettano le principali carte di credito.

Parcheggio
Parcheggio o garage custodito a cura del ristorante.

Tavoli all'aperto
Possibilità di mangiare seduti in tavoli all'aperto, su una terrazza, in un giardino o in una piazzetta.

Cucina tradizionale
Cucina legata alle tradizioni del territorio.

Cucina di mare
Ristorante con cucina a base di pesce di mare.

Lerici (SP): *Due Corone* €€€€
Via Mazzini 14. **Carta stradale** F4. *0187 967 417.*
Ristorante raffinato, che propone i piatti tipici della tradizione ligure. Consigliamo: amarini all'astice; gran ventaglio di antipasti; ravioli di pesce; code di scampi al vapore su fonduta di pecorino; catalana di crostacei; filetto di orata in crosta di patate; sampietro all'isolana; filetto di scottona all'aceto balsamico. *mart; 7–31 gen.*

Lerici (SP): *Frantoio* €€€
Via Cavour 21. **Carta stradale** F4. *0187 964 174.*
Locale raffinato, che offre specialità a base di pesce. Consigliamo: carpaccio di orata su insalatina primavera e olio extravergine; involtino di melanzane con ricciola; gnocchetti di patate al sugo d'astice; trenette con pesto e gamberetti; orata all'acqua pazza; guazzetto di pescatrice. *lun; feb, 10–30 lug.*

Moneglia (GE): *Ruota* €€€€
Località Lemeglio 6. **Carta stradale** E4. *0185 495 65.*
W www.laruota.com
Locale rustico con una bella terrazza con vista sul mare, offre tipica cucina ligure. Tra i piatti, suggeriamo: insalata reale con nasello e maionese; piatto mediterraneo; risotto agli scampi; orata al sale; seppie con porcini.
mer, sempre a pranzo; nov.

Monterosso (SP): *Il ciliegio* €€
Località Beo 2. **Carta stradale** E4. *0187 817 829.*
Nella parte alta del paese, dove la vista è mozzafiato. Da assaggiare le acciughe di Monterosso con olio e origano oppure ripiene fritte, le verdure ripiene tipiche della cucina ligure di collina, il pesce spada marinato. Disponibile anche un menu vegetariano. Tra i dolci torta monterossina, fatta con pan di Spagna, miele e cioccolato. *lun, lun–ven in inverno; 1 nov–20 dic.*

Nicola (SP): *Cervia* €€
Piazza della Chiesa 19. **Carta stradale** F5. *0187 660 491.*
L'antica locanda si affaccia sulla piazzetta della chiesa del piccolo borgo di Nicola. Cucina di tradizione con personalizzazioni di alcune ricette e una cura particolare nella scelta dei prodotti del territorio. Ottimi salumi, torte di verdure (da provare quella di funghi), formaggio di fossa con mostarde di frutta e torta di mandorle.
lun, sempre a pranzo; tra set–ott.

Portofino (GE): *Puny* €€€€€
Piazza Martiri dell'Olivetta 5. **Carta stradale** D4. *0185 269 037.*
Locale che propone le specialità della tradizione ligure con aggiunta di piatti creativi: spada marinato con fagiolini bolliti e pomodoro; salame di tonno; pappardelle Portofino con pomodoro e pesto; riso pilaf con moscardini; pesce al sale; pesce all'alloro con olive nere e patate.
gio; gen–feb.

Portovenere (SP): *Chiglia* €€€
Via dell'Olivo 317. **Carta stradale** F5. *0187 792 179.*
Ristorante sul mare con vista sull'isola Palmaria. Si gustano le specialità della cucina regionale ligure e creativa: antipasti di mare, tagliolini con gamberi e rucola, frittura mista del golfo, grigliata di mare.
mer; nov.

Rapallo (GE): *Giancu* €€€
Via San Massimo 78. **Carta stradale** E4. *0185 260 505.*
Ristorante rustico, che dispone anche di un parco giochi con trenino su cui i bambini possono cenare con un menu ad hoc. Cucina tradizionale con qualche tocco innovativo: frittura di fiori di sambuco, borragine, salvia, zucchini e zucche; porcini al cartoccio o al forno; zuppa di patate e asparagi; taglierini con sugo di funghi; bracioline di agnello scottadito alle erbe aromatiche con patatine.
mer, sempre a pranzo.

	Carte di credito	Parcheggio	Tavoli all'aperto	Cucina tradizionale	Cucina di mare
Lerici: Due Corone	■		■	●	■
Lerici: Frantoio	■		■	●	■
Moneglia: Ruota	■	●	■	●	■
Monterosso: Il ciliegio	■		■	●	■
Nicola: Cervia	■		■	●	
Portofino: Puny			■	●	■
Portovenere: Chiglia	■		■	●	■
Rapallo: Giancu	■	●	■	●	

Riomaggiore (SP): *Cappun Magru* €€€€
Via Volastra 19, località Groppo. **Carta stradale** F5. *0187 920 563.*
Locale intimo, ricavato in una caratteristica casa di vignaioli delle Cinque Terre. Propone piatti come cappun magru, timballo di ceci e frutti di mare con crostini, zuppa di pesce, pesce bianco sull'ardesia, pesce azzurro al forno, anatra, controfiletto. Pasta e dolci di produzione propria.
lun e mart; dic e gen.

Riomaggiore (SP): *Ripa del sole* €€€
Via De Gasperi 282. **Carta stradale** F5. *0187 920 143.*
Nella parte alta del borgo, vicino alla chiesa di S. Giovanni Battista, in posizione dominante. Locale accogliente e curato, in elegante stile marinaro. Piatti della tradizione accanto a qualche nuovo accostamento. Propone crostini di baccalà marinato, soppressata di polpo con extravergine e pinoli. Tra i primi: calamari con farro e ravioli di pesce con erbe aromatiche. Ottima frittura di pesce e muscoli ripieni, filetto di branzino con le verdure di stagione. Per concludere, torta delle Cinque Terre, zabaione allo Sciacchetrà e quadrotti di cioccolato in salsa allo zabaione. *lun ; nov.*

Santa Margherita Ligure (GE): *Cesarina* €€€€€
Via Mameli 2c. **Carta stradale** E4. *0185 286 059.*
Ristorante curato e accogliente, i piatti presentano elementi della tradizione ligure rivisitata in chiave moderna e innovativa: buridda di seppie con bietole e lenticchie; triglie marinate; trenette al pesto; tortelloni al sugo di triglia; zemino di ceci; fritto del golfo.
mart; 21 dic–10 feb.

Santa Margherita Ligure (GE): *Trattoria dei pescatori* €€€
Via Bottaro 43. **Carta stradale** E4. *0185 286 747.*
Ambiente rustico particolare, ricavato nel XIX secolo dai magazzini per le reti e dai laboratori dell'industria cordoniera. Vengono proposte le specialità del Tigullio: insalata di mare; bianchetti; zuppa di pesce (*ciuppin*); minestrone alla genovese; pansotti alla salsa di noci; paste fatte in casa; pescatrice in buridda; gamberi.
mer, gio; nov–dic.

Sarzana (SP): *Taverna Napoleone* €€€
Via Buonaparte 16. **Carta stradale** F5. *0187 627 974.*
Ambiente intimo e di atmosfera romantica. Tra i piatti proposti: raviolo di lardo di Colonnata con zucchine alla soia; fiori di zucchina ripieni; timballo di carote al tartufo nero; fagottini di verza ripieni; stracci al ragù di coniglio; tagliatelle integrali al pesto Napoleone; frittelle di baccalà in tempura; coscia di coniglio al Vermentino.
mer.

Sestri Levante (GE): *Fiammenghilla Fieschi* €€€€
Via Pestella 6, località Trigoso. **Carta stradale** E4. *0185 481 041.*
Locale situato in una vecchia villa ligure della fine del '600, elegante e accogliente. Menu soprattutto a base di pesce: passatina di fave con calamaretti grigliati e olio di olive taggiasche; lasagnette di grano saraceno, asparagi selvatici e gamberi di Santa Margherita; filetti di razza in frittura leggera e limoncello; tortino di carciofi in sfoglia di olive con filetti e sugo di triglia. Anche carne alla brace.
lun; 15 gg a ott–nov, 15 gg a gen–feb.

Sestri Levante (GE): *Polpo Mario* €€
Via XXV Aprile 163. **Carta stradale** E4. *0185 487 240, 480 203.*
www.polpomario.it
Ristorante raffinato, arredato con oggetti di antiquariato marinaro, spesso frequentato da personaggi dello spettacolo e della cultura. Piatti della tradizione ligure, rustica e marinara: pâté mediterraneo di polpo; frittelle di gamberi e asparagi di mare; spaghetti gamberi e zucchine; misto all'antica (seppie, gamberi, totani, patate, asparagi di mare, pinoli e olive al gratin); fritto sogno degli angeli; tortino di leccia al forno.
lun.

Tellaro (SP): *Miranda* €€€€
Via Fiascherino 92. Carta **stradale** F5. *0187 968 130.*
Locale rustico, che propone specialità creative regionali a base di pesce freschissimo. Tra i piatti, suggeriamo: insalata di gamberi e sedano; scaloppe di pescatrice e salsa tonnata; risotto in bianco con scampi e asparagi; amatriciana di mare; dentice in fricassea di fagioli all'uccelletto; branzino in crema di asparagi.
lun; gen.

Per la legenda dei simboli vedi risvolto posteriore

Fasce di prezzo per un pasto completo comprensivo di una bottiglia media di vino:
- € meno di 30 euro
- €€ 30–40 euro
- €€€ 40–50 euro
- €€€€ 50–60 euro
- €€€€€ oltre 60 euro

Carte di credito
Ristoranti che accettano le principali carte di credito.

Parcheggio
Parcheggio o garage custodito a cura del ristorante.

Tavoli all'aperto
Possibilità di mangiare seduti in tavoli all'aperto, su una terrazza, in un giardino o in una piazzetta.

Cucina tradizionale
Cucina legata alle tradizioni del territorio.

Cucina di mare
Ristorante con cucina a base di pesce di mare.

Varese Ligure (SP): *Gli amici* €
Via Garibaldi 80. **Carta stradale** E4. *0187 842 139.*
Albergo e ristorante conserva arredi e atmosfera dei primi Novecento; gestione familiare da generazioni, cucina saporita e radicata nel territorio, con specialità spezzine di collina e influenze genovesi ed emiliane. Salumi locali, frittelle di verdura e di semolino, baciocca (torta di patate), corzetti con il battuto di pinoli (dischetti di pasta fatti a mano e incisi col nome del locale o con motivi floreali). Fra i secondi, stecchi e crocchini (tradizionali fritti di carne) e tomaxelle (involtini di carne ripieni e cotti in umido). *mer in inverno; 15 dic–15 gen.*

La Riviera di Ponente

Alassio (SV): *I matetti* €€
Viale Hanbury 132. **Carta stradale** B4. *0182 646 680.*
Trattoria tipicamente ligure, sia per la cucina (i piatti sono elencati in dialetto alassino sulla lavagna antistante il locale) sia per l'accoglienza, concreta e senza troppe smancerie. Farinata cotta nel forno a legna e panissa, in estate frittelle e torte di verdura. Minestrone alla ligure o zemin di ceci, paste fresche, seppie ripiene, polpo in umido, sarde ripiene. *lun, mai luglio e agosto, ago a cena; gen.*

Alassio (SV): *Palma* €€€€€
Via Cavour 11. **Carta stradale** B4. *0182 640 314.*
Il ristorante, molto raffinato, occupa i locali di una vecchia dimora settecentesca del centro storico. La cucina si ispira alla tradizione ligure-provenzale: noci di capesante con foie gras d'anatra su composta di patate e mele e salsa al caffè; totani ripieni di lumache su passata di zucchine trombetta e tartufo nero; sgombro affumicato con uova di seppie e gelato di gamberi; gnocchetti di melanzane con bottarga fresca e scampi del golfo; petto d'anatra in salsa di amarene con grattata di cioccolato guanaja; prugne farcite di foie gras d'anatra in salsa di vaniglia con gelato al pepe di Giamaica. *mer; 5 nov–5 dic.*

Albenga (SV): *Pernambucco* €€€
Viale Italia 35 (Parco Minisport). **Carta stradale** B4. *0182 534 58.*
Ristorante classico e raffinato, che propone una cucina regionale marinara. Suggeriamo: guazzetto di pesci e crostacei; polpo bollito all'olio extravergine d'oliva; calamaretti saltati in padella con carciofi; pappardelle all'astice; tagliolini di basilico al granchio; venere nero spadellato con ragù di pesce; trancio di branzino all'acqua pazza; filetto al pepe verde. *mer; ott.*

Albenga (SV): *Sutta cà* €
Via Ernesto Rolando Ricci 10. **Carta stradale** B4. *0182 531 98.*
Nel centro storico, il menu del giorno viene raccontato a voce, ma esiste anche una carta (comprensiva dei vini). In attesa di quanto ordinato viene servito uno stuzzichino di stagione. Il pescato del giorno è proposto alla griglia, al forno o in umido con tipici aromi liguri come timo e maggiorana. Ingredienti ricorrenti le verdure della piana ingauna: carciofi, zucchine trombette, asparagi violetti, pomodori cuore di bue. *gio sera, dom; 2 sett a ott–nov.*

Albisola Superiore (SV): *Fundegu* €€€€€
Via Spotorno 87. **Carta stradale** C3. *019 480 341.* www.fundegu.com
Ristorante raffinato e romantico. La cucina è tipica ligure, con proposte come crostacei spadellati alle erbe liguri con pomodoro fresco; triglie di scoglio sfilettate servite su un letto di insalatina profumata al basilico; gnocchetti di orata agli scampetti; spaghettone napoletano con calamaretti e zucchine trombetta; dentice al forno con patate e olive alla ligure. *mer, sempre a pranzo.*

Albissola Marina (SV): *La familiare* €€€
Piazza del Popolo 8. **Carta stradale** C3. *019 489 480.*
Sulla piazza del municipio, servizio garbato ed efficiente. Tra gli antipasti insalata di polpo che alle classiche patate abbina carote e zucchine al vapore; guazzetto di muscoli e vongole. Immancabile pesto, ravioli di verdura o di pesce e friggitelli. Tra i numerosi secondi: pescato del giorno alla ligure, tortino di acciughe e patate, stoccafisso bollito, accomodato o in buridda. *lun; nov.*

	Carte di credito	Parcheggio	Tavoli all'aperto	Cucina tradizionale	Cucina di mare
Varese Ligure: Gli amici	■			●	
Alassio: I matetti	■			●	
Alassio: Palma	■			●	■
Albenga: Pernambucco	■	●	■	●	■
Albenga: Sutta cà	■			●	■
Albisola Superiore: Fundegu	■	●	■	●	■
Albissola Marina: La familiare	■		■	●	■

ALTARE (SV): *Quintilio* €€
Via Gramsci 23. **Carta stradale** C3. *019 580 00.*
Ambiente accogliente e familiare. I piatti proposti sono quelli tipici della cucina regionale ligure e piemontese: tortino di funghi; peperone ripieno; cappon magro; cannelloni con ripieno di funghi; brasato al Barbaresco; fritto misto piemontese. *dom sera, lun; lug.*

ANDORA (SV): *Casa del Priore* €€€
Via Castello 34, località Castello di Andora. **Carta stradale** B4. *0182 873 30.*
Ambiente elegante e raffinato. Propone una cucina ligure e creativa, con piatti come ciuppin, terrina di polpo, ravioli neri di branzino, bianco di pesce del golfo, astice alla catalana. *lun in inverno; gen.*

APRICALE (IM): *Apricale Da Delio* €€
P.zza Vittorio Veneto 9. **Carta stradale** A45. *0184 208 008.* www.ristoranteapricale.it
All'ingresso dello spettacolare e romanticissimo borgo, ambiente curato e servizio piacevole. Tutti i piatti tipici della cucina ligure dell'estremo ponente, spesso contaminata da influenze piemontesi e provenzali. Antiche ricette rivisitate, come il capu magru, e piatti della tradizione contadina, come la fidelanza. Golosità salata, la machetusa, pizza condita con pomodori e machetu, una particolare pasta di acciughe. *lun, mart.*

ARMA DI TAGGIA (IM): *Conchiglia* €€€€
Via Lungomare 33. **Carta stradale** A5. *0184 431 69.*
Locale molto raffinato, in una bellissima posizione antistante il mare. Propone i piatti della cucina ligure arricchiti con spunti creativi: fagottino di zucchine trombetta e maggiorana in sfoglia di pane su fondente di porri; crudo di pesce e crostacei su finocchietto e capperi di Salina; lasagnette di melanzane e pesce spada con pomodoro e basilico; cannelloni croccanti di patate e funghi con gamberi di Sanremo. *mer; 15 gg a giu, 15 gg a dic.*

BAIARDO (IM): *Armonia* €€
Via Roma 124. **Carta stradale** A4. *0184 673 283.*
Il locale, da cui si gode una vista magnifica sulla val Nervia, è situato nella via centrale, che conduce al borgo storico medievale. Cucina di territorio curata, basata su materie prime selezionate. Menu fisso con una quindicina di assaggi. Tra le numerose proposte: cima di coniglio con salsa al prezzemolo; panissette (piccole polente fatte con farina di ceci); ciausun (torta salata con erbette selvatiche); ravioli con ripieno di borragine e tagliolini col sugo di coniglio. *mart.*

BERGEGGI (SV): *Claudio* €€€€€
Via XXV Aprile 37. **Carta stradale** C4. *019 859 750.* www.hotelclaudio.it
Ristorante molto suggestivo, immerso in un parco a picco sul mare. I piatti proposti sono quelli tipici della cucina ligure, mediterranea e creativa: fritti liguri, mosaico di mare agli agrumi mediterranei, tagliolini alla borragine con crostacei, branzino alla ligure. *lun, mart pranzo; gen.*

BORDIGHERA (IM): *Carletto* €€€€€
Via Vittorio Emanuele 339. **Carta stradale** A5. *0184 261 725.*
Ristorante elegante e raffinato. Propone una cucina a base di pesce, ligure con influenze provenzali: spaghetti all'astice; lasagnette con gamberi e carciofi; gnocchetti con ragù di triglie e fiori di zucca; sampietro con burro, rosmarino, cipolle brasate di Tropea e fegato d'anatra spadellato; branzino flambato con Calvados e mele gratinate; gamberoni spadellati aglio, olio e peperoncino. *mer; 7 nov–20 dic, 27 giu–15 lug.*

BORDIGHERA (IM): *Il tempo ritrovato* €€€
Via Vittorio Emanuele 144. **Carta stradale** A5. *0184 261 207.*
Nel centro cittadino, cucina genuina, stuzzicante e curata di ispirazione regionale. Si sceglie da un menu diviso tra pesce (in prevalenza) e carne. Qualche esempio: roast-beef di tonno al coriandolo, carpaccio di mare al pesto di lattuga, paste casalinghe (con farina biologica macinata a pietra), filetti di triglie scottati con bottarga o mazzancolle con crema di lenticchie, coniglio alla ligure, capra e fagioli. *dom, lun, a pranzo lug–ago; 1–15 lug, 9–25 dic.*

BORDIGHERA (IM): *Via Romana* €€€€€
Via Romana 57. **Carta stradale** A5. *0184 266 681.* www.laviaromana.it
Ristorante raffinato, arredato in stile liberty. La cucina si ispira alla tradizione ligure-provenzale e siciliana: crudo di mare al lime e pepe di Sezchouan e profumo di rafano verde; filetti di triglia spadellati con zenzero ed emulsione alle spezie; pansotti verdi di gamberi e zucchine con fonduta di pomodoro fresco; tagliolini ai gamberoni piccanti; scaloppa di rombo al forno con patate e funghi porcini; bianco di branzino al sale grosso con zucchine saltate all'origano; petto di faraona al Pigato e al timo. *mer, gio pranzo; 3 sett a ott.*

Fasce di prezzo per un pasto completo comprensivo di una bottiglia media di vino:
€ meno di 30 euro
€€ 30–40 euro
€€€ 40–50 euro
€€€€ 50–60 euro
€€€€€ oltre 60 euro

Carte di credito
Ristoranti che accettano le principali carte di credito.
Parcheggio
Parcheggio o garage custodito a cura del ristorante.
Tavoli all'aperto
Possibilità di mangiare seduti in tavoli all'aperto, su una terrazza, in un giardino o in una piazzetta.
Cucina tradizionale
Cucina legata alle tradizioni del territorio.
Cucina di mare
Ristorante con cucina a base di pesce di mare.

Ristorante	Carte di credito	Parcheggio	Tavoli all'aperto	Cucina tradizionale	Cucina di mare
Borgio Verezzi: Dâ Casetta	■		■	●	
Borgio Verezzi: DOC	■	●	■	●	■
Cervo: San Giorgio	■		■	●	■
Finale Ligure: Ca' del Moro	■	●	■	●	■
Finale Ligure: Lampara	■			●	■
Imperia: Hostaria	■		■		■
Noli: Lilliput	■	●	■	●	■

Borgio Verezzi (SV): *Dâ Casetta* €€€
Via XX Settembre 12. **Carta stradale** C4. ☎ *019 610 166.*
Ambiente estremamente piacevole e cordiale. Come antipasto, torte di verdura, verdure ripiene, focaccia al formaggio, cappon magro. Tra i primi testaroli, corzetti, picagge e ravioli. Tipici anche i secondi: coniglio all'aggiada, cima alla genovese, lumache alla verezzina, fiori di zucca ripieni e, in primavera, carciofi ripieni. Il pane è preparato nel forno a legna.
● *mart, mai in agosto, lun–ven a pranzo in inverno.*

Borgio Verezzi (SV): *DOC* €€€€
Via Vittorio Veneto 1. **Carta stradale** C4. ☎ *019 611 477.* W www.ristorantedoc.it
Ristorante familiare e raffinato, situato in una villa dei primi del '900. Propone una cucina tradizionale, marinara: fantasia di mare al basilico; tartare di crostacei al radicchio rosso; zuppetta di pesce di scoglio alla maggiorana; gnocchi di semola e rapa rossa alla bottarga di muggine; orata con i capperi; soufflé di carciofi con vellutata di pomodori secchi.
● *lun; feb.*

Cervo (IM): *San Giorgio* €€€€
Via A. Volta 19 (Cervo Alta). **Carta stradale** B5. ☎ *0183 400 175.*
Ristorante in cui si gustano i piatti tipici della tradizione ligure marinara realizzati con creatività. Consigliamo: guazzetto di calamari veraci con crostini all'aglio; zimino di fagioli e polpo; bavette con scampetti, vongole veraci, parmigiano in acqua pazza; trofiette al mezzo pesto con calamaretti; crudo di mare con verdure grigliate, fagiolini e cipollino; scampi, gamberi e patate.
● *in inverno lun, mart; 3 nov–6 dic, 10–31 gen.*

Finale Ligure (SV): *Ca' del Moro* €€€
Via per Calizzano 34. **Carta stradale** C4. ☎ *019 696 001.* W www.cadelmoro.com
Nell'entroterra, a pochi chilometri dal casello autostradale di Finale. Il locale è adatto anche per comitive, banchetti e cerimonie e propone ogni anno corsi di cucina. Il menu è ricco e variegato: brodetto di pesce, fagottino con funghi porcini, sformatino di patate e tartufo nero, tagliolini con scampi calamari e zucchine, savarin di polenta con cinghiale, tortelli di polpo al ragù di gamberi, carpaccio di tonno, fagottino all'ortolana con salsa di peperoni, sformatino di cioccolato con salsa alla vaniglia.
● *mart cena, mer; nov, feb.*

Finale Ligure (SV): *Lampara* €€€
Vico Tubino 4. **Carta stradale** C4. ☎ *019 692 430.*
Ristorante classico, che propone le autentiche ricette della tradizione ligure rielaborate: antipasti freddi e caldi; spaghetti alle vongole; trofiette al sugo di scampi; cannellini al salmone; pesce alla griglia e al forno. ● *mer in inverno; nov.*

Imperia: *Hostaria* €€€
Via Sant'Antonio 7 (Porto Maurizio). **Carta stradale** B5. ☎ *0183 667 028.*
Nell'antico borgo della Marina, osteria che privilegia e valorizza la freschezza del pescato locale. Pesce azzurro (triglia o acciuga) marinato, fresciöi de gianchetti o di baccalà, pesce lama al verde, verdure ripiene, buridda di seppie di Oneglia. I primi piatti annoverano zuppa di fagioli di Pigna, pennette con le sarde e zucchine, linguine al pesto e il classico ciuppin (passato di pesce). E ancora filetto di pesce luna alla ligure, trancio di tonno o di ricciola scottato con le verdure e, in inverno, stoccafisso accomodato. Alternativa al pesce: coniglio all'Ormeasco o cima alla genovese.
● *lun, mart a pranzo in inverno, sempre a pranzo in estate.*

Noli (SV): *Lilliput* €€€
Via Zuglieno 49, loc. Voze. **Carta stradale** C4. ☎ *019 748 009.*
Ristorante immerso nel verde con bellissima vista panoramica sul parco. Propone una cucina nazionale e ligure a base di pesce, verdure e carne: crostacei, verdure e pesci in crema di limone; gnocchi al rosmarino; filetti di dentice, olive e patate; semifreddo allo zabaione con salsa all'arancia.
● *lun; 10 gen–10 feb.*

PIGNA (IM): *Terme* €€
Località Madonna Assunta. **Carta stradale** A4. ☎ *0184 241 046.*
Ristorante-albergo che occupa il sito dell'originale insediamento termale, oggi
spostato più in basso. Piatti tradizionali dell'entroterra di Ponente, come il raro
gran pistau (minestra di grano) arricchito da pesto e fagiolini, i barbagiuai,
l'invernale tortino di porcini o lo sformato di zucca con salsa al pecorino. Tra
i primi, in autunno, tortelli di funghi e tagliolini al sugo di coniglio o di cinghiale.
A seguire la tipica capra e fagioli di Pigna. ● *mer, mai in agosto; 10 gen–15 feb.*

SANREMO (IM): *Nuovo piccolo mondo* €€
Via Piave 7. **Carta stradale** A5. ☎ *0184 509 012, 328 547 8721.*
Trattoria storica nel pieno centro ottocentesco, pochi tavoli e conduzione dalla
tipica impronta familiare, sempre piuttosto affollato. Si può iniziare con sformatino
di fagiolini con pomodorini di Pachino, preve (foglia di cavolo ripiena di carne),
tortini di stagione, acciughe o sardine. Tra le paste sciancui (fazzoletti di pasta
verde con zucchine trombetta, pomodoro crudo e pinoli) e scaparrùi, la minestra
del pescatore (stracci di pasta fresca, ricciola e fagioli di Pigna). Il pesce locale
è presente con la ricciola in umido, il polpo con le patate, le seppie in zimino.
Tra le carni, coniglio alla sanremasca e tomaxelle (involtini di carne ripieni).
Stagionalmente trippa e stoccafisso accomodato. ● *dom, lun; lug.*

SANREMO (IM): *Paolo e Barbara* €€€€€
Via Roma 47. **Carta stradale** A5. ☎ *0184 531 653.*
Ristorante piccolo, molto raffinato. Vengono proposte le specialità della cucina
tradizionale sanremasca e del Ponente: scabeccio di triglie allo scoglio; tartare
di tonno all'olio di basilico; fusilli con tonno e peperoni. ● *mer; lug.* ▯

SAVONA: *A spurcacciuna* €€€€€
Via Nizza 89r. **Carta stradale** C4. ☎ *019 264 065.* Ⓦ www.marehotel.it
Ristorante classico e raffinato. Si gustano le specialità della cucina ligure
e mediterranea: crudo di pesce e gamberi con capperi nostrani e cipollotto;
insalata tiepida di gamberi bianchi al vapore in salsa gazpacho; ciuppin; trofie
al pesto "vecchia Savona"; mandilli neri con gamberi e zucchine trombetta;
scrigno di filetti di triglia con carciofi e cipollotto; frittura mista del golfo.
● *mer; 22 dic–22 gen.* ▯ ⚘

SAVONA: *Arco Antico* €€€€
Piazza Lavagnola 26. **Carta stradale** C4. ☎ *019 820 938.*
Locale intimo, romantico e familiare. Propone piatti come cannelloni croccanti
di branzino e basilico con uova di branzino; triglie con foie gras d'oca e salsa
balsamica; calamaretti "pennini" al vapore su terrina di patate; patate e fiori
di zucca farciti. ● *dom sera, lun.* ▯

SAVONA: *Vino e farinata* €
Via Pia 15r. **Carta stradale** C4.
Nel cuore del centro storico, si è accolti dall'immenso forno dove si preparano
i piatti tipici come la farinata gialla di ceci e bianca di frumento, anche
accompagnata dalla formaggetta fresca di Stella con le olive in salamoia. Tra
i primi: minestrone alla genovese e pasta al pesto. Tra i secondi: spiedini di carne
o pesce, verdure ripiene, cima alla genovese, seppie con piselli, acciughe fritte
o ripiene. ● *dom, lun; ago–set.*

SPOTORNO (SV): *Pinna Rossa* €
Vico Albini 10. **Carta stradale** C4. ☎ *019 745 161.* Ⓦ www.hoteldellepalme.it
Ristorante intimo e accogliente. Tonno marinato in crosta di semi di papavero;
fiori di zucca con farcia di branzino su fonduta di pomodoro; gnocchi di merluzzo
con ragù di dentice; bianco di merluzzo marinato con cuore di tonno e gamberi
di Oneglia; stinco d'agnello in profumo d'aglio. ● *lun a set–mag; nov.*

VARIGOTTI (SV): *Muraglia Conchiglia d'Oro* €€€€
Via Aurelia 133. **Carta stradale** C4. ☎ *019 698 015.*
Ristorante accogliente, con pesce freschissimo in bella vista. Viene proposta una
cucina regionale, esclusivamente a base di pesce: pesci crudi; bucatini agli scampi;
fazzoletti al basilico; scampi alle mele e zenzero; grigliate miste; gamberi al sale.
● *mer (ott–mag anche mart); 15 gen–15 feb.* ▯

VENTIMIGLIA (IM): *Balzi Rossi* €€€€€
Via Balzi Rossi 2, Ponte San Lodovico. **Carta stradale** A5. ☎ *0184 381 32.*
Ristorante molto accogliente, che dispone di una splendida terrazza sul mare.
Tra i piatti: guazzetto di frutti di mare; capesante nella loro conchiglia, gratinate
con carciofi e porri fritti; lasagnette di grano saraceno al pesto leggero con patate
e fagiolini; tagliolini di pasta fresca ai rossi d'uovo con gamberi di Sanremo
e carciofi; stoccafisso in umido con polenta; petto d'anatra al forno con finocchi
brasati e pomodori secchi. ● *lun, mart pranzo; 2 sett a mar, 2 sett a nov.* ▮ ▯

Per la legenda dei simboli vedi risvolto posteriore

Acquisti

La Liguria è terra dalle mille sorprese e dalle mille risorse, fattori che si rivelano fondamentali anche per chi è in cerca di qualcosa da comprare. Il clima in questa regione risente della vicinanza del mare, e a essere favorita è non soltanto l'agricoltura, ma anche la coltivazione floreale. E quando si parla di fiori il pensiero corre veloce soprattutto a Sanremo, ma in generale a tutte le località rivierasche.

Un'insegna caratteristica

Chi ama le ceramiche, qui potrà trovare splendidi esempi di questa arte, di cui i liguri sono da secoli maestri insuperati. E poi tessuti e ricami, vetro, botteghe d'antiquariato un po' ovunque, per ritrovare le tracce del passato. Sia nei centri più importanti sia in quelli minori della riviera e dell'entroterra non mancano i negozi che vendono vino e olio, prodotti anche questi lavorati artigianalmente e venduti sul luogo d'origine. Molti anche i negozi che vendono specialità gastronomiche e prodotti tipici.

La lavorazione della ceramica vanta una lunga tradizione

Ceramica

Si tratta di uno dei prodotti più tradizionali nell'ambito dell'artigianato ligure, di cui si conservano testimonianze fin dal XV secolo. La patria per eccellenza di questa arte è la città di Albissola, sulla Riviera di Ponente, paese di vasai a partire dal Rinascimento, dove si possono trovare vari esempi: dagli antichi vasi da farmacia alla produzione del XX secolo, sia futurista che informale. Nei negozi specializzati e nei numerosi laboratori, oltre alle ceramiche decorate con i classici motivi bianchi e blu in stile antica Savona, si possono trovare anche oggetti decorati con colori e disegni moderni. Molto caratteristiche anche le statuine del presepe, i *macachi* e le *donnette*.

Antiquariato

Il tipico gusto ligure, l'atmosfera che sa di passato e un turismo non soltanto estivo hanno fatto proliferare i negozi d'antiquariato e le gallerie d'arte, anche di alto livello, che si trovano soprattutto nei centri maggiori. Si va dall'oggettistica a libri e stampe, statue, arredamento, gioielli, manifesti d'epoca.
A Genova, le case d'asta propongono arredi di ville nobili, aste filateliche e numismatiche, nonché quelle legate all'arte marinara (strumenti navali, polene, mobili e arredi di bordo, modellini di navi).
Tra gli appuntamenti fieristici da non perdere, "Tuttantico" e "Antiqua" a Genova, e la "Mostra nazionale dell'antiquariato" a Sarzana.

Fiori e piante

Proprio per la mitezza del clima, la Liguria è tra le regioni italiane quella che più si è specializzata nella coltivazione di piante e fiori. Vivai, serre, negozi che sono una gioia a vedersi per la varietà dei colori e delle forme, un paradiso di profumi di ogni genere. Si va dai centri bonsai specializzati in ulivi miniaturizzati, a serre nei cui labirinti si possono trovare allo stesso tempo camelie e rose antiche, piante officinali, piante aromatiche e agrumi. Non sono rari i cactus e le orchidee, e insieme alle piante di alto fusto ecco quelle da frutta, e poi rose e le splendide bouganvillee. Sempre a causa del clima, è possibile trovare in Liguria ogni sorta di piante tropicali, magari nello stesso posto dove si vendono gli ellebori, le rose di Natale che in inverno invadono i giardini inglesi. Spesso in questi negozi è possibile trovare anche tutto ciò che serve per il giardinaggio.

Piante e fiori sono uno dei vanti della Liguria

Negozio di articoli di artigianato locale

In tutta la Liguria sono molti i negozi dove acquistare i prodotti tipici

VINO E OLIO

È NORMALE che i due prodotti su cui si basa in massima parte l'economia della regione siano in vendita davvero ovunque. Anche in Liguria il vino è una cosa seria e la qualità dei bianchi e dei rossi della regione è oggi ai vertici mondiali. Molte le cantine che possono essere visitate e dove si possono degustare e acquistare i vini. In molti casi la degustazione, accompagnata da assaggi di formaggi e salumi, è a pagamento e si può effettuare solo su prenotazione. Tra i vini più noti il Rossese, i rari Coronata e Sciacchetrà, il Pigato, il Vermentino, il Cinque Terre Bianco, il bianco dei Colli di Luni, l'Ormeasco e l'Ormeasco Sciacchetrà, tutti a denominazione d'origine controllata.

Sono soprattutto le olive nere di Taggia, piccole e saporite, che regalano un olio dal colore dorato con riflessi verdi, con sentori mandorlati e lievi richiami fruttati al naso. Gran parte degli oli liguri si fregiano del marchio di qualità DOP (Denominazione d'Origine Protetta) a garanzia della provenienza delle olive utilizzate e dei metodi di spremitura a freddo. I luoghi migliori per acquistare l'olio sono i frantoi e le aziende specializzate. Si deve tenere presente che il prezzo di un olio di qualità (vergine o extravergine) acquistato sul posto può essere superiore al prezzo di un qualunque olio comperato nei normali circuiti di distribuzione.

L' Olio Carli è venduto solo per corrispondenza

NEGOZI PER GOLOSI

LA LIGURIA È UNO SCRIGNO di golosità "da asporto". Nei forni di tutta la regione si acquista la focaccia, "normale", con le cipolle, le olive o la salvia, ma anche nella versione di Recco con il formaggio o in quella dell'estremo Ponente con pomodoro e acciughe (sardenaria). I *farinotti* sono specializzati nella celebre farinata e a volte propongono anche la *panissa*, più difficile da trovare, che si consuma in insalata o fritta in fette sottili. Nei panifici e nelle pasticcerie si trova anche il tipico pandolce genovese, mentre numerosi sono i negozi di pasta fresca che propongono *trofie* e *pansoti*, accompagnati da pesto e salsa di noci.

INDIRIZZI

ANTIQUARIATO

Antiqua e Tuttantico
Genova
Fiera Internazionale di Genova.
010 539 11.
www.fiera.ge.it

CERAMICA

Ceramiche Fenice
Albisola Superiore
Corso Ferrari 1.
019 481 668.

Ceramiche Mazzotti
Albissola Marina
Corso Matteotti 25.
019 481 626.

Ceramiche San Giorgio
Albissola Marina
Corso Matteotti 5r.
019 482 747.

Studio d'Arte Esedra
Dolceacqua
Via Castello 11.
0184 200 969.

FIORI E PIANTE

Floricoltura La Pieve
La Spezia
Salita Castelvecchio 1.
0187 509 771.

Stern & Dellerba
Sanremo
Via privata delle Rose 11.
0184 661 290.

Vivai Olcese
Genova
Via Borghero 6.
010 380 290.

PRODOTTI TIPICI

Antico Frantoio Sommariva
Albenga
Via Mameli 7.
0182 559 222.

Antica Drogheria Torrielli
Genova
Via San Bernardo 32.
010 246 83 59.

Coop. Casearia Val di Vara
Varese Ligure
Località Perassa.
0187 842 108.
0187 840 507.

Coop. Agricola Cinque Terre
Vernazza
Via Roma 50.
0187 812 146.

Casa della Panissa
Savona
Vico Crema.

Panificio Canale
Portofino
Via Roma 30.
0185 269 248.

Panificio Patrone
Genova
Via Ravecca 72.
010 251 10 93.

Pasta fresca Fiorella
Camogli
Via Garibaldi 199.
0185 771 096.

Rinaldo Balzola
Alassio
Piazza Matteotti 26.
0182 640 209.

Attività all'aria aperta

Più di 300 chilometri di costa rappresentano un terreno di gioco eccezionale per tutti coloro che amano le attività sportive legate al mare, dalla navigazione al windsurf, fino alle immersioni subacquee. I circoli velici presenti nella regione sono oltre 60, incluso quello dello Yacht Club Italiano, fondato nel 1879. Costa e mare non esauriscono certamente le possibilità di praticare sport all'aria aperta in Liguria. Nell'interno, tra mulattiere e pareti, sono molti i siti della regione sempre più frequentati e amati da escursionisti, arrampicatori e appassionati della mountain bike. Chi ama il trekking ha a disposizione moltissimi sentieri all'interno dei parchi, mentre le cime delle Alpi Liguri e dell'Appennino accontenteranno chi preferisce gli sport invernali. Si può quindi dire che la Liguria è una vera e propria palestra a cielo aperto adatta a tutte le esigenze.

Gara di equitazione per i cavallerizzi più esperti

La costa ligure è molto ventilata, per la gioia dei surfisti

Andare in barca

La Liguria offre uno dei tratti di mare più belli della nostra penisola, dove si respira ancora il retaggio dell'antica repubblica marinara. Dalle Cinque Terre fino a Ventimiglia, la costa pullula di porti, spiagge, baie e ridossi, alcuni raggiungibili soltanto dal mare. La barca diventa quindi uno dei mezzi più intelligenti per visitare e godere di ogni anfratto di questa terra. Sebbene la navigazione non sia particolarmente difficoltosa, mancando pericoli affioranti vicini alla riva, non bisogna mai sottovalutare le insidie di un mare variabile anche d'estate e il traffico di natanti che, in stagione, possono rappresentare un serio problema. Se non avete la barca rivolgetevi alle tante agenzie di brokeraggio che affittano yacht a vela e a motore e se non siete degli esperti marinai richiedete anche lo skipper: vi costerà qualcosa in più ma, in compenso, vi libererà da ogni preoccupazione. Se decidete di lasciare gli ormeggi da soli, date sempre un'occhiata al meteo, per evitare di essere sorpresi da qualche temporale improvviso. Potete ascoltare il Bollettino del Mare su Radiouno o sul canale 16 del VHF. Ricordate, poi, che la Capitaneria di Porto mette a disposizione carte sinottiche e previsioni continuamente aggiornate. Se non si tratta della vostra barca, controllate che a bordo ci siano le carte nautiche delle zone interessate e le dotazioni di sicurezza in corso di validità. Le multe in caso di infrazione sono salatissime e si rischia il ritiro della patente nautica. Rispettate i limiti di velocità all'interno dei porti e nelle vicinanze di bagnanti.

Windsurf

Onde e vento fanno di una serie di luoghi della Riviera di Ponente una meta d'eccezione per gli amanti del windsurf. Arma di Taggia, le spiagge intorno a Porto Maurizio e capo Mimosa, non lontano da Andora, sono tra le località preferite e in quasi tutti i centri delle due riviere è possibile praticare questo sport o affittare tavole a vela.

Immersioni subacquee

La costa ligure offre molti luoghi di grande interesse per i sub, anche se il luogo decisamente più frequentato è il mare al largo del monte di Portofino dove in alcune aree che fanno parte della riserva marina ci si può immergere solo se accompagnati da guide. I diving center liguri sono una sessantina (i loro indirizzi si possono trovare nel sito della regione Liguria: www.turismo.liguriainrete.it).

Canoa, kayak e rafting

L'uso della canoa è frequente sulla costa e molti stabilimenti affitano

Chi ama le immersioni troverà fondali di grande interesse.

La Liguria dispone di ben tre campi da golf a 18 buche

imbarcazioni per brevi escursioni sottocosta. I torrenti liguri, nei brevi momenti dell'inverno e del disgelo primaverile in cui le acque sono abbondanti, offrono itinerari di discesa anche di difficoltà elevate. La zona più apprezzata per il rafting è la Val di Vara.

Arrampicata

Scogliere di pietra calcarea affacciate sul mare e pareti nell'immediato entroterra permettono agli appassionati di arrampicare piacevolmente durante tutto l'arco dell'anno. Le vie più frequentate si trovano nella zona di Finale Ligure, a capo Noli e a Monte Sordo. Tra le falesie di più recente esplorazione e apertura si trovano le rocce del Muzzerone, vicino a Portovenere, e di Castelbianco (Albenga).

Mountain bike

Anche nel caso della bicicletta da escursionismo, una meta molto apprezzata è il Finalese, con i suoi sentieri che si inoltrano nella macchia mediterranea. Capo Noli è un ottimo terreno da esplorare per ciclisti di tutti i livelli.

Trekking

Il percorso segnato più lungo della regione è l'Alta Via dei Monti Liguri che percorre l'entroterra di tutta la regione. Escursioni a metà strada tra natura e storia si possono compiere nella zona della Valle delle Meraviglie e di monte Bego e il parco dell'Aveto offre diversi itinerari segnalati. Splendide infine le passeggiate che collegano tra loro i piccoli paesi delle Cinque Terre.

Golf

Tre sono i campi da golf a 18 buche della Liguria. Quello di Sanremo nacque negli anni '20 per servire la numerosa clientela inglese della riviera. Il circolo di Rapallo è stato invece fondato nel 1931, mentre il green più recente è quello di Garlenda, a cui si aggiungerà presto quello di Cogoleto (previsto per la fine del 2006).

Chi apprezza la mountain bike qui può trovare svariati percorsi

Indirizzi

In barca

Bluzena
Genova/Milano
W www.bluzena.it

Yacht Club Italiano
Genova
010 246 12 06.

Windsurf

Centro Surf Club Genova
010 362 96 68.

Circolo Nautico Al Mare di Alassio
0182 644 186.

Ponterosso Windsurf Center
Diano Marina
0183 401 300.

Surf Activity Genova
010 377 03 65.

Immersioni sub

W www.rivieradiving.it (informazioni per immersioni nella riviera di Ponente).

B&B Diving Center
Camogli
0185 772 751.

Bergeggi Diving School
019 859 950.

San Fruttuoso Diving Center
Santa Margherita Ligure
0185 280 862.

Subassai
Genova
010 246 59 64.

Arrampicata

W www.planetmountain.com/rock/falesie
W www.blumountain.it

Mountain bike

A.S. Cicli Anselmo
Loano
019 669332.

Riviera Outdoor
019 689 80 24.

Trekking

W www.parks.it/grandi.itinerari/altavia
W www.altaviadeimontiliguri.it

Golf

Circolo Golf degli Ulivi
Sanremo
0184 557 093.
W www.sanremogolf.it

Golf Club Garlenda
Garlenda
0182 580 012.

Golf Club Rapallo
Rapallo
0185 261 777.

Divertimenti

Di tutto un po': così si potrebbe riassumere il capitolo sui divertimenti relativo alla Liguria. Non soltanto dunque cinema e teatri (a Genova c'è il Carlo Felice, uno dei teatri storici italiani), ma anche discoteche, wine bar, disco bar, locali che fanno musica jazz, musica soul, dove poter tirare tardi fino all'alba, magari dopo una bella mangiata di pesce. La fabbrica del divertimento in questa regione è legata ovviamente al periodo estivo, essendo la Liguria una terra a fortissima vocazione turistica. Un turismo inoltre non soltanto italiano ma internazionale, dal momento che questa terra è, almeno dalla metà dell'Ottocento in poi, molto frequentata da inglesi, americani, e ovviamente francesi. Turismo per single ma anche, soprattutto, turismo familiare: come su molte altre spiagge della costa italiana, anche in Liguria gli stabilimenti balneari devono fare i conti non soltanto con gli adulti ma anche con i bambini, inventando soluzioni che possano piacere a tutti.

Insegna di un locale per il dopocena

Il Casinò di Sanremo è una delle mete della vita notturna in Liguria

Teatri

Come nel resto d'Italia, l'attività teatrale in Liguria si svolge quasi esclusivamente durante il periodo invernale, fino alle soglie della primavera. Ogni centro cittadino importante ha il suo teatro, alcune grandi città come Genova arrivano ad averne addirittura quattro o cinque, che differenziano la propria programmazione a seconda dei campi artistici: c'è il teatro che offre prevalentemente spettacoli di prosa, quello specializzato in musica classica con concerti, opere liriche e balletti, il teatro che fa della comicità la sua carta vincente, quello che sonda nuove possibilità di drammaturgia e messa in scena proponendo spettacoli di teatro d'avanguardia e contemporaneo.

Durante la stagione estiva gli enti teatrali mettono in scena spettacoli in località suggestive come i borghi dell'entroterra, o si organizzano rassegne in luoghi di solito non deputati al teatro; un esempio è la rassegna teatrale estiva che si tiene a Borgio Verezzi, nella suggestiva piazzetta.

Discoteche

La discoteca di una volta, intesa come luogo nel quale si andava per ballare, ascoltare un po' di musica e magari bere qualche superalcolico, appare oggi, entrati nel Terzo Millennio, abbastanza superata. Quasi tutti i locali da ballo si sono trasformati in qualcos'altro, che oltre alla musica e alla possibilità di ballare offre magari campi di calcetto, pizzeria, ristorante, cornetteria per colazioni mattutine. A Genova, d'estate, i locali lasciano il centro per trasferirsi sulla spiaggia, offrendo musica, concerti, giochi e molto altro.
Per ricordare i mitici anni Settanta e per far sognare anche la clientela più esigente, ha aperto, sempre a Genova, il **Fellini** sotto la direzone artistica di Vittorio De Scalzi, leader dei New Trolls.
Il locale propone cabaret, discoteca e musica dal vivo, ma offre anche una sala ristorante. A Sanremo, il locale più in, soprattutto durante il Festival della Canzone, è il **Ninfa Egeria**, due piani arredati in stile Impero Romano e un terzo churrascaria brasiliana.

Wine bar

È diventata ormai consuetudine quella di ritrovarsi con gli amici per un aperitivo al bar prima di cena, oppure per un bicchiere di vino dopo il cinema o dopo il teatro. Perfetti per questo scopo sono i cosiddetti wine bar, locali per il prima o il dopo cena, dove a un'attenta selezione dei vini offerti si uniscono

Il Teatro Chiabrera di Savona

assaggi di stuzzichini salati prelibati.
A Genova, nel centro storico, ormai si parla di vera e propria movida con decine di locali che propongono aperitivi e dopocena (tutto sulla movida genovese sul sito: www.mentelocale.it). Mentre a Portofino è molto rinomato il **Winterose**, frequentato da vip.

Calcio sotto la Lanterna

Stemma della Sampdoria

Genova offre l'opportunità di assistere alle partite di calcio delle due squadre cittadine, il Genoa e la Sampdoria. Quando le due squadre militano nella stessa serie, il "derby della Lanterna" è sempre uno spettacolo di pubblico e coreografie. Il Genoa, fondato nel 1893, è la squadra più vecchia d'Italia; più giovane la Sampdoria, nata nel 1946. Il conteggio degli scudetti è a vantaggio del Genoa: 9 (l'ultimo nel 1923–24) contro uno dei "cugini" nel 1990–91.

Stemma del Genoa

Musica

Un tipo di locale pensato per chi ha voglia di ascoltare musica in modo diverso, ritrovandosi a bere o a mangiare qualcosa di non impegnativo, o anche solo per chi desidera trascorrere le ore della notte in compagnia degli amici col sottofondo di bei brani musicali è il disco-bar.
A Genova i locali cambiano ogni stagione, negli ultimi anni tra i più frequentati dai giovani c'è il **Milk Club** oppure il **Jasmine Cafè**, sorto sulle ceneri del mitico **Matilda Cafè**, dove si può ballare, mangiare, bere e ascoltare musica live.
Il **Sabot** di Santa Margherita Ligure è il locale giovane che fa la musica più coinvolgente ed elettrizzante, con le serate live in estate organizzate direttamente sulla passeggiata.
Fra i locali che fanno musica dal vivo, il **Louisiana Jazz Club** ha ospitato Duke Ellington e Charles Mingus, mentre il **Jux Tap** di Sarzana, dove birra e cocktail scorrono a fiumi, oltre alle live-band propone cabarettisti, disc-jockey, maestri di ballo latino-americani e baristi-animatori.
A Savona le band più qualificate passano dal **Ju Bamboo**, di simpatica ambientazione tropicale con palme in bella vista.

Parchi acquatici

Per i bambini ma non solo, il parco acquatico **Le Caravelle** di Ceriale offre piscine con le onde artificiali, scivoli, toboga, vasche idromassaggio e moltissimi altri divertimenti, animazione e spettacoli.

Indirizzi

Teatri

Teatro Carlo Felice
Gevova
Passo Eugenio Montale 4.
010 538 11.

Teatro Cavour
Imperia
Via Felice Cascione 35.
0183 61 978.

Teatro Comunale Chiabrera
Savona
Piazza Armando Diaz 2.
019 838 69 95.

Teatro della Tosse
Genova
Piazza Negri 4.
010 247 07 93.

Discoteche

La Capannina
Alassio
Regione Serre 20.
0182 642 250.
www.lacapanninaalassio.com

Ninfa Egeria
Sanremo
Via Matteotti 178.
0184 543 651.

Piscine dei Castelli
Sestri Levante
Piazzale Marinai d'Italia.
0185 480 001.

Teatro Fellini
Genova
Via XII ottobre 182r.
010 532 713.
www.teatrofellini.it

Wine Bar

Enoteca La Bossa
Camogli
Via Repubblica 124.
0185 772 505.

La Nouvelle Vague
Genova
Vico de' Gradi 4r, traversa via San Lorenzo.
010 256 272.

Winterose
Portofino
Calata Marconi 42.
0185 269 500.

Musica

Il Clan
Genova
Salita Pallavicini 16.
010 254 10 98.
www.ilclan.biz

Jasmine Cafè
Genova
Via D'Annunzio 19.
010 541 273.

Ju Bamboo
Savona
Via Famagosta 2.
019 800 624.
www.jubamboo.it

Jux Tap
Sarzana
Via Variante Aurelia.
0187 607 162.
www.juxtap.it

Liquid Art Cafè
Genova
Via Siria 11.
010 860 64 88.

Louisiana Jazz Club
Genova
Via San Sebastiano 36r.
www.louisianajazzclub.com

Milk Club
Genova
Via Mura delle Grazie 25.
010 745 183.

Nuhar Club
Genova
Vico alla Chiesa della Maddalena 20r.
010 246 60 09.

Sabot
Santa Margherita Ligure
Piazza Martiri della Libertà 32.
0185 280 747.

Raggio di Luna
Albenga
Piazza Rossi 1.
0182 540 216.

Parchi acquatici

Le Caravelle
Ceriale
Via Sant'Eugenio.
0182 931 755.
www.lecaravelle.com

tirrenia

GUIDA PRATICA

INFORMAZIONI PRATICHE

Un alto livello dei servizi assieme a un'eccezionale varietà di paesaggi, musei e luoghi storico-artistici, nonché un clima generalmente mite tutto l'anno, data la posizione sul mare. La Liguria, che unisce a queste qualità anche distanze abbastanza contenute tra i suoi centri principali, è dunque una terra ideale per qualsiasi turista, amante sia del mare che della montagna. Gli spostamenti sono facili e abbastanza rapidi, sia che ci si muova con l'auto oppure con i mezzi pubblici, treno compreso. La sanità pubblica è diffusa in modo capillare sul territorio e i musei e le gallerie sono in genere moderni, allestiti secondo i giusti criteri, accoglienti e fruibili da tutti, anche i disabili. Per districarsi nelle infinite possibilità che vengono offerte sia dai centri maggiori che da quelli minori, gli uffici turistici mettono a disposizione materiale di ogni tipo e programmi molto dettagliati.

Logo della regione Liguria

Uno scorcio dell'affollatissima spiaggia di Camogli

Le stagioni della visita

Fra le regioni italiane la Liguria è quella col clima maggiormente temperato, data la prossimità del mare, e offre inoltre una grande varietà di appuntamenti tradizionali e culturali, nonché centri, anche di piccola estensione, ricchi d'arte. Per questi motivi, l'alta stagione va da maggio a fine settembre. Se ciò che interessa al turista non è soltanto la vacanza estiva sul mare o ai monti, è certamente meglio programmare un viaggio in Liguria nei mesi di marzo e aprile oppure di settembre e ottobre. Durante l'estate le coste della Liguria sono affollate praticamente ovunque, da Levante a Ponente, passando per il litorale di Genova. Il turismo non è soltanto italiano, ma anche straniero, soprattutto dalla limitrofa Francia e dalla Gran Bretagna. D'inverno, il clima è generalmente più mite che in altre regioni d'Italia.

Insegna di un ufficio turistico locale

Informazioni turistiche

Quattro sono le province liguri – Genova, Imperia, La Spezia e Savona – ma cinque le Aziende di Promozione Turistica: Riviera dei Fiori per l'imperiese, Riviera delle Palme per il savonese, Genova per la città e il territorio tra Cogoleto e San Fruttuoso di Camogli, Tigullio con competenza sulla restante parte della provincia di Genova, infine Cinque Terre e Golfo dei Poeti per il territorio spezzino. In ogni città di un certo interesse esistono comunque degli uffici turistici oppure, nei centri più piccoli delle Pro loco disponibili a fornire informazioni storiche, culturali o riguardanti l'ospitalità, il vitto e l'alloggio. Numerose sono anche le organizzazioni che si occupano di turismo sportivo per ogni esigenza, così come molte sono le organizzazioni che curano viaggi in barca o in traghetto, sia per i turisti sia per gli abitanti stessi.

Comunicazioni

Gli uffici postali sono presenti in tutti i comuni, spesso con più sedi. L'apertura degli uffici al pubblico in genere è soltanto al mattino dalle 8.30 alle 13.30 (sabato e ultimo giorno del mese chiusura ore 12), anche se nei centri maggiori si possono

La vela è uno degli sport più praticati in Liguria

◁ **Il porto di Genova, fulcro dei movimenti turistici e commerciali della Liguria** trovare uffici postali aperti fino alle ore 17. I francobolli per cartolina e lettera normale si possono acquistare nei suddetti uffici, oppure nelle tabaccherie.

I telefoni pubblici sono diventati rari da quando si è diffuso l'uso del cellulare. Quelli esistenti sono pressoché tutti a scheda, acquistabile nelle tabaccherie, presso alcune edicole e negli uffici postali. Gli Internet Point, infine, che offrono la possibilità di navigare in rete e di spedire e ricevere e-mail, si stanno diffondendo rapidamente.

Insegna di un locale adibito al collegamento Internet

Ospedali e farmacie

Le farmacie rispettano gli orari 9–13 e 16–20, con il sabato pomeriggio e la domenica di chiusura. Deroghe da questi orari si possono avere nei centri turistici più importanti della costa, dove esistono farmacie che fanno orario continuato fino alle 20 e a volte anche oltre. Ogni città ligure ha un suo ospedale; i cittadini della UE hanno diritto all'assistenza medica d'emergenza, ma è necessario informarsi presso le unità sanitarie del proprio paese sulle procedure da seguire in caso di necessità. Vale comunque la pena avere un'apposita assicurazione per coprire qualsiasi eventualità.

La Liguria in rete

Anche se i siti Internet sono in genere poco controllabili quanto a esattezza di informazioni o aggiornamento, in Liguria il panorama delle informazioni in rete è decisamente più alto che in altre regioni italiane. Ogni APT ha il suo sito specifico, dove si possono trovare informazioni utili, curiosità e notizie. Il sito di gran lunga più esaustivo è quello della regione Liguria, con una grande quantità di informazioni, che va dalla storia della regione alle tradizioni culturali, religiose e persino gastronomiche, a una scelta assai vasta di siti collegati per accedere alle varie proposte turistiche, con presentazione non soltanto di alberghi e ristoranti, ma anche di locande, agriturismi, ostelli, affittacamere, bed & breakfast. Molte città, infine, hanno un sito che riporta eventi e curiosità e anche pubblicità di esercizi commerciali.

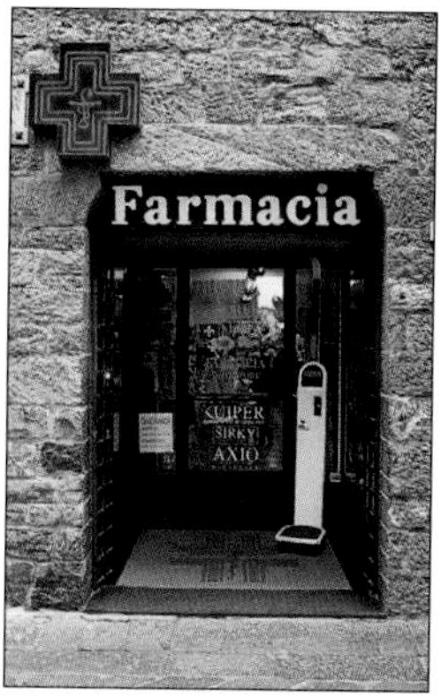

Ingresso di una farmacia nel centro storico di Albenga

Indirizzi

APT

APT Cinque Terre e Golfo dei Poeti
0187 770 900.

APT Genova
010 576 791.

APT Riviera dei Fiori
0184 590 59.

APT Riviera Ligure delle Palme
0182 647 11.

APT Tigullio
0185 292 91.

Uffici turistici locali

Alassio
0182 647 027.

Albenga
0182 558 444.

Albisola
019 400 20 08.

Andora
0182 681 004.

Arma di Taggia
0184 437 33.

Bordighera
0184 262 322.

Borgio Verezzi
019 610 412.

Camogli
0185 771 066.

Castelnuovo Magra
0187 675 394.

Chiavari
0185 325 198.

Dolceacqua
0184 206 666.

Finale Ligure
019 681 019.

Imperia
0183 660 140.

La Spezia
0187 770 900.

Lavagna
0185 395 070.

Lerici
0187 967 346.

Levanto
0187 808 125.

Loano
019 676 007.

Moneglia
0185 490 576.

Pietra Ligure
019 629 003.

Portofino
0185 269 024.

Portovenere
0187 790 691.

Rapallo
0185 230 346.

Sanremo
0184 590 59.

Santa Margherita Ligure
0185 287 485.

Sarzana
0187 620 419.

Savona
019 840 23 21.

Sestri Levante
0185 457 011.

Spotorno
019 741 50 08.

Varazze
019 935 043.

Internet

Regione Liguria
www.liguriainrete.it
www.regione.liguria.it
www.turismoinliguria.it

APT
Cinque Terre
www.aptcinqueterre.sp.it
Genova
www.apt.genova.it
Riviera delle Palme
www.inforiviera.it
Riviera dei Fiori
www.rivieradeifiori.org
Tigullio
www.apttigullio.liguria.it

Generali
www.liguriadascoprire.it
www.inliguria.it

Altre informazioni utili

COME ALTRE REGIONI ITALIANE, la Liguria non presenta particolari problemi legati alla criminalità nei centri più frequentati dai turisti, sempre monitorati dalle forze dell'ordine. In ogni caso, vale la pena tenere presenti le normali regole di sicurezza che si adottano sempre quando si viaggia. In ogni comune, oltre alla caserma dei vigili urbani, vi è il comando dei carabinieri o della polizia, aperti 24 ore su 24 e a cui ci si può rivolgere in caso di necessità. In tutte le località esistono numerosi sportelli bancari in cui è possibile cambiare la valuta.

Mezzo di soccorso dei vigili del fuoco per interventi in montagna

Forze dell'ordine

IN ITALIA le forze dell'ordine sono divise in due corpi, i carabinieri e la polizia, cui si aggiunge, a livello comunale, quello della polizia municipale di cui fanno parte i vigili urbani. Questi ultimi sono addetti alla viabilità e alla regolamentazione del traffico di vetture; possono anche risolvere piccole questioni e sono sempre a disposizione per informazioni e situazioni di emergenza. I carabinieri sono responsabili dell'ordine pubblico con giurisdizione comunale, provinciale o regionale. Le loro stazioni sono molto frequenti ed è facile incontrare pattuglie per la strada. I compiti della polizia sono più a vasto raggio e sono in genere collegati a indagini su crimini maggiori, spesso con competenza nazionale. In caso di furto o altro problema serio, non esitate a rivolgervi al più vicino comando dei carabinieri o della polizia per avere assistenza.

Vigili del fuoco

IN LIGURIA, purtroppo, il problema degli incendi è piuttosto frequente, favorito in molti casi dal vento che qui spira sempre in ogni stagione dell'anno. È necessario, soprattutto se si pratica una vacanza a contatto con la natura, osservare tutte le norme di sicurezza previste, soprattutto quella di non accendere fuochi fuori dalle aree previste e non gettare a terra mozziconi di sigaretta. Le caserme dei vigili del fuoco sono presenti su tutto il territorio e intervengono con tempestività in qualsiasi caso. Sono a disposizione anche per incidenti di vario genere.

Consigli per i turisti

NON ESISTONO REGOLE di sicurezza ufficiali, ma sono molte quelle dettate dal buon senso. Prima fra tutte quella di non girare con grosse somme di danaro in tasca, e di non attirare l'attenzione. Si consiglia anche di fare una fotocopia dei documenti personali, degli eventuali biglietti aerei, ferroviari o navali. Se avete oggetti di valore, lasciateli nelle casseforti di cui sono dotati quasi tutti gli alberghi. I luoghi di maggior rischio per borseggi o scippi sono le stazioni ferroviarie o i terminal marittimi, o quelli molto affollati. Se viaggiate in automobile, ricordate di chiuderla sempre a chiave e di non lasciare all'interno bagagli o altri oggetti in vista. È comunque consigliabile stipulare un'assicurazione temporanea prima di partire.

Sicurezza personale

IN LIGURIA VI È UN UNICO grande centro urbano, Genova, con alcuni quartieri da evitare perché pericolosi. Nelle zone fuori dai paesi, in campagna e nelle aree protette, come nei centri della riviera, la sicurezza è elevata e non si segnalano luoghi che non è consigliabile attraversare. Non vi sono problemi particolari nel passeggiare in ore serali, anche tarde: è comunque bene fare attenzione soprattutto nelle zone di cui sopra, specie per le donne non accompagnate. Quando arrivate in albergo chiedete, informatevi comunque sempre sulle consuetudini locali per non incorrere in spiacevoli equivoci. Se utilizzate i taxi, assicuratevi che siano autorizzati all'esercizio.

Canadair in azione, durante un incendio estivo nell'entroterra

L'ingresso di uno dei maggiori istituti bancari della Liguria

Banche e cambio

Gli stranieri che arrivano in Liguria hanno varie possibilità di cambiare denaro. Negli aeroporti più grandi e nei centri maggiori vi sono uffici cambio, ma ci si può rivolgere anche agli alberghi o alle agenzie di viaggio; le banche praticano però un tasso più conveniente rispetto a tutte le altre strutture. Le banche italiane sono in genere aperte al mattino, dalle 8.30 alle 13.30, e al pomeriggio dalle 15 alle 16, da lunedì a venerdì (spesso chiusura anticipata nei giorni prefestivi), ma questi orari possono variare da località a località. Gli orari di ufficio cambio e altri sportelli sono molto variabili. Per tutte queste ragioni, è bene arrivare in Italia con un po' valuta locale per non incorrere in sorprese, soprattutto nelle ore più tarde. Si ricorda che, per qualsiasi transazione, è sempre necessario un documento d'identità. Le carte di credito sono generalmente accettate sia per gli acquisti sia per prelevare contante. VISA, American Express, MasterCard e Diners Club sono quelle più diffuse. In tutti i centri sono poi presenti sportelli bancomat da cui è quasi sempre possibile prelevare denaro anche con le carte di credito.

Valuta locale

Dal gennaio 2002 l'euro è diventato la valuta ufficiale e unica in 12 dei 15 stati membri della UE. Da questa data, per i cittadini dei paesi aderenti non è più necessario ricorrere al cambio di valuta o a fastidiosi calcoli per capire quanto stanno spendendo in vacanza. Nulla cambia invece per i cittadini dei paesi non aderenti e di tutti gli altri, europei o extraeuropei.

Emergenza

Soccorso pubblico
113
Carabinieri
112
Vigili del fuoco
115
Soccorso stradale
116
Emergenza sanitaria
118
Guardia Costiera
15 30.

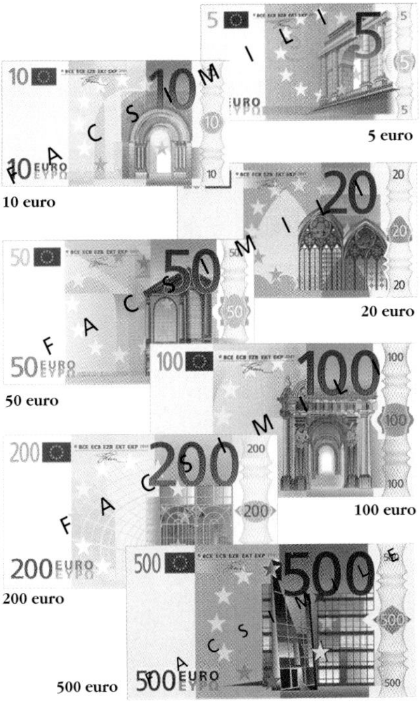

5 euro **10 euro** **20 euro** **50 euro** **100 euro** **200 euro** **500 euro**

Banconote e monete
Le banconote sono disponibili in sette tagli. Da 5 euro grigie, da 10 rosa, da 20 azzurre, da 50 arancioni, da 100 verdi, da 200 gialle e da 500 viola. Otto sono i tagli delle monete. Quelle da 1 e 2 euro sono in color oro e argento; quelle da 50, 20 e 10 centesimi sono color oro, mentre quelle da 5, 2 e 1 sono color bronzo.

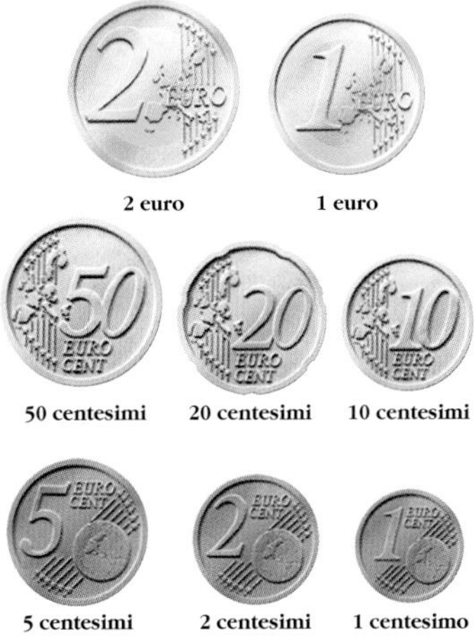

2 euro **1 euro**
50 centesimi **20 centesimi** **10 centesimi**
5 centesimi **2 centesimi** **1 centesimo**

Trasporti

Autobus di linea utilizzato da turisti per raggiungere le località balneari

Una regione lunga e stretta, una striscia di terra all'estremo nord-ovest dell'Italia e i cui confini toccano quelli della Francia. Così si presenta la Liguria, affacciata sul mare per tutta la sua lunghezza; le dimensioni abbastanza ristrette rendono tutto sommato facili e brevi gli spostamenti da una città all'altra. La rete ferroviaria non è molto ramificata, ma esistono corse extraurbane di pullman frequenti e puntuali. Per raggiungere la Liguria, si può anche prendere l'aereo (l'aeroporto di Genova è uno dei più importanti d'Italia), contare su una serie di autobus di linea interregionali, oppure via mare, coi traghetti che trasportano anche le auto sulle principali rotte nazionali e mediterranee. Spesso in estate alcuni luoghi come le Cinque Terre, Camogli, Portofino sono praticamente preclusi alle automobili e raggiungibili soltanto col treno o via mare coi battelli che ogni giorno partono dalle città principali. Numerosi infine i porti turistici minori che, dotati di impianti e servizi di prima qualità, permettono l'attracco a imbarcazioni da diporto di ogni tonnellaggio.

Arrivare in aereo

L'aeroporto principale della Liguria è il Cristoforo Colombo di Genova-Sestri, situato a 6 km dal centro. Vi fanno scalo aerei provenienti dalle più importanti città italiane, come Milano, Roma, Napoli e straniere. Da e per l'aeroporto funziona un servizio bus giornaliero che inizia poco dopo le 5 del mattino e termina intorno alle 24: circa 35 corse, una ogni mezz'ora, per collegare l'aeroporto col terminal dei traghetti, con le stazioni di Piazza Principe e di Brignole e col centro. A Luni, in provincia di La Spezia, c'è l'Aeroporto Militare, che viene aperto anche al traffico civile turistico.
Il piccolo Aeroporto Internazionale di Villanova d'Albenga, infine, a una distanza di circa 90 km da Genova, è aperto al traffico privato e collegato a Roma con voli di linea.

I collegamenti stradali sono ottimi in tutta la regione

Viaggiare in auto

Vari sono gli accessi autostradali alla regione, a seconda di dove si arriva. Da est fino a Genova c'è la A12, che prosegue nella A10 da Genova fino a Ventimiglia; da nord invece ci sono la A15 Parma-La Spezia, la A7 Milano-Genova, la A26 Santhià-Voltri, la A6 Torino-Savona. Le più trafficate, soprattutto durante la stagione delle vacanze o nei fine settimana, sono la A10 e la A12. Oltre alle autostrade, la più importante via di percorrenza, risalente all'epoca romana, è la statale Aurelia, che percorre la regione per il suo intero arco, costeggiando quasi sempre il mare, con scorci panoramici di incredibile bellezza e che collega i centri più importanti della Riviera di Levante e della Riviera di Ponente.
Per raggiungere i paesi dell'entroterra, le strade sono spesso strette e tortuose, e anche qui meravigliosi i paesaggi.

Porto e aeroporto sono fra i luoghi di trasporto più trafficati

Viaggiare in treno

Raggiungere la Liguria in treno è molto semplice: le lunghe distanze sono coperte da treni Intercity o Eurostar, che di solito fanno poche fermate (specialmente i secondi) e soltanto nei centri più importanti. Ci sono comunque moltissime linee interregionali o locali che collegano fra loro i centri turistici più rinomati della costa.
La stazione centrale di Genova è quella di Piazza Principe, raggiungibile in circa un'ora e mezza da Milano e Torino e circa cinque ore e mezza ora da Roma.
La ferrovia Genova-Casella è un raro esempio di ferrovia a scartamento ridotto, con un tracciato che si snoda per 25 chilometri tra la val Bisagno, la val Polcevera e la valle Scrivia, su un treno storico.

Linee automobilistiche locali

A Genova l'azienda pubblica che gestisce i trasporti è l'Azienda Mobilità e Trasporti che, oltre a progettare e gestire il servizio di trasporto pubblico di Genova, si occupa dei servizi di trasporto per le aree collinari della città (i servizi integrativi affidati a operatori esterni ed effettuati con taxi e minibus), dei collegamenti con l'Aeroporto Cristoforo Colombo, dei servizi turistici, di quelli a chiamata per disabili e infine dei servizi riservati a enti o associazioni pubbliche e private per qualunque esigenza di trasporto.
I biglietti sono a tempo e hanno prezzi differenziati per durate di validità: si trovano in vendita presso giornalai e tabaccai. Esistono tessere di vario genere, tra cui biglietti turistici validi per 24 o 48 ore. A La Spezia opera l'ATC, titolare delle linee di trasporto pubblico locale dell'intero bacino della provincia di La Spezia.
A Savona, oltre all'Azienda Consorzio Trasporti Savonese, c'è la SAR, che si occupa dei trasporti extraurbani.
Tigullio Trasporti e Riviera Trasporti sono due aziende che garantiscono gli spostamenti in autobus e in pullman sulla zona costiera di competenza.

Marchio della Riviera Trasporti

Traghetti e porti turistici

È possibile arrivare in Liguria anche via mare; Genova è l'attracco principale dei traghetti, provenienti soprattutto da Cagliari, da Olbia, da Palermo, ma anche da Palau e da Porto Torres, dalla Corsica e da Barcellona.
A Vado, vicino a Savona, attraccano invece i traghetti da e per la Corsica.
Per chi ama la nautica da diporto, poi, esistono oltre 61 approdi e porti, pubblici o a gestione provata, lungo tutta la Liguria. Attrezzati con le necessarie dotazioni, sono destinati in parte o interamente ad accogliere le imbarcazioni turistiche, per un totale di oltre 16.000 posti barca.
Un esempio è il porticciolo di Portofino, in cui sono attraccati praticamente tutto l'anno yacht a vela di grandi e piccole dimensioni, ma anche motoscafi.

La nuova imponente struttura della stazione ferroviaria di Sanremo

Indirizzi

Aeroporti

Genova
Aeroporto Internazionale
Cristoforo Colombo
☎ *010 601 51.*
W www.aeroportodigenova.com

Villanova d'Albenga
Aeroporto Internazionale
☎ *0182 582 033.*

Autobus

Genova
Azienda Trasporti e Mobilità
☎ *010 558 24 14.*
W www.amt.genova.it

Autolinee

Genova
Volpi srl
☎ *010 561 661.*
W www.volpibus.com

Cisano sul Neva (SV)
SAR Autolinee Riviera
☎ *0182 215 44.*

Autonoleggi

Hertz
☎ *010 570 26 25.*
W www.hertz.com

Avis
☎ *010 651 51 01.*
W www.avis.com

Europcar
☎ *010 650 48 81.*
W www.europcar.it

Trenitalia

Informazioni
☎ *892 021.*
W www.trenitalia.it

Traghetti

Tirrenia ☎ *199 123 199.*

Grimaldi ☎ *010 550 91.*

W www.traghetti.com

Indice generale

I numeri di pagina in **neretto** si riferiscono alle voci principali

A

B

N

O

P

R

Ringraziamenti

Fabio Ratti Editoria desidera ringraziare tutti coloro che hanno contribuito alla realizzazione di questa guida.

Ringraziamenti speciali
Agenzia Regionale per la Promozione Turistica "In Liguria"; APT Cinque Terre e Golfo dei Poeti; APT di Genova; APT Riviera Ligure delle Palme; APT Riviera dei Fiori; APT Tigullio; Banca Carige, Genova; Giardini Botanici Hanbury, Ventimiglia; Grotte di Toirano, Toirano; Soprintendenza per i Beni Archeologici della Liguria, Genova; il ristorante *Il Sommergibile* di Sanremo.

Permessi per la riproduzione delle immagini
Un ringraziamento speciale va a quegli enti e società che hanno autorizzato la riproduzione di alcune immagini, e in particolare: Accademia Ligustica di Belle Arti, Genova; Acquario di Genova; Banca Carige - collezione numismatica e archivio fotografico, Genova; Galleria di Palazzo Rosso - archivio fotografico del comune di Genova; Genoa Cricket and Football Club, Genova; Museo Amedeo Lia, La Spezia; Museo Archeologico dei Balzi Rossi, Ventimiglia; Regione Liguria; Palazzo Ducale, Genova; Società Editrice Buonaparte, Sarzana; U.C. Sampdoria, Genova.
Si precisa che ogni sforzo è stato fatto per rintracciare i possessori dei copyright e ci scusiamo in anticipo per qualsiasi involonatria omissione. Saremo pronti a inserire eventuali rettifiche in ogni successiva edizione della guida.

Legenda posizione delle immagini
Fascia superiore: a = in alto; as = in alto a sinistra; acs = in alto al centro a sinistra; ac = in alto al centro; acd = in alto al centro a destra; ad = in alto a destra.
Fascia mediana: cas = al centro in alto a sinistra; ca = al centro in alto; cad = al centro in alto a destra; cs = al centro a sinistra; c = al centro; cd = al centro a destra; cbs = al centro in basso a sinistra; cb = al centro in basso; cbd = al centro in basso a destra.
Fascia inferiore: b = in basso; bs = in basso a sinistra; bcs = in basso al centro a sinistra; bc = in basso al centro; bcd = in basso al centro a destra; bd = in basso a destra.

Fotografie commissionate
Lucio Rossi - Polis, Milano: 1, 2–3 (tutte), 8–9, 14bc, 15bs, 16ad, 16cas, 16cad, 16cbd, 16bd, 17cas, 17cbs, 18ad, 18bd, 19as, 20 (tutte), 21bs, 21bd, 22cad, 23as, 23bs, 24, 26bd, 28cbd, 28bs, 29cad, 30bs, 31bd, 32, 33c, 36as, 43cd, 44–5, 46cs, 46bs, 47 (tutte), 48, 49, 50ad, 50cas, 50cbd, 51 (tutte), 52–3 (tutte), 54 (tutte), 55ad, 55bd, 56 (tutte), 57ad, 58ad, 58c, 59 (tutte), 60 (tutte), 61cd, 64 (tutte), 66, 67, 68ad, 69 (tutte), 70cd, 71c, 71bs, 76 (tutte), 78as, 78cd, 79c, 79b, 80, 82 (tutte), 83a, 84–5 (tutte), 86 (tutte), 87ad, 88a, 88cs, 89b, 102–3 (tutte), 104, 106cs, 107, 108as, 109 (tutte), 111a, 112–3, 114 (tutte), 115a, 115bs, 116 (tutte), 117bd, 120 (tutte), 121a, 121c, 122–3, 124as, 124cas, 125 (tutte), 126as, 126bd, 127bd, 128–9 (tutte), 130–1 (tutte), 132–3 (tutte), 134ad, 134bs, 135ad, 135bs, 136cs, 136bd, 137c, 138 (tutte), 139a, 140–1 (tutte), 144–5 (tutte), 146–7 (tutte), 148–9 (tutte), 150–1 (tutte), 152–3 (tutte), 154–5 (tutte), 156–7 (tutte), 158 (tutte), 159ac, 159bs, 159bc, 159bd, 160–1 (tutte), 162–3, 164–5 (tutte), 166–7 (tutte), 168 (tutte), 169as, 170as, 170ad, 170cs, 171 (tutte), 173 (riquadro), 174bs, 175 (tutte), 184bs, 185ad, 186as, 186ad, 186ca, 186cad, 186cbs, 186cbd, 187ad, 187ca, 187cad, 187cbd, 187cbs, 187bc, 187bd, 198 (tutte), 199as, 202ac, 202bc, 206cb, 207 (tutte), 209as, 210 (tutte), 211b.

Crediti fotografici
Fabrizio Ardito, Roma: 14as, 15a, 100–1 105, 108bd, 142–3, 169c, 208bd.

Eugenio Bersani - Polis, Milano: 13 (tutte), 19bs, 117a, 118 (tutte), 119a.

Archivio Electa, Milano: 37cd, 38ad, 42as.

Farabolafoto, Milano: 9 (riquadro), 12, 14cd, 15cd, 17as, 17ad, 17bs, 17bd, 21ad, 26ad, 26cas, 26cbd, 27 (tutte), 28cas, 35bd, 42c, 43a, 43bc, 43bd, 45 (riquadro), 61bc, 65ad, 65cs, 101 (riquadro), 106bd, 110cs, 111cbd, 127as, 172–3, 174cd, 184a, 184cd, 185c, 200cs, 204–5 (tutte), 206cas.

Lino Pastorelli, Sanremo: 30cas.

Daniele Robotti, Alessandria: 77as, 88bs, 119cd, 119bs.

Roger-Viollet, Archivi Alinari, Firenze: 37ac.

Ghigo Roli, Modena: 17cad, 17cbd, 18cas, 19cad, 170bs.

Marco Stoppato, Milano: 81.

Copertina: Farabolafoto (scalinata con fiori), Lucio Rossi - Polis (Tellaro, fiore, fortezza di Sarzanello, pestello, chiesa di San Pietro).

Tutte le altre foto sono di Archivio Fabio Ratti, Archivio Mondadori, Archivio Arnoldo Mondadori Editore, Milano.

Carta stradale della Liguria

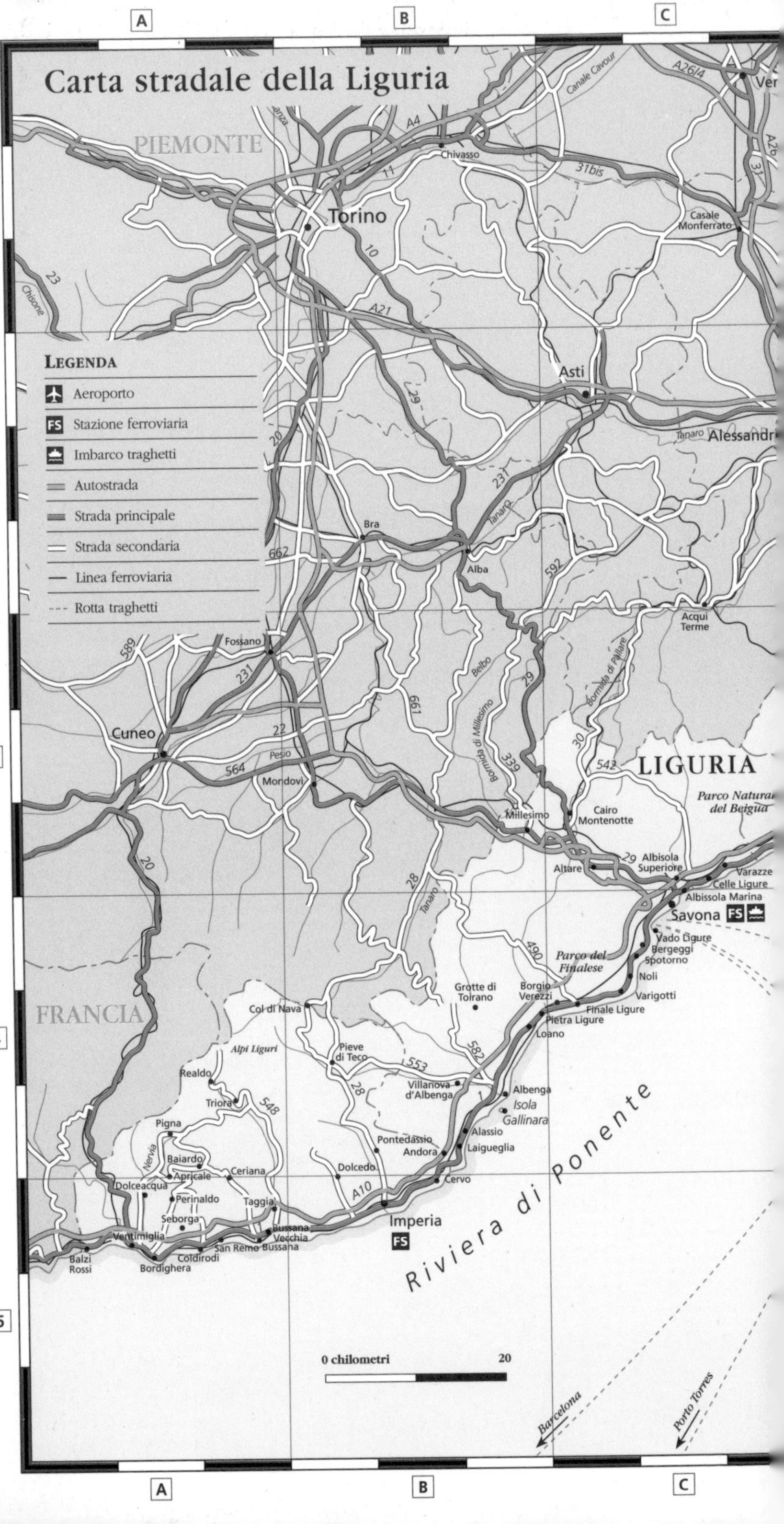